ERWIN RUDOLF DIETZ

DAS LEBEN DES RD
ODER
IN FÜNF MINUTEN WAR ALLES VORBEI

Impressum:

Copyright: Erwin Rudolf Dietz (RD)

ISBN:

978-3-7345-0893-6 (Paperback)
978-3-7345-0894-3 (Hardcover)
978-3-7345-0895-0 (e-Book)

Technische Aufbereitung, Gestaltung des Covers und Text dazu, Walter Dietz- Bielefeld

http://walter-dietz.de

Quellen: Eigene Aufzeichnungen Erwin Rudolf Dietz, Zeitungsberichte Rhön-und Streubote (RS), Mainpost (MP) und Prüfberichte der Staatlichen Rechnungsprüfungsstelle, alle Quellen sind im Text eingefügt.

Bildnachweis Cover: Harald Ewald,- Verabschiedung von Bürgermeister Rudi Dietz am 29.09. 1994 durch die Kinder der Grobschen Stiftung.

Inhaltsverzeichnis

Vorwort 7
Jugend und Kindheit 12
   Geburt 12
   Plötzlich wurde es dunkel 24
   Kindergarten 26
   Schule und Krieg 1 35
   Meine Schwester Rita wird geboren. 38
   Schule und Krieg 2 40
   Eine Notschlachtung 41
   Mord oder Totschlag? 43
   Das Ende des Krieges naht 46
   Die Amerikaner kommen in unser Dorf 50
   Mein Tag der ersten hl. Kommunion 59
   Der Ministrant- die Ratschenbuben 64
   Weiter mit der Schule 3 67
   Sehnsucht nach Wärme 75
   Politisches Neuland nach dem zweiten Weltkrieg 85
   Dieb sein lohnt sich nicht- Ende der Schulzeit 1951 88
   Meine Lehrzeit 113
   Der Kirchweihbrauch.- Die Licht-oder Spinnstube. 120
   Jugend 128
   Endlich verliebt 130

Der Beginn des eigenen Lebens 134

   Die Hochzeit..134

   Das alltägliche Leben 138

   Die Zeit als zweiter Bürgermeister 145

Plötzlich Bürgermeister 153

   Das Jahr 1977...153

   Plötzlicher Tod von MdB Bürgermeister Alex Hösl...............155

   Der Amtsbeginn...163

   Zur Situation im Gemeindeteil Neustädtles 169

   Plötzlich war das, was gut war, nicht mehr gut....................169

   Die Schattenseiten des Amtes...173

   Verbände und Vereine 180

   Der Abwasserzweckverband Obere Streu...........................180

   Der Schulverband Nordheim v.d. Rhön...............................181

   Der Forstbetriebsverband 183

   Die Entwicklung des Schuldenstandes der Gemeinde
   Nordheim v.d. Rhön von 1976 bis 1992 189

   Vereine 192

   Versetzung in den Ruhestand..199

   Meine Rücktrittserklärung...206

   Die 1200 Jahrfeier 1989...209

   Eine Weihnachtsgeschichte...268

   Erinnerungen 282

Die Lebenskreise schließen sich 286

Der erste Kreis schliesst sich 286
Der Waldruch- der zweite Kreis schliesst sich 293
Ein dritter Kreis schliesst sich 294
Der 30. September 1994 rückte unaufhaltsam näher 295
Meine Schriften 302

VORWORT

Mein Geburtsort ist Nordheim vor der (v.d.) Rhön. Er ist ein malerischer, typisch fränkischer Ort, eingebettet in das Tal der Streu. Diese entspringt am Ellenbogen in der thüringischen Rhön und teilt den Ort in zwei Teile. Die Streu abwärts rechts, die im Volksmund so bezeichnete Kleine Seite, und links, der eigentliche und weitaus größere Ortsteil mit dem Marktplatz. Neben anderen Fischarten, die die Streu beherbergt, ist besonders die Rhöner Forelle als Köstlichkeit bekannt.

Bis Christi Geburt war die Rhön von Kelten besiedelt. Nordheim zählt zu den sogenannten Windrosenorten. Nordheim- Norden, Ostheim- Osten, Sondheim- Süden und Stetten, nach dem Stand der Abendsonne- Westen. Das lernten wir schon in der Schule.

Erste urkundlich gesicherte Erwähnung von Nordheim vor der Rhön: „Die Urkunde des Klosters Fulda vom 27. Februar 789." (Stengel Nr. 183) Schreiben an die Gemeinde Nordheim v. d. Rhön.

Die Wiesen um das Streutal schmücken im Sommer die Landschaft mit einem satten Grün. Der Blick zum Mittel-Gebirge der Rhön zeigt eine abwechslungsreiche, teils kegelförmige Bergformation. Die in einem Rhönlied besungenen hohen Matten sind zu einem kleinen Teil sichtbar. Wie ein Schutzwall zieht sich streuabwärts, linker Hand der Hochwald von Fladungen, über Heufurt und Nordheim bis nach Ostheim, wo die Lichtenburg an längst vergangene Zeiten erinnert.

Ebenfalls linker Hand, zwischen Heufurt und Nordheim unterhalb der steinernen Brücke, nur von einem schmalen Pfad - dem Weingässchen - zur Streu getrennt, erhebt sich steil nach oben der Pfaffenberg, der einst ein Weinberg war. Während die Pest im Jahre 1635 und in darauffolgenden (Dr. F. Georg Benkert, die Kapelle zum heiligen Sebastian, Würzburg 1858) viele Bürger dahinraffte, gelobten die Nordheimer, eine Kapelle auf dem Pfaffenberg zu bauen. Sie wurde dem Pestheiligen Sebastian gewidmet. Die noch erhaltene Eremitage und die Kapelle grüßen die Menschen, die mit allerhand Verkehrsmitteln auf der B 285 unterwegs sind, die mitfahrenden Kinder und Erwachsenen in der Museumsbahn, die Wanderer und die frommen Pilger, die die 14 Stationen des Kreuzweges zum Kapellenberg betend hochwandern. Ja, so etwas gibt es noch.

Rechter Hand die Streu abwärts, fällt vom Kapellenberg ein besonders schöner Blick über meinen Heimatort, mit seiner herrlichen Dachlandschaft. Dann weiter zum Sommerberg und Osterberg. Die fruchtbare Acker- und Wiesenlandschaft nach Sondheim und Stetten ist durchschnitten von dem Bächlein Bahra, das unterhalb der Kirche von Urspringen seine Quelle hat. Vom Sondheimer Ortsteil Stetten fließt gemächlich, gleich einem Rinnsal, der Stettbach herunter. Er entspringt unter der Linde in der Mitte des Dorfes.

Der Bach vereinigt sich auf der Nordheimer Flur „Bruchwiesen" mit der Bahra und diese wird von der Streu, an der Bünd vorbei, rechts von der Au-Brücke, aufgenommen.

Geht man in meinem Heimatort abends oder des nachts entlang des Friedhofes und der Schulturnhalle spazieren, grüßt heute der Funkturm vom Kreuzberg und der vom Heidelstein. Bei klarer Sicht und ohne den Rhöner Nebel, erkennt man die roten Lichter, die wie Morsezeichen an den Sendemasten funkeln.

Die Höhenlage der Gemeinde liegt bei 314 Meter NN. Die höchste Erhebung ist die Königsburg mit einem kleinen Aussichtsturm und der beschriebenen Historie des Platzes mit 533 Meter NN. Höhenunterschiede in Nordheim bis zu 219 Metern. Auch das wurde uns in der Schule beigebracht.

Die alte Baustruktur der Gemeinde zum Zeitpunkt des Geschehens zeigt ein fränkisches Haufendorf. Enge Gassen und kleine Bauernhöfe. An dem Wohnhaus ist der Vieh- und Pferdestall angegliedert, vor dem Stall die Miste. Dann geht es weiter zu den Schweine-, Hasen- und Hühnerställen mit Durchgang zur Scheune. Mal sind die einzelnen Höfe in einem kleinen Viereck eng aneinandergebaut, mal mit einem sogenannten Handtuchgrundstück in die Länge gezogen. Das Rathaus, Pfarrhaus und Zehnthaus, das frühere Schulgebäude am Kirchberg, sowie der malerische Kirchaufgang, sind stattlich. Ebenso die Gebäude des Gelben und des Weißen Schlosses. Einstige Besitztümer der

Herren von der Thann. Stolz grüßt der Kirchturm in das Land.

Die bereits erwähnte Streu führte im Jahr zweimal Hochwasser. Einmal im Herbst, wenn die Gräben in der Flur vom Regenwasser gefüllt waren und einmal nach der Schneeschmelze, im zeitigen Frühjahr. Zur damaligen Zeit war der Bach noch nicht in ein Mauerwerk eingezwängt. Das Vieh konnte am Rande der Streu im Ort noch getränkt werden. Enten- und Gänsefamilien watschelten, je nach Laune, aus den Höfen über die Straßen in das Wasser des Streulaufes. Eine einzigartige Idylle, die zur damaligen Zeit viele Maler, besonders wegen des Kirchaufganges, angezogen hat.

Das Hochwasser der Streu hatte zur Folge, dass Verluste an Vieh, und große Schäden an den Straßen und Bauten entstanden.

Das war offensichtlich auch im September 1780 oder 1782 so. Der Herzog Carl August von Weimar bereiste mit Johann Wolfgang von Goethe sein Hoheitsgebiet. Auf dem Weg nach Ostheim v.d. Rhön fuhren sie durch Nordheim. Die Kutsche von Goethe hatte einen größeren Schaden in Ortsmitte, der Furt der Streu, genommen. Dieser konnte nicht so schnell behoben werden. (Quelle: Bezüglich der Reise von Carl August, die Internetseite der Stadt Ostheim vor der (v.d.) Rhön. Angewidert soll Von Goethe gesagt haben: „Wann kommen wir endlich von diesem Drecknest fort?" (Diesen angeblichen Ausspruch von Goethe berichtete mir der „Graumanns Friede", so wurde dieser in Ostheim genannt, schon im Jahre 1954). Dort war ich zu der Zeit im dritten Lehrjahr bei der Firma Eugen Klee.

Ausgeprägt sind die Charaktere der Bevölkerung. Fleißig, ehrlich, fröhlich, herb, auch stur, zuweilen ein bisschen verschlagen und sprachfaul. Auch zu mir passt jede Einzelheit dieser charakterlichen Würdigung.

Der Dialekt beherrscht die Sprache. Onnä ist unten, und oowä ist oben. Hennä ist hinten, on vonnä ist vorne. Haaröm ist rechtsherum, und wiström ist linksherum. Mein Sohn ess mei Jong und meine Tochter ess mei Mädle. Meine Frau ess mei Fraa. Und mein Mann ess mei Moo. Das harte „T" gibt es überhaupt nicht. Aus diesem wird ein dd. Und so könnte man unendlich fortfahren.

Die Nordheimer – Nuudemer - senn die Lensegööger, sind die Linsengöger (Gockelhähne). Warum? Es gibt zwei Möglichkeiten. Einmal die Möglichkeit, weil viele Linsen in vergangenen Zeiten angebaut wurden. Und zum Zweiten, die Nuudemer guggä, schauen gerne, bei den anderen in die Töpfe, sprich sie sind neugierig, senn neugierich, „boos annere so mache." Was andere tun.

Und in diesen wunderbaren Ort, in dem die Ortsvereine die Gesellschaft tragen, bin ich am 24. März 1937, in der Karwoche, hineingeboren worden, aufgewachsen und mache mich daran, nach einem erfüllten Leben nun auch hier zu sterben.

JUGEND UND KINDHEIT

GEBURT

„Flammen empor," sang der Männerchor des Gesangvereins Nordheim vor der Rhön zum Abschluss des Winterhilfswerkes 1936/1937 auf dem Horst-Wessel-Platz (Marktplatz) am Vorabend des 24. März 1937. Nur wenige Zuhörer fanden sich auf dem Platz ein. Als Grund gaben die Offiziellen nach der Veranstaltung die schlechte Witterung an. Max Dietz, mein Vater, sang beim ersten Bass mit. Er hatte sich in der hinteren Reihe der Bass-Stimmen aufgestellt. Der Chor, unter Dirigent Eugen Stoll, ließ gefühlvoll den letzten Ton des Liedes verklingen. Bürgermeister Albert Baier setzte an, ein salbungsvolles Schlusswort pro Hitler zu sprechen. Max entfernte sich eiligen Schrittes von der Veranstaltung. Seine Frau Rosa, meine Mutter, hatte ihm aufgetragen, die Hebamme, Eugenie Fischer, zu holen. Rosa erwartete ihr zweites Kind. Die Wehen setzten am Nachmittag ein, unregelmäßig zwar, aber doch kräftig. Sie ließen keine Zweifel aufkommen – die Geburt des Kindes war eingeleitet.

Auf dem Weg in das obere Dorf, wo die Hebamme wohnte, dachte Max an sein Leben zurück. Er war am 3. März 1902 in Nordheim vor der Rhön geboren. Seine Brüder Heinrich, geb. am 7. Januar 1899 und Georg (Schorsch) geb. am 15. Juni 1900, waren älter als er. Nach ihm kamen noch sein Bruder Ludwig, geb. am 24. Juni 1904, seine Schwester

Monika, geb. am 15. August 1907 und seine Schwester Rosa, geb. am15. November 1912. Vater Stefan, geb. am 18. November 1878, war schon fünf Jahre tot. Seine achtköpfige Familie ernährte er mit einer kleinen Landwirtschaft und als Bader (Frisör) im Ort. Er war Mitbegründer des Gesangvereins, aktiver Sänger und spielte in der Musikkapelle das Tenorhorn; seine Frau Apollonia führte den Haushalt. Sie unterstützte das gesellschaftliche Leben in der Gemeinde in den Vereinen und war begeisterte Laienschauspielerin.

Als Kriegsteilnehmer im Ersten Weltkrieg wurde sein Vater Stefan, mein Großvater, verschüttet und schwer verwundet. Ein Trauma begleitete ihn seit dieser Zeit. Mehr und mehr wandte er sich dem Alkohol zu. Er starb qualvoll am 20. Juni 1932 mit 53 Jahren, nachdem er sich an einem Stuhl stranguliert hatte. Seine Frau Apollonia, meine Großmutter, konnte das Drama nicht verhindern.

Die Geschwister verlangten nach dem Tod des Vaters ihr Erbe. Heinrich und Georg wollten je einen Bauplatz in der Siedlung. Monika, die in Landshut verheiratet war, und Rosa, die in Ostheim wohnte, erwarteten Geld. Um diese Wünsche zu erfüllen, mussten gute, ertragreiche Äcker verkauft werden. Ludwig, der das Schreinerhandwerk erlernt hatte, räumte die Werkstatt leer. Nur einen Hammer mit einem wackeligen Stiel, eine Beißzange und eine stumpfe Handsäge ließ er zurück. Die Festlegungen wurden am Beerdigungstag seines Vaters getroffen. Die Familie ging auseinander, seine Mutter Apollonia Dietz, geb. Gramm, geb. am 10. April 1879 lebte mit ihm im Haus, so auch deren

Mutter, Martha Gramm, meine Urgroßmutter, geb. am 13. August 1860, die am 17.01.1936 verstarb. Martha war ledig geblieben.

Der Großvater von Max, Wilhelm Dietz, geb. am 1. Mai 1854, gestorben am 4. Mai 1918 in Nordheim vor der Rhön, Sohn der ledigen Tagelöhnerin Barbara Dietz, hatte ein Fuhrunternehmen. Die Bahn, die seit 1898 von Mellrichstadt nach Fladungen fuhr, hatte einen Bahnhof und eine Station in Nordheim. Dazu Rangiergeleise für das Basaltwerk. Von dort wurde der Basalt-Schotter und der Sand vom Basaltwerk, ebenfalls 1898 in Betrieb genommen, in das Land gebracht. Wilhelm Dietz bekam den Speditionsauftrag von der Bahn. Er fuhr die Waren vom Bahnhof Nordheim bis nach Oberelsbach, Stetten und Roth und hinüber nach Neustädtles und Willmars.

Wilhelm Dietz und seine Ehefrau Barbara Lukretia Dietz, geb. Hippeli, geb. am 20, Oktober 1849, gestorben am 5. Juli 1916, brachten es zu Ansehen im Ort. Wilhelm zählte mit seinem Sohn Stefan zu den Gründungsmitgliedern des Gesangvereins Nordheim vor der Rhön. Wilhelm war auch bei „den Vettern der Königsburg", der besseren Gesellschaft (Honoratioren) im Ort, Mitglied.

Aus Anlass der Silberhochzeit mit seiner Ehefrau Barbara Lukretia wurden beide am Sonntag, den 1. Juli 1903 für 22 Jahre aktives Theaterspiel beim Dramaturgischen Club, geehrt.

Wilhelm Dietz vermachte sein Fuhrunternehmen nicht seinem Sohn Stefan, sondern seine Tochter Pauline Dietz; auch sie war eine leidenschaftliche Laienschauspielerin. Sie heiratete Josef Spiegel aus Leubach. Spiegel hatte die Spedition übernommen. Dazu gehörte auch der Personentransport in einer besonderen Kutsche. Diese Kutsche nutzten gerne die Pfarrer und Kaplane, wenn sie in den Nordheimer Kirchenfilialen, der Kaplanei Heufurt und in der Kaplanei Roth die Sonntagsmessen lesen mussten.

In dieser Kutsche, die auch als Schlitten im Winter verwendbar war, sind wir 1951-55 als Jugendliche noch nach Leubach, heute ein Stadtteil von Fladungen, kutschiert worden. Dort sind wir gerne zum Tanzen hin.

Max konnte keinen Beruf erlernen. Mit sechs Jahren bekam er eine Kieferhöhlenvereiterung. Der Arzt wurde zu spät geholt. Eine Operation in der Universitätsklinik Würzburg war unumgänglich. Eine Operationswunde entstellte sein Gesicht. Die Narbe zog sich quer vom linken Kinnansatz bis zum linken Auge. Als sein Vater noch lebte, wollte Max fort, nach Hamburg, zur Polizei. Dieser Plan scheiterte an der Tatsache, dass er nicht tauglich war.

Bis zum Tod seines Vaters, sieben Jahre lang, glaubte Max den Treueschwüren eines Mädchens. Über Nacht machte sie Schluss mit der Beziehung und heiratete kurze Zeit später einen anderen. Ihr angetrauter Ehemann hatte mehr zu bieten, war begütert und nicht so ein armer Tropf, wie er, „der Dietze Max." So nannte man ihn im Ort.

Täglich sah er seine verflossene Liebe, als sie in das Dorf ging. Ihr Weg führte dann zwangsläufig an dem Haus Nummer 25, seinem Elternhaus in dem er wohnte, vorbei. Seine Verflossene hatte nicht immer Besorgungen zu machen, wenn sie dem Dorf zustrebte. Sie plauderte oder tratschte gerne mit Josefine, auch „Eckfine" genannt, weil sie an der Ecke Sondheimer Straße (Bahra-Tor), zur Hindenburg Straße (kleine Seite) wohnte. Dorf einwärts plauderte sie mit der Eckfine. Auf dem Rückweg dann, Dorf auswärts mit der „Schmieds-Regine", der Tochter des Schmiedemeisters Heinrich Krämer, die gegenüber wohnte.

Die Trennung von seiner großen Liebe zehrte jahrelang an Max. Von einer neuen Verbindung wollte er nichts wissen. „Eine Frau muss her", sagte seine Mutter Apollonia zu ihm und beauftragte den Viehhändler Gensler aus Fladungen zu kuppeln (zusammen zu schmusen), was zu dieser Zeit üblich war. Der Schmuser lenkte die Aufmerksamkeit von Max nach Oberstreu. Dort wohnten die Stiefeltern von Rosa Streit, seiner Auserwählten.

Rosa Streit war in Stellung auf einem Gut in Prosselsheim bei Volkach. Vorher schon in Heilbronn. Sie teilte das Schicksal vieler Mädchen dieser Zeit, die Arbeit auf einem Hof suchen mussten oder in ein Kloster abgeschoben wurden.

Der Viehhändler fuhr mit Max nach Prosselsheim. Der Umzug nach Nordheim wurde ausgemacht und ohne Umschweife heirateten beide am 12.08. 1934 in Nordheim vor der Rhön. Der Erstgeborene, Sohn Albin, kam am 27. Juni 1935 zur Welt. Er gedieh prächtig.

Nach dem Ersten Weltkrieg gab es kaum Arbeit für Max. Die Arbeitslosenzahl stieg ständig. 10.270 Menschen suchen Arbeit im Amtsbezirk Schweinfurt, meldete die Presse im August 1932. Das waren 20,7 Prozent mehr als 1931. Die Ziegelei Baier arbeitete nur kurze Zeit im Jahr. Die Gemeinden und Privatleute hatten nicht genügend Geld zum Bauen. Der Basaltwerkbetrieb ruhte mehrmals. 1918 war ein Basaltwerk-Unterstützungsverein gegründet worden. Besonders verdient machte sich der Ehrenbürger Kommerzienrat Stein für den Erhalt der Arbeitsplätze, war Mitbegründer der Basaltstein AG und gründete l926 mit seinem Partner die Leimbach AG.

Nach der Heirat arbeitete Max abwechselnd in der Flurbereinigung und im Winter ein paar Wochen im gemeindlichen Wald. Bis zu sechzig Mann arbeiteten dort, entsprechend kurz war die Beschäftigungszeit. 1932 quetschte er sich im Wald bei einem Unfall die Finger der rechten Hand. Seither waren sie verunstaltet, recht klobig und krumm. Später kamen noch Gichtknoten dazu.

Seine Frau Rosa war nicht zufrieden mit ihrer Lage. „Zu wenig Geld", jammerte sie. Auf den Gutshöfen im Land, gemeint sind die Höfe um Würzburg herum, hatte sie Wohlstand und gutes Auskommen gesehen. Die Äcker und Wiesen in Nordheim, die seit der Erbteilung mit seinen Geschwistern noch übrig waren, warfen zu wenig ab.

Hitler hatte 1933 die Macht übernommen. Schnell, ja zu schnell hatten sich im Dorf viele Bürger den neuen politischen Verhältnissen angepasst, die Fahnen gewechselt und nahmen kritiklos alles hin, was die Propaganda ihnen eintrommelte.

Die Parteibonzen und Anhänger hatten das Sagen im Dorf. Der amtierende Bürgermeister von der bayerischen Volkspartei wurde mit seinem Gemeinderat im Juli 1933 gezwungen, zurückzutreten, obwohl er erst im April desselben Jahres demokratisch gewählt worden war. Nach der Gleichschaltung im Gemeinderat waren die Ersatzleute der NSDAP plötzlich Mitglieder und es gab nur noch diese eine Partei, die mit ihren Beigeordneten nicht nur den Gemeinderat, sondern auch die Ortsvereine überwachte. Die braunen Machthaber boykottierten längst die jüdischen Familien im ganzen Land.

Diese verarmten, wurden verhöhnt und wanderten aus. Palästina oder Amerika waren das Ziel der meisten. Die Einwohner sahen nicht die Zeichen herannahenden Unheils, erkannten nicht die Zeichen der Zeit, oder wollten sie nicht erkennen. Sie schalteten auf Durchzug, wie man landläufig zu sagen pflegte. Hinter vorgehaltener Hand wurde getuschelt. Öffentlich etwas zu kritisieren, traute sich niemand mehr. Man wollte oder musste schweigen.

Die Arbeitslosen waren weniger geworden, seit Hitler an der Macht war. Und nur das zählte. Für die Landwirte gab es Förderprogramme, der Bau von Autobahnen von Norden bis Süden, von Osten bis Westen verringerte die Arbeitslosenzahlen um Hunderttausende. Der Wohnungs- und Siedlungsbau kam voran, die Partei propagierte das Ziel, Groß-Deutschland muss sich selbst ernähren können. Feste Preise für die landwirtschaftlichen Erzeugnisse gaben Sicherheit. Aufbruch Stimmung machte sich breit.

Max stolperte, als er an der Streu entlangging. Das Herbsthochwasser hatte tiefe Furchen in die Schotterstraße gerissen. Sie auszubessern lohnte sich für die Gemeinde nicht, denn das Frühjahrshochwasser würde nicht mehr lange auf sich warten lassen.

Die Hebamme stand schon bereit. Es gab zwar keine Telefone unter den Familien, aber man kannte sich und wusste, wenn die Zeit da war. „Hoffentlich wird es ein Mädchen", sprach Max zur Hebamme, als sie schnellen Schrittes in das Unterdorf eilten. „Du wirst nehmen müssen, was du kriegst", kam es von ihr zurück. Inzwischen war es schon fast 20.30 Uhr.

Rosa mühte sich mit den Wehen ab und war ins Schwitzen geraten. Die Hebamme beruhigte sie und stellte nach kurzer Untersuchung fest: „Du hast noch Zeit, Rosa."

Max hatte tagsüber das Ehebett seiner Frau vom Boden geholt und gleich links, hinter der lindgrün gestrichenen Eingangstür der guten Stube, aufgebaut. Beim Erstgeborenen Albin war es auch schon so gewesen. Über dem Bett, am Fußende, hing ein einfaches Holzkreuz, darunter, an einem krumm geschlagenen Nagel, ein kleiner aus Holz geschnitzter Weihwasserkessel. Mit dem letzten Osterwasser des Vorjahres füllte die Rosa den ausgetrockneten Behälter. Auch das war schon beim Erstgeborenen so gewesen.

Die Wand, an der das Bett aufgeschlagen war, beherrschte ein Ölgemälde von neunzig auf sechzig Zentimeter Größe. Es zeigte den Sohn Gottes mit einer Dornenkrone, dem mit einem Schwert das Herz durchstochen war. Blut tropfte aus dem Herzen. Die Inschrift lautete: „Jesus, Heiland, Seligmacher". Runde zwei Meter vom Kopfende des Bettes entfernt stand ein graphitglänzender Kanonenofen. Auch diesen hatte Max tagsüber gerichtet. Die Ofenrohre, ebenfalls schwarz glänzend, führten nicht direkt in den Kamin, sie machten einen Knick von einem Meter, wurden nach oben geführt und vierzig Zentimeter unterhalb der Decke endeten sie im passenden, kreisrunden Schlotloch. Diese Anordnung brachte noch zusätzlich Wärme ins Zimmer. In genügendem Abstand zum Ofenrohr stand die Kommode. Darüber war die Wanduhr mit einem Gehäuse aus Holz angebracht. Sie schlug die vollen und die halben Stunden. Ihr Schlag war tief und angenehm. Das gleichmäßige „Tick-Tack" beruhigte.

Eine Bank ohne Rückenlehne stand an der Längswand zur Hauptstraße. Der rohgezimmerte Tisch zog die Blicke auf sich. Drei Stühle, deren Sitzflächen aus feinen Weidefasern geflochten waren machten einen vornehmeren Eindruck, verkündeten jedoch, dass sie schon bessere Tage gesehen hatten. Die Möbelstücke hatten einen erdbraunen Farbton und waren handgemasert. Ein selbstgesticktes Deckchen verzierte den Tisch. Rechter Hand stand die Blumenkrippe mit weiß und grün bemalten Stäbchen. In dem Bodenbrett der Blumenkrippe lagerte das Strickzeug in einem Weidenkörbchen. Bis zuletzt hatte die Gebärende versucht, sich damit abzulenken. Auf dem obersten Brettchen der Blumenkrippe standen zwei Blumenstöcke. Ein fleißiges Lieschen und ein Blätterstock mit scharfen, grünen Blättern. Griff man unvorsichtig zu, hatte man Schnittwunden an den Fingern. Der Fußboden aus breiten Holzbrettern war ausgetreten, das billige Fußboden Öl stank beißend. Es verdunstete durch die Hitze der geheizten Stube.

Zur Hochzeit im August 1934 war das Zimmer letztmals gestrichen worden. Franz Suckfüll hatte damals die Decke gekalkt, jetzt waren einzelne Risse zu sehen, gelbe Stellen zeigten an, dass die Kalkfarbe vom Lehm der Decke abblätterte. Die Wände, ebenso mit gelber Kalkfarbe eingestrichen, hatten ein undefinierbares Wandmuster. Diese Wandmuster wurden mit in Farbe eingetauchten Lappen erzeugt. Auch heute wird diese Technik wieder angewandt. In der Mitte des Zimmers hing eine kleine emaillierte Lampe. Die fünfundzwanzig-Watt-Birne leuchtete spärlich. Wind kam auf.

An den winddurchlässigen Sprossenfenstern, drei an der Seite zum Hof und drei an der Hauptstraße entlang, waren kleine Vorhänge angebracht. Sie bewegten sich durch den Luftzug hin und her. So klapperig wie die Fenster waren auch die Holz-Läden an der Außenwand des Anwesens von

Max, Haus Nr. 25, jetzt Hindenburgstraße, früher Kleine Seite. Mit einer Schnur nach innen zugezogen, schepperten sie munter im Einklang mit den Fenstern. Diese gingen aus dem Leim. Dadurch drang das Wehklagen der Mutter hörbar auf die nächtliche Straße. Dorflampen gab es damals noch nicht.

Stunden vergingen. Die Abstände der Wehen verminderten sich. Mit ihrer langjährigen Erfahrung ging die Hebamme zu Werke und arbeitete im Einklang mit der schwitzenden Mutter.

Dann, der letzte, langgezogene Schrei und genau am Mittwoch, den 24. März, in der Karwoche 1937, um eine Uhr dreißig, wurde ich geboren. Den Schlag der Uhr, der die halbe Stunde ankündigte, hörte niemand. Max, geweckt durch den Schrei, eilte aus der Küche herbei, wo er sich aufs Sofa gelegt hatte, schaute, und stellte fest: ich war kein Mädchen. Seine rechten Backenknochen fingen an, zu mahlen. Ohne mein Zutun hatte ich meine Eltern enttäuscht. Das Mahlen der Backenknochen meines Vaters habe ich erst später deuten können. Es hat mir, seit ich denken kann, Angst gemacht.

Etwas unförmig dick sei ich gewesen, konnte ich Jahre später von meiner Mutter erfahren, nicht groß aber acht ein viertel Pfund schwer. Irgendwie blau und nicht besonders lebensfähig. Am fünfundzwanzigsten März, dem Gründonnerstag 1937, noch bevor in der Liturgie der Karwoche die Grabesruhe einsetzte, wurde ich in der Kirche „Sankt Johannes der Täufer", von Pfarrer Georg Lindner getauft und war nunmehr ohne zu wissen was mit mir geschah, ein römisch-katholischer Christ.

In meinem Geburtsregister wurde der Name Erwin Rudolf Dietz eingetragen, Rudolf deshalb, weil mein Taufpate Rudolf Spiegel hieß und Rudi genannt wurde. Meine Eltern: Vater, Maximilian Dietz, geboren am 3. März 1902 in Nordheim vor der Rhön, meine Mutter, Rosa Dietz, geborene Streit, geboren am 26. Mai 1905 in Oberstreu.

Erwin wurde ich nie gerufen. Fortan war ich der Rudi, der ein Mädchen sein sollte.

Die Sonne ging an meinem Geburtstag um fünf Uhr fünfundfünfzig auf, und um achtzehn Uhr neunzehn unter. Der Mond verabschiedete sich um vier Uhr dreiunddreißig. Nur im thüringischen Frankenheim lag um diese Jahreszeit eine dünne Schneedecke. Ansonsten war es dunstig und etwa fünf Grad warm in der Umgebung.

Am Sonntag vor meiner Geburt hatte die Deutsche Reichs-Fußballmannschaft in Stuttgart Frankreich mit 4:0 geschlagen. Die Presse veröffentlichte in dieser Woche Aufrufe zur Leistungssteigerung landwirtschaftlicher Erzeugnisse: „Mehr Acker durch Grünlandumbruch."

Reichsjugendführer Baldur von Schirach verordnete den Einsatz Jugendlicher in der Landwirtschaft unter dem Leitsatz: „Deutschlands Jugend hilft mit". Die erste „Deutsche SS-Gepäckmarsch-Meisterschaft" hatte stattgefunden. Es wurde weiter von „der Judenplage in Wien" und von einem „jüdischen Bankbetrüger" in Schweinfurt berichtet. Die erste Briefmarke mit dem Bild des Führers erschien.

Sehr gut besucht war der Schweinemarkt in Mellrichstadt. Vierhundertvierzig Jungschweine und neunundzwanzig Läufer wurden angeboten, ein Paar Läufer brachte vierzig bis neunzig Reichsmark, ein Paar Jungschweine fünfzehn bis fünfunddreißig Reichsmark. Das berichtete die Heimatzeitung „Rhön- und Streubote" an meinem Geburtstag, Mittwoch, dem 24. März 1937.

Die näheren Umstände meiner Geburt habe ich von meiner Mutter im Laufe der Jahre erfahren. Sie erzählte mir auch, dass mich mein Vater gerne mit der Tochter einer bekannten Familie getauscht hätte, die Tage vorher geboren wurde.

Die gesellschaftlichen, informativen Tatsachen entstammen der Presse, der Heimatzeitung Rhön-und Streubote, die ich über die damalige Zeit durchforstet habe.

PLÖTZLICH WURDE ES DUNKEL

Über die ersten drei Jahre meines Lebens kann ich nichts berichten. Die Erinnerung darüber fehlt.

Doch plötzlich sah ich, schemenhaft, tiefe, schwarze Wolken weit entfernt von mir. Ein dumpfes, lähmendes Gefühl hatte von meinem vierjährigen Körper Besitz ergriffen. Ich spürte starke Schmerzen über meinem Nasenrücken, konnte kaum noch atmen, meine Rippen taten sehr weh. Langsam kehrte mein Vermögen zurück, sich zu erinnern, wer ich war.

Fratzenhaft sah ich das verformte Gesicht meines Vaters, es nahm langsam wieder normale Konturen an. Ich erkannte die Bartstoppeln in seinem Gesicht, die Operationsnarbe, und hörte, aus weiter Ferne kommend, die Worte: „Junge, was machst du denn?" „Rudi, Rudi, bist du wieder da?" fragte mich meine Mutter, deren Worte ich jetzt schon besser verstand. Sie saß auf dem linken Rand des Bettes im elterlichen Schlafzimmer, das ich wieder vollständig wahrnahm.

Es war Back Tag. Der Brotteig im hauseigenen Backtrog war schon geknetet. Und so hatte meine Mutter Teigreste an den Fingern, nahm die Schürze, die noch mit Mehl bestäubt war, trocknete ihre Tränen und streichelte mich leicht. Trotzdem zuckte ich vor Schmerzen zusammen. Mein Kopf und meine Nase taten sehr, sehr weh.

An das was geschehen war konnte ich mich nicht erinnern. Das grün gekalkte Zimmer nahm Konturen an, die großen, aufgerollten Blumenmuster sprangen mir in die Augen. Die Lehmdecken des Hauses waren nicht nach der Waage ausgerichtet. Sie wölbten sich mit der Balkenlage. In 40 cm Abstand von der Decke wurde deshalb eine Borte um die vier Wände des Zimmers gezogen. Das grelle Blau der Borte war mir sonst nie aufgefallen. In dem Spiegel der Kommode, die meinem Bett gegenüberstand, schaute mir ein verbeultes Gesicht mit einer unförmigen, dicken Nase entgegen.

„Du bist die Bodentreppe hinuntergefallen," sagte meine Mutter zu mir und schluchzte nochmals. „Warum?" fragte ich zaghaft, bekam aber keine Antwort. (Später habe ich erfahren, dass mein Onkel Ludwig die Schuld an meinem Sturz hatte. Er soll mich aus seinem Zimmer verjagt haben, dabei sei es zu dem Treppensturz gekommen.)

Mir hat es gutgetan, im elterlichen Schlafzimmer zu liegen und so umsorgt zu werden. Dieser Zustand machte die Schmerzen erträglicher. Spät abends kam der Arzt, Dr. med. Calden aus Ostheim v.d. Rhön, drückte überall an mir herum, wobei ich ein paarmal aufschrie, und Dr. Calden schickte sich an, zu gehen. „Lassen sie ihn noch zwei bis drei Tage liegen, dann geht es wieder," hörte ich den Arzt sagen, als er mit meinen Eltern die Bodentreppe hinunterging. Wie es sich später herausstellte, hatte der Arzt übersehen, dass mein Nasenbein gebrochen war.

KINDERGARTEN

Seit meinem zweiten Lebensjahr wurde ich in die Kinder-Bewahranstalt geschafft. Einen dritten Tag konnte ich mich in meinem elterlichen Bett nicht ausruhen. Mein Bruder Albin zerrte mich wieder täglich in den Kindergarten. Von nun an mit Kopfweh ohne Ende. „Sauber" sei ich noch nicht gewesen, sagte später meine Mutter zu mir.

Seit ich zurückdenken konnte, schleifte mich mein Bruder Albin in die Anstalt, so wurde sie auch im Dialekt genannt. Ich wollte da nicht hin, war trotzig und bäumte mich auf. Aber es hatte alles keinen Sinn.

Mein Mäntelchen, das aus der Bräutigam-Jacke meines Vaters geschneidert war und welches schon mein Bruder Albin getragen hatte, machte mich noch dicker. Darin sah ich aus wie ein Presssack, jene Hausmacherwurst, die immer im Sommer mit aufs Feld genommen wurde.

Der Gang zur Grobschen Stiftung, der Kinder-Bewahranstalt, begann in der Frühe um acht Uhr. Der Weg führte an der Streu entlang bis hinunter zu Haus Nummer 1, dem „Leiberschen Anwesen". Dann musste der „Untere Steg" überquert werden. Die Konstruktion war aus Eisen gefertigt, mit Querstreben vernietet und mit Holzbohlen belegt. Schmerzliche Erfahrungen machte ich im Sommer, wenn ich barfuß daherkam, nicht aufpasste, und mit dem großen Zeh an den ungleich dicken Bohlen anstieß. Einige waren lose oder gesplittert, so dass Holzschieber in die Fußsohlen eindrangen. Bis zur Mitte der Streu ging es auf dem Steg leicht bergauf. Dort lagerte die Konstruktion auf einem Postament aus Bruchsteinen, mit einem spitzen Bug gegen den Lauf der Bachrichtung angelegt.

Die Bugspitze hatte die Aufgabe, den Druck der Frühjahrs- und Herbst-Hochwasser zu mindern. Die Hochwasser richteten besonders im unteren Dorfbereich jährlich große Schäden an. Manchmal ertranken Schweine in ihren Ställen. Auch Kühe mussten bei Bekannten in höher liegenden Anwesen eingestellt werden. Zur anderen Seite ging es bergab, beide Fußenden des Steges waren höhengleich im Erdreich verankert.

Gleich rechts, noch zum „Unteren Torhaus" gehörend, wohnte der Glaser, Richard Hippeli. Seine Werkstatt lag nicht höhengleich zur Straße, sondern eine Stufe tiefer. Dorthin brachte man nicht nur kaputte Fenster und eingeschlagene Fensterscheiben, sondern auch die gefüllten noch unverschlossenen Wurstbüchsen am Schlachttag.

Der „Glasers Richard", so hieß er im Volksmund, stellte die mit Wurstteig gefüllten Büchsen auf eine Halterung. Obendrauf dann den mitgebrachten Deckel. Von Hand drehte dann der Richard die Maschine, die sich anhob und mit Gegendruck senkte. Durch den Drehschwung wurde der Deckel um gebördelt und die Büchse war verschlossen.

Das Torhaus hatte einen Rundbogen, aber kein Tor. Es führte zur Schafgasse.

Nach dreißig Metern linker Hand war das Anwesen unseres Hausmetzgers, der sein landwirtschaftliches Einkommen mit Hausschlachtungen aufbesserte. Nach fünfundvierzig Metern stand rechts das Anwesen vom Zahnarzt Gotthard, der wöchentlich dreimal von Ostheim nach Nordheim kam und praktizierte. Viele Jahre konnten alle Vorübergehende durch ein Fenster die Geräte sehen, besonders die Bohrmaschine, mit dem langen Seil, an dem der Bohrer befestigt war. Wenn der Zahnarzt bohrte, hörte man nicht nur das hohe „C" singende Geräusch des Bohrers auf der Straße, sondern auch ganz besonders die Schreie der Patienten.

Nach weiteren vierzig Metern führte die Ostheimer Straße vorbei. Diese musste überquert werden. Rechts, in Richtung Ostheim, begrenzte der Gartenzaun die Straße und das Anwesen der Grobschen Stiftung. Am Eingang der Kinder-Bewahranstalt, von zwei großen alten Linden eingerahmt, stand auf einem wuchtigen Sockel ein hohes Steinkreuz mit dem Gekreuzigten. Ehrerbietig schaute ich jedes Mal auf, wenn ich vorbeikam. Das Kreuz beeindruckte mich sehr. Ich hatte Angst, der Heiland könne herunterfallen. An die Schmerzen des Gekreuzigten dachte ich dabei nicht.

Ca. dreizehn Meter lang war der Weg bis zur Steintreppe. Fünf Stufen führten hinauf zum Windfang, von da gelangte man in die Kinder-Bewahranstalt. Wer hinein wollte, musste läuten. Dazu diente ein Eisenstab – dessen Griff in Kreuzform – der von der Außenwand in das Innere des Hauses hinein gebogen war. Dort war eine Glocke angebracht.

Vom Frühjahr 1939 bis Ende August 1943 wurde ich geschleift, oder ich ging trotzig und langsam den Weg, weil ich einsehen musste, dass ich meine Haltung nicht durchsetzen konnte. Im Frühjahr, Sommer, Herbst und im Winter, ob es heiß war oder kalt, ob es regnete, stürmte oder schneite - es gab keine Ausnahme. Ich musste in die Kinder-Bewahranstalt. Eben nur diese zwei Tage nicht, wegen meines Treppensturzes.

Die Schwestern aus dem Orden der „Töchter des Allerheiligsten Erlösers" – Erlöserschwestern -, in der Ebracher Gasse, Würzburg, betreuten die Anstalt seit dem 16. Dezember 1899, dem Einweihungstag der Stiftung.

Oft war ich über die Mittagszeit bei den Schwestern. Aber „sauber" war ich noch nicht. Auch nicht, als ich in die Schule kam. Diese traurige Tatsache belastete mich sehr. Niemand kümmerte sich um das innere Leiden, das mich unsicher machte und ein Schamgefühl in mir weckte.

Die Schwester Oberin, Erwina mit Namen, hatte gütige Augen und war sehr klein von Wuchs. Störte sie etwas am Verhalten der Kinder, oder waren diese gar unruhig, verengten sich ihre Pupillen und die Schwester sah gar nicht mehr gütig aus.

Die Schwester und auch die Helferinnen waren nicht zimperlich, wenn die Hosen der Kinder nass und voll waren. Sie hielten den Betroffenen die Kleidungsstücke brutal vor das Gesicht, sie mussten daran riechen und sollten sich so diese unangenehme Schwäche abgewöhnen. Schwester Erwina erhielt auf Antrag des örtlichen Bürgermeisters einen Verdienstorden der Bundesrepublik Deutschland. Das habe ich aber erst viel später erfahren.

Ganz schlimm war es für mich, wenn ich in den Kohlenkeller gesperrt wurde. Der Kohlenkeller war stockdunkel. Keine Hand sah man vor seinem Gesicht und konnte auch keine Konturen im Raum erkennen. Es raschelte, und abgeschlossen war der Raum. Vor lauter Angst leerte sich wiederholt meine Blase. Diese Angst prägte sich in meinem Inneren tief ein. Heute noch habe ich damit zu tun. Bekomme Raumangst, blicke mich unruhig um, weil ich denke, es kommt jemand von hinten und schlägt auf mich ein.

Lediglich bei den Katzen und Hunden ging man strenger vor. Diese wurden mit dem Kopf in ihre Exkremente gedrückt, bis sie die Stube nicht mehr vollmachten. Eine schlimme, eine brutale Zeit.

Schwester Erwina saß Tag für Tag am Tisch etwas erhöht auf einem Podium und konnte so den ganzen Saal übersehen, in dem die Kinder untergebracht waren. Ein langer Stock stand griffbereit in der Ecke am Einzäunungsgitter des schwarzen Kanonenofens, welcher rechter Hand an der Eingangstüre stand. Hinter Schwester Erwina, fast lebensgroß, in der Mitte an der Stirn-Wand angebracht, beeindruckte ein Holzkreuz. Es beherrschte den Raum, der vom Rauch des Ofens geschwärzt war. Die Einrichtung war karg. Die schmalen Bänkchen verursachten mir Qualen. Nur mit Mühe kam ich hinein und entsprechend wieder heraus. Mit aufschiebbaren Holztüren wurde die Bühne abgegrenzt. Sie war mit Stufen erhöht angeordnet. Dort wurden die Kinder nachmittags zum Schlafen hingelegt. Und wieder durften sie sich nicht bewegen. Die Bettchen waren wackelige

Holzgestelle, mit Barchent bespannt. Das Kopfkissen stellten die Eltern der Kinder. Wehe, wenn nicht sofort Ruhe eintrat.

So klein wie Schwester Erwina war, so schnell war sie auch. Geschlagen hat sie nicht oft, aber den langen Stock gebrauchte sie meistens zu Drohgebärden. Ihr Blick drang tief ins Innere, machte mir Angst, und wenn sie den Stock hob, duckte ich mich.

Ich war der unruhigste Junge. Folglich musste ich immer auf dem ersten Bänkchen, ganz vorne links am Gang, Platz nehmen. Und bekam folglich so den Stock am meisten zu spüren. Denn der Zwischenraum vom Podium zu meinem Bänkchen war nur ca. 1,5 Meter breit. Der Stock der Schwester, ein Haselnussgewächs, war aber über 2 Meter lang. Ich fühlte mich eingezwängt in das Bänkchen. Mein Hinterteil war zu breit und ich entsprechend unbeweglich.

Kurz vor der Einschulung war ich schon ein „Größerer", aber noch immer nicht „sauber". Oft musste ich, so die Rangordnung in der Kinderbewahr-Anstalt, meine, und die vollen Hosen der kleineren Kinder zu den Eltern tragen, um frische Wäsche zu holen. Wenn ich zu Hause mit meiner vollen Hose ankam, setzte es jedes Mal fürchterliche Schläge. Meine Psyche war dadurch angeknackst und mein Kopfweh nahm nicht ab.

Viele Kindergebete, die vom Dank der Kinder gegenüber ihren Eltern und der Bitte um Gottes Schutz für sie handelten, mussten wir beten. „Gott gebe uns eine gute Nacht" endete ein tägliches Gebet. Das Wort „Nacht" alleine genügte, um bei mir Unruhe auszulösen.

Gerne beteiligte ich mich am täglichen Singen. Es befreite meine Seele von dem Frust meines jungen Lebens.

„Fuchs du hast die Gans gestohlen, Alle meine Entchen, Hänschen klein ging allein", waren die geläufigsten Verse. Voller Inbrunst und laut sang ich immer mit, wenn Schwester Erwina das Lied,

> *„Weißt du wie viel Sternlein stehen, an dem blauen Himmelszelt?*
> *Weißt du wie viel Wolken ziehen, weit hinüber alle Welt?*
> *Gott der Herr hat sie gezählet, dass ihm auch nicht eines fehlet*
> *an der ganzen großen Zahl,*
> *an der ganzen großen Zahl,"*

anstimmte.

Oft musste ich im Sommer über die Mittagszeit bei den Schwestern bleiben, weil meine Mutter auf dem Feld war. Es gab dann Gemüsesuppe. Auch Kartoffelsuppe. Sie schmeckte immer gleich und war kaum gewürzt. Gab es etwas Anderes, dann war es Eintopf, ebenfalls aus Gemüse. Mit Selleriestücken, Kartoffelschnitzen, langfaserigen Lauchblättern, Wirsing, Bohnen und Erbsen sowie Linsen.

Wurde zu Hause, kurz vor Weihnachten, wenn die Schlachtsau fett genug war, geschlachtet, so musste ich den Schwestern in den Kindergarten Wurstsuppe mit Kesselfleisch und ein Paar Würste bringen. Von diesen guten Sachen war nichts in der Suppe, und ich fragte mich, wo sind diese Essenswaren geblieben?

Natürlich war ich nicht gerne über Mittag bei den Schwestern. Sie beteten vor und nach dem Essen sehr lange. Die Gebete zu Hause waren kürzer. Dann aßen die Schwestern sehr langsam, ich löffelte schneller, musste aber ruhig sitzen bleiben und warten, bis sie fertig waren.

Mit der Hoffnung auf ein neues Erlebnis freute ich mich auf die Schule. Ich war sehr wissbegierig. Die Einschreibung zur Schule kam näher. Meinen Bruder Albin, zwei Jahre älter als ich, konnte ich belauschen, wenn er täglich übte. Das war gegen Abend, wenn ich von der Kinder-Bewahranstalt nach Hause kam. So kannte ich schon einiges von dem Lernstoff der Erst-und Zweitklässler.

Einfache Übungen im Rechnen hatte ich im Kindergarten in den letzten Monaten unter Anleitung der Schwesterhelferinnen gemacht. Malen sollte ich auch, dazu hatte ich keine Geduld. Ich malte so: Punkt, Punkt, Strich, Strich, fertig ist das Angesicht. Zwei lange Käse, eine runde Butter, fertig ist die liebe Mutter. Gegenstände auf Bildern sollte ich aussuchen und Buchstaben erkennen. Das war die Vorbereitung auf die Schule. Am Abschlusstag im Kindergarten wurde die Bühne von den Bettchen geräumt. Ein kurzes Gedicht, „O

Gott wir danken dir für deine Gaben, die wir von dir erhalten haben," durfte ich aufsagen. Zu mehr reichte meine Gunst bei der Schwester Oberin nicht. Dennoch war ich froh darüber, denn die Bewahranstalt war kein heller Punkt in meinem dunklen Dasein.

Innerlich völlig zerrissen wartete ich auf den ersten Schultag. Was wird die Schule bringen, fragte ich mich. Trotzig sagte ich mir: „nun erst recht!" Später war mein Wahlspruch: Vogel friss oder stirb.

SCHULE UND KRIEG 1

Am Mittwoch, dem 1. September 1943, wurde ich in meiner Heimatgemeinde Nordheim vor der Rhön eingeschult. Die Schule begann um 10.30 Uhr. Es gab keine Zuckertüte, keine besondere Kleidung, keine besonderen Schuhe.

Vor 10.30 Uhr war ich mit meiner Mutter und meinem Vater auf dem Feld, mit dem Flurnamen Grasweg. Die Kartoffeln waren aufgebraucht, es mussten neue geholt werden, denn die alten hatten schon lange süßlich geschmeckt, bevor sie Mutter den Schweinen verfütterte. Dürre Kartoffelstöcke im Acker wurden ausgesucht, mit einer Mistharke ausgehoben., die noch kleinen Kartoffeln in einen Sack gefüllt und mit dem Schubkarren nach Hause gefahren.

Müde und mit schmutzigen Schuhen ging ich alleine zur Schule. Der Lehrer schaute mich eigenartig an. Noch immer war ich nicht „sauber," kam mir in den Sinn. Ich hatte fast immer starke Kopfschmerzen. Ständig lebte ich in Unruhe und Angst. Seit ich zurückdenken konnte, hörte ich nichts Anderes als: „Du musst, du sollst, du darfst nicht".

Freude kam da nicht auf. Träume begleiteten meinen Schlaf. Dort kamen große Wasserwellen auf mich zu, ich erschrak und dachte, ich müsse ertrinken, wurde wach und das Bett war wieder nass. Ich träumte von schweren Gewittern, von dunklen Wolken und von Kälte, wurde warm, weil wieder das Bett voll war. Meine Mutter sagte zu mir, das bedeute Unglück. Da gab es kein Verstehen, kein Nachforschen, warum ich noch Bettnässer war, nur Schläge auf den Hinterkopf. Oder die Hose wurde strammgezogen, und mit einem Haselnussstecken das Hinterteil verdroschen. Dabei gab es Ausdrücke wie, „Du Teufel, du Hund", oder was ganz schlimm war, „Du bist ja vom Teufel besessen!". Und immer wieder konnte ich das Mahlen der Backenknochen meines Vaters hören und sehen.

Als ich älter war, fing ich an zu zweifeln, ob ich zu dieser Familie gehöre. Dann quälte mich nachdenklich die Frage, ob ich ein sogenannter Bastard sei. „Du musst, du sollst, du darfst nicht"! Das waren die Sätze, die ich von meinen Eltern, vom Pfarrer, Lehrer und anderen Menschen zu hören bekam, mehr oder weniger mit Androhungen, mich einzusperren. Das Wort einsperren machte mir Angst, diese Angst kannte ich noch vom Kindergarten, als ich alleine im

Kohlenkeller eingesperrt war. Auch in den Saustall wurde ich von meinem Vater eingesperrt. Das war ganz schlimm, denn die Saustalltür hatte nur von außen einen Riegel. Auch der örtliche Bürgermeister sprach vom Einsperren in den Malzkeller im Rathaus, welches früher das Gasthaus zum Löwen war. Und der Pfarrer, was hatte der so 'drauf? Er sprach vom Teufel, der uns in die ewige Verdammnis- sprich Hölle, holen würde. Welch eine Lebensperspektive! Für mich und auch für alle anderen Heranwachsenden.

In der Schule wurde ich verlacht, denn ich konnte das „R" nicht richtig herausbringen. Das war grausam. Heimlich übte ich, wo es nur ging. Damit zu Hause mein Üben niemand merkte, drehte ich den Wasserhahn auf, und das Rauschen übertönte meine ständigen Wiederholungen des rollenden „R." Langsam besserte sich dieser Zustand. Lernschwierigkeiten hatte ich in der Schule nicht. Viele haben bei mir abgeschrieben, sofern sie meine „Saupfote," wie der Lehrer sagte, lesen konnten.

In der Schule hatte ich keinerlei Probleme. Mein Gedächtnis war sehr gut. Sehr gut war auch mein erstes Schul-Jahrgangszeugnis. Als ich es gelesen hatte, war mit einem Mal das Bettnässen vorbei. Ich war frei, frei, frei und hatte ein herrliches Gefühl. Frei von allem Unrat zu sein. Von diesem Ausbruch des Glück-Gefühls und der Freude nahmen weder meine Mutter noch mein Vater Kenntnis. Das war für sie selbstverständlich. Ein Wort der Anerkennung bekam ich nicht zu hören.

MEINE SCHWESTER RITA WIRD GEBOREN.

Am 12. Dezember 1943 wurden mein Bruder Albin und ich von Vater aufgefordert, Schlitten zu fahren. Das war etwas ganz Neues. Jetzt mussten wir das tun, was wir sonst gar nicht durften. Wir bekamen die Ansage, zum Gebetläuten daheim zu sein. Das war in den Wintermonaten um 17.00 Uhr. Gerne nahmen wir diesen Befehl an.

Wir beiden Brüder gingen zum Sommerberg, der hatte eine dichte Schneedecke, und so fuhren wir ein um das andere Mal bis kurz nach 17.00 Uhr, mit „Hallo" den Berg hinab. Ausnahmsweise übersah Vater, dass wir, seine Sprösslinge zu spät, also nach dem Angelusläuten um 17.00 Uhr, nach Hause kamen. Er führte uns voller Stolz in die gute Stube und sagte, „da ist euer Schwesterlein". Und wieder mahlten die Backenknochen meines Vaters, aber vor Freude. Denn jetzt hatte er sein Mädchen, was ich nicht geworden war.

Mutter lag abgekämpft im Bett. Sie hatte ein weißes Bündel in den Armen, aus dem ein Köpfchen hervor lugte. „Rita würde unser Schwesterlein heißen und, sie sei ein Sonntagskind." Jetzt sind wir vier, dachte ich, Drei Buben und ein Mädchen. Das Zimmer war wieder überheizt und es roch wieder nach verdunstetem Öl. Das war auch bei den drei Geburten vorher schon so gewesen.

Mir war aufgefallen, dass meine Mutter sich an diesem Sonntagmorgen zwischen die Türpfosten der guten Stube gestemmt, sich den Bauch gehalten und den Sonntagsgottesdienst nicht besuchte hatte.

Die Hebamme war noch da als wir vom Schlittenfahren heimkamen. Eugenie Fischer hatte uns alle „hergebracht", so die Ausdrucksweise nach der Geburt. Eine selten gute Laune war im Zimmer zu spüren.

Zum Abendessen gab es ein drei Zentimeter breites Stückchen Blutwurst im Dünndarm der geschlachteten Sau, und Brot. Als ich gierig vor Hunger die Blutwurst gegessen habe, dachte ich an das Haus-Schlachten im Hof. Das war grausam für uns Kinder anzusehen.

Mit einem Strick am Bein wurde das Schwein vom Stall in den Hof geführt. Es war unruhig, und wollte ausreißen, ob der Leute, die sich um den Metzger versammelten. Das Schwein bekam vom Metzger einen rohrartigen Stift vorne zwischen die Augen aufgesetzt. Diesen Stift - auch Schlagbolzen genannt - hielt er mit der linken Hand fest. Mit der rechten Hand nahm er die Holzaxt die ihm gereicht wurde, holte aus und rammte mit einem Schlag den Stift durch die Knochenplatte des Kopfes des armen Schweins. Sofort schlitzte er mit dem zurecht gelegten größten Schlachtmesser den Hals des Schweines auf. Das Blut wurde in einem Tontopf aufgefangen und mit einem Rührlöffel kräftig gerührt und geschlagen, damit es nicht gerann. Mir wurde jedes Mal schlecht, wenn ich diese Prozedur sah. Aber die

Blutwurst, im Kessel gekocht und anschließend im Kamin geräuchert, habe ich gerne gegessen. So auch an diesem Sonntag, dem Geburtstag meiner Schwester.

Später wurde ein Schlagbolzen erfunden, der mit Schwarzpulver gezündet, treffsicher den Kopf des Schweines einschlug.

SCHULE UND KRIEG 2

Seit 1939 tobe der Krieg. Ich hörte oft in dieser Zeit meinen Vater sagen: „Das geht nicht gut, das geht nicht gut." Er meinte damit den Krieg. Das Totenglöckchen, „'s Gautserle", wurde es im Dialekt bezeichnet, läutete immer öfter. Hoch oben, aus einem kleinen Vorbau, der dem schlanken Turm der Kirche vorgesetzt war, schwang das Glöcklein aufgeregt hin und her. Für jeden im Ort sichtbar, unüberhörbar der eindringliche, scheppernde Klang.

Aus dem Volksempfänger in der Küche drang eine aufstachelnde Stimme, sprach von Siegen an der ganzen Front, aber die Menschen im Dorf trugen Trauerkleider, trauerten um die jungen Männer, Väter, Söhne, Töchter und Verwandten.

In dieser Kriegszeit drängte Mutter mich dazu, dass ich „für eine glückselige Sterbestunde" zu beten hätte. Das nahm ich mir sehr zu Herzen. An das Sterben hatte ich zu diesem Zeitpunkt nicht gedacht. Ich war sehr erschrocken. Jedenfalls rannte ich jahrelang seit dieser Aufforderung heimlich und oft zur Grotte, jagte ein, zwei „gegrüßt seist du, Maria" gen Himmel, „weil sie die beste Fürbitterin bei Gott sei", wie meine Mutter sagte und rannte wieder heim. Das motorische Summen der Flugzeuge, Bomber, begleitete über uns hinweg den Alltag.

Die Meldungen aus dem Volksempfänger überschlugen sich. Die Durchhalteparolen wurden immer eindringlicher. Der Unterricht in der Schule fiel oft aus, weil kein Lehrer da war.

EINE NOTSCHLACHTUNG.

Mein Vater war eines Tages im Sommer 1944 fort. Er wurde nach Contwig bei Zweibrücken eingezogen. Immer ältere Männer mussten in den Krieg.

Meine Mutter nahm mich mit aufs Feld. Ich konnte mit der Sense schon ein bisschen umgehen und mähen. Es war kein richtiges Mähen, mehr ein Gehacke. Die Sense richtig durch den Klee zu ziehen, dazu fehlte mir die Kraft. Aber ich half meiner Mutter. Wir holten den Monatsklee als Grünfutter vom Feld heim. Das nasse Futter hatte ich zu Hause in der Scheune nicht aufgeschüttelt. Es dampfte im Innern. Niemand sagte mir, dass ich das Futter aufschütteln musste. Und so kam es, dass eine Kuh die Kolik bekam und notgeschlachtet werden musste.

Zwei Viehhändler „erbarmten" sich und halfen bei Notschlachtung. Sie werfen die zersägte Kuh auf Tücher in ihren Viehtransportwagen und fuhren in Richtung Sondheim. Sie erbarmten sich derart, das meine Mutter nur ein paar Mark von ihnen bekam.

„Das Fleisch sei nicht freigestempelt worden vom Fleischbeschauer," sagten sie zu meiner Mutter.

Mit meinem Fahrrad bin ich dem Transporter gefolgt, der nach Sondheim vor der Rhön fuhr. Dort wohnte der zweite Viehhändler, und dieser hatte ein Schlachthaus. Die Kuh wurde zerteilt und als normale Ware verkauft. Das hatte sich in Sondheim wie ein Lauffeuer herumgesprochen. Im Nu war alles weg.

Meiner Mutter erzählte ich alles in der Hoffnung, dass sie zum örtlichen Viehhändler gehe, der auch dabei war, und noch Geld nachverlangen solle. Das tat sie nicht! Natürlich gab mir meine Mutter die Schuld an den großen Verlust.

Nach vier Wochen kam mein Vater wieder heim. Seine schlechte Gesundheit verhinderte die Versetzung an die Front. „Wer hat mich fortbringen wollen?" Hat sich mein Vater gefragt und gemeint, „jeder im Dorf wisse doch, dass er nicht gesund sei." Diese Frage wurde nie geklärt. Aber wegen der toten Kuh bekam ich mein Gewohntes ab. Nämlich Schläge.

Im Dorf war eine große Zahl Gefangener untergebracht. Aus den Gesprächen der Erwachsenen war zu vernehmen, dass es sich bei den Gefangenen um Polenmädchen, Männer aus Serbien und Bulgarien handelte. Sie waren überwiegend bei den Frauen auf den Höfen beschäftigt, deren Männer gefallen oder im Krieg waren. Die Parteileute, die nicht im Krieg oder an der Front waren, sondern zu Hause, hatten auch Gefangene als Helfer. „Die haben sich auch welche zuweisen lassen," sagte mein Vater dazu.

An ein Polenmädchen kann ich mich besonders gut erinnern. Sie war immer ganz lustig und verrichtete ihren Arbeitsdienst bei einem Landwirt, der auch Parteimitglied war. Der Weg führte das Mädchen vom bäuerlichen Anwesen am Marktplatz über die Johannisbrücke. Vom Fenster aus konnte ich sehen, wie das Mädchen freudig, hüpfend unterwegs war und sang: „Ratadamm, ratadamm, ratadamm."

MORD ODER TOTSCHLAG?

Ende Oktober 1944, das Datum weiß ich nicht mehr, zogen am späten Nachmittag, vom Sommerberg kommend, abgemagerte Gestalten durch den Ort. Ihre Bekleidung bestand aus Lumpen und Sackresten, notdürftig mit grobem Faden zusammengenäht. Die Schuhe waren ausgetreten, die Schuhbändel fehlten bei einigen. Manche hatten keine Schuhe und keine Strümpfe an. Die Fersen bluteten.

Es waren Kriegsgefangene, wie unschwer zu erkennen war. Der Trupp, vielleicht fünfzig oder sechzig Mann, wurde von deutschen Soldaten in sauberer Bekleidung und mit Maschinenpistolen im Anschlag flankiert. Auf jeder Seite drei. Zwei bestimmten vorneweg ein scharfes Tempo, dem die ausgehungerten Gestalten kaum folgen konnten. Aus reiner Neugier folgte ich dem Zug. Andere Ortsbewohner schlossen sich an. Der Trupp marschierte von der Sondheimer Straße kommend durch die Streu, passierte das untere Tor, zog dann die Schafsgasse hinauf und überquerte die Ostheimer Straße in den Hohlweg hinein - wie er genannt wurde - in Richtung Neustädtles.

Plötzlich, auf halber Höhe des Anstieges, taumelte ein Gefangener mehrmals. Das schnelle Tempo wurde den steilen Hohlweg hinauf jedoch beibehalten. Der Mann torkelte, stürzte rechts in den Graben und blieb liegen.

Sofort rannte ein junger deutscher Soldat auf ihn zu und hieb mit dem Gewehrkolben auf den Kopf des daliegenden Mannes ein. Ein Schlag folgte dem anderen, bis sich der Gefangene nicht mehr rühren konnte, ja, er konnte nicht einmal mehr stöhnen. Ungerührt marschierten die anderen weiter, der Schläger ließ den Mann liegen, holte den Zug wieder ein. Ich schrie vor Schreck und weinte. Hatte Schmerzen in meiner Brust.

„Was ist, Rudi?" Hat mich eine Frau gefragt, die ich durch den Tränenschleier nicht erkannte. Sie und andere sahen auch diese grauenvolle Tat und begafften den wie tot daliegenden Mann. Eine Frau rannte schreiend weg. „Ich geh zum Bürgermeister," rief sie.

Eine Zeit danach kam Ludwig Schlott mit seinem Einspänner angefahren. Schlott fuhr auch Herrschaften, hatte damals eine Art Taxi. Der Gefangene wurde an Armen und Beinen gepackt und mit Schwung auf das Wägelchen geworfen. Die Füße baumelten rechts über die Bordkante hinaus, während auf der linken Seite der Kopf durch das Tempo an den Mitfahrersitz anschlug. Aufgerissene Augen und ein offener Mund waren zu sehen. Ein grässliches, weil sehr blutiges Bild. Das Gespann fuhr in Richtung Neustädtles dem Trupp der Soldaten hinterher.

Diese Begebenheit prägte sich tief in mein Inneres ein. Ich glaubte, der Soldat war zu Tode geprügelt worden. Das Totenglöckchen blieb aber stumm. Die Straße wurde leer, so, als ob nichts geschehen sei. Nach einer Weile, vielleicht nach einer Stunde oder mehr - jedenfalls wurde es schon dämmerig - kam Ludwig Schlott mit seinem Einspänner wieder ins Dorf zurück.

Wo hatte Ludwig Schlott den jungen Mann hingebracht? Nicht in ein Krankenhaus oder in ein Lazarett, denn im weiten Umkreis gab es so etwas nicht. Ob er den Mann am Waldesrand Richtung Neustädtles verscharrt hat? Diese Frage bleibt unbeantwortet. Noch nicht einmal 8 Jahre alt und ein solches Erlebnis. Aus meinem Gedächtnis bringe ich diese Bilder bis zu meinem Lebensende nicht mehr heraus.

DAS ENDE DES KRIEGES NAHT

Während wir, die Schulkinder, pro Woche die „Fox tönende Wochenschau" im Saal des Fränkischen Hofes uns ansehen mussten, flogen immer mehr Bomberverbände in großer Höhe über den Ort, „Richtung Danzig, Dresden und Berlin," sagte mein Vater.

Monoton war das Summen der Motoren. Im Saal des

Fränkischen Hofes war links im vorderen Teil ein braunes Kästchen an der Wand angebracht. Darin war ein Lautsprecher für die Vorführungen. Auf der erhöhten Bühne stand eine weiße Leinwand, auf die der Film, vom Vorführgerät aus der Mitte des Saales heraus, projiziert wurde. Wir Schulkinder saßen rechts und links des Gerätes.

Im Film sahen wir Schulkinder junge Männer, oft Burschen, wie sie umhertollten, sich freuten, Sport trieben und viele Lieder sangen. Marschmusik ertönte, eine Formation Soldaten mit vollem Sturmgepäck sang beim Eilmarsch:

„Wir werden weitermarschieren,
wenn alles in Scherben fällt,
denn heute hört uns Deutschland
und morgen die ganze Welt."

Dann folgten Bilder von der Front. Die deutschen Soldaten waren immer siegreich, zu Hause sagte mein Vater, „Es dauert nicht mehr lange." Da grub sich ein Soldat mit einer Panzerfaust in einem Schützengraben ein. Ein russischer Panzer kam angerollt, der Soldat legte sich flach in seinen Graben, auf dem sich der Panzer ein paar Mal um die Achse drehte und weiterfuhr. Ich stöhnte laut vor Schreck und dachte, der Soldat sei tot. Auf einmal wühlte sich der Mann wieder nach oben, brachte die Panzerfaust in Anschlag und schoss den Panzer von hinten ab. Neue Bilder wirkten auf mich ein.

Im Film sah ich die in Reih' und Glied angetretenen Soldaten. Der Mann, der den Panzer abgeschossen hatte wurde aufgerufen, trat aus der Reihe, wurde gelobt und bekam etwas an die Brust gehängt. Dazu einen Zettel, in großer Schrift zu sehen: „Heimaturlaub." Mit etwas zeitlichen Abstand kamen über den Kasernenhof junge Burschen angerannt. Sie hatten einen Blechteller in der Hand, dazu einen Löffel. Mit dem Löffel klopften sie im Takt auf den Teller und sangen dabei mit lachendem Gesicht:

„Wir haben Hunger,
wir haben Hunger,
wir haben den ganzen Tag
noch nichts gehabt,
nichts gehabt."

Die am Himmel silbern glänzenden Bomberverbände wurden immer mehr. Das Totenglöckchen kündete keine Todesmeldungen mehr an. Es waren zu viele, die nicht mehr nach Hause kamen.

„Erst haben sie sich mit der Kirche angelegt und jetzt holen sie, wo bald alles vorbei ist, auch noch die Glocken vom Turm," schimpfte mein Vater. Meine Mutter stimmte ihm mit einem Kopfnicken zu.

Am Freitagabend dem 16. März 1945 kam Unruhe im Ort auf. „Würzburg brennt, Würzburg brennt", hieß es, wir stellten uns auf die Johannisbrücke. Die Frauen und wenige Männer deuteten in die Richtung, wo der Himmel rot gefärbt war. Es war schon fast Nacht. Der Ortsbeauftragte der auftauchte, forderte nachdrücklich auf, in die Häuser zu gehen und die Fenster zu verdunkeln. Denn es sei auch Fliegeralarm für Nordheim.

Der Volkssturm, das letzte Aufgebot, formierte sich. Alle verfügbaren Männer mussten mitmachen, auch mein Vater. Immer sonntags, während des Gottesdienstes, wurde geübt. Auch die Hitlerjugend marschierte während dieser Zeit singend durch den Ort.

„Vorwärts, vorwärts,
schmettern die hellen Fanfaren,
vorwärts, vorwärts,
Jugend kennt keine Gefahren,
ist das Ziel auch noch so groß,
Jugend zwingt es doch."

Dann ertönte der Ausruf „Achtung!" Und es ging weiter:

„Unsre Fahne flattert uns voran,
unsre Fahne ist die neue Zeit,
unsre Fahne führt uns in die Ewigkeit, ja,
die Fahne ist mehr als der Tod."

So schallte es durch die Straßen und Gassen. „Nicht alle Burschen machen mit, manche melden sich krank oder verstecken sich", sagte mein Vater beim Essen.

Immer mehr Deutsche Truppen zogen durch den Ort, machten kurz Rast, marschierten weiter. Sie kamen mit Pferdegespannen, die die Gulaschkanone zogen, mit zerbeulten Autos und zu Fuß. Während am 1. April 1945 – Ostersonntag- der Jahrgang 1936 zur ersten heiligen Kommunion ging, kamen Tiefflieger und schossen die Scheune von Edgar Hippeli in Brand. Die Menschen hatten große Angst um ihr Hab und Gut. Sie waren noch aufgeregter als die Jahre zuvor.

Langsam sickerte es durch. Der Krieg kann nicht mehr lange andauern. Im krassen Widerspruch zu den Ankündigungen des Reichspropaganda-Ministers Göbbels, standen die Tatsachen, dass eine Stadt nach der anderen von den alliierten Bombern zerschlagen wurde. Die West-und die Ostfront waren nicht mehr zu halten. Berlin wurde von den Russen als freie Stadt erklärt. Vergewaltigungen, Raub und Plünderungen beherrschen das Tagesgeschehen. Das alles hörte ich meinen Vater sagen.

Unendliches, finales Leid kam über die Bevölkerung. Viele Betroffenen fragten sich, warum gerade mein Sohn, meine Tochter, mein Mann, mein Vater, meine Mutter, Großvater, Großmutter, Onkel und Tante. Warum? Warum? Das wurde zu einer Glaubensfrage an Gott gerichtet. Der aber blieb stumm. Die Antwort darauf, niemand gab sie.

DIE AMERIKANER KOMMEN IN UNSER DORF

Inzwischen war ich acht Jahre alt. Am Samstag, dem 7. April 1945, schickte sich mein Vater an, aufs Feld zu gehen. Ich musste mit. Tage zuvor war der Kuh-und Schweinemist, der sich im Winter angesammelt hatte, auf den Dungwagen mit dem Kuhgespann hinausgefahren worden, zum Flurstück Pfaffenrain. Der Mist war in kleinen Häufchen, in etwa 7-8 Meter langem Abstand, Reihe um Reihe, je zehn Meter in der Breite, auf den Acker gesetzt. Der Acker lag an der Flurgrenze zu Heufurt und Stetten, weit draußen. Mein Vater steckte zwei Mistgabeln auf das Fahrrad, Marke Excelsior, ein Damenfahrrad, welches meine Mutter mit in die Ehe gebracht hatte, was sie immer wieder betonte. Das Rad hatte eine Lenkstange, dessen Griffe rechtwinkelig nach oben geformt, dann wieder rechtwinkelig in rückwärtiger Richtung verlängert waren. Saß man auf dem Sattel und hatte das Kreuz aufrecht, fuhr man daher, „wie der Affe auf dem Schleifstein", sagte ich immer. „Gesundheitslenker" war der bessere Ausdruck.

Mein Vater wollte früher zu Hause sein. Deshalb nahm er das Rad mit. Frühmorgens um acht Uhr machten wir uns auf den Weg zum Feld. Die ersten Misthaufen waren schon gebreitet, da hörten wir aus der Ferne gegen neun Uhr von Richtung Fladungen ein summendes Geräusch. Dunkel war der Klang, der langsam zu einem knatternden Lärm anschwoll. Der Blick hinüber zum Katzenrod, einem Acker von uns, der an der Hauptstraße nach Heufurt lag, war frei. Die Bäume entlang des Streuufers wurden Jahre zuvor nach und nach abgeschlagen, als Heizmaterial verwendet. Auch im Wald wurde der Humus während des Krieges abgetragen und zum Einstreuen im Kuhstall ausgebracht, was dem Wald auf Jahrzehnte hinaus geschadet hat. „Dieser Waldfrevel wurde auch schon im Ersten Weltkrieg begangen," schimpfte mein Vater.

„Die Amerikaner kommen", rief mir mein Vater zu. „Wir müssen nach Hause!" Panzer um Panzer rollte mit dröhnendem Getöse von Heufurt kommend, in die Richtung unseres Dorfes. Trotz der Tatsache, dass ich in Begleitung meines Vaters war, hatte ich Angst. Im Laufschritt machten wir uns auf den Heimweg. Über die Hauptstraße kamen wir nicht in den Ort. Die Kriegs-Fahrzeuge der Amerikaner standen hintereinander. Am Kirchturm, aus der oberen Luke, dort wo die Musikanten am Heiligen Abend immer das Lied „Stille Nacht" blasen, war ein weißes Tuch zu sehen. Es war an einer langen Stange befestigt. Sachte bewegte es sich im Wind, so, als ob es die Amerikaner begrüßen würde. Es sei ein Zeichen des Friedens sagte mein Vater zu mir. Wir liefen die Bahnschienen entlang bis zur Sondheimer Straße, gingen durch den ehemaligen Schlossgarten des Gelben Schlosses – dem Anwesen von Hubert Schloth – und gelangten so in das eigene Anwesen. Mutter weinte, als wir ankamen. Ob vor Freude oder aus Angst, „ich konnte das nicht erkennen." Wir waren alle aufgeregt.

„Dass du mir nicht mehr fortgehst," sagte mein Vater zu mir am Nachmittag. „Ab sechs - 18.00 Uhr, ist Ausgehverbot!"

Am nächsten Tag standen plötzlich zwei Amerikaner in unserem Flur. Sie machten Zeichen, wollten etwas zu essen haben. Zwei weitere kamen, mit ihren Maschinenpistolen im Anschlag, durch die Stalltüre in die Küche. Der Hof der Eltern war nur sechs Meter breit und dreißig Meter lang. Vorne war eine große Pforte mit einer Eingangstüre. Rechts daneben das Vorgärtchen mit einem Weinstock an der Hauswand. Der Gartenmauer entlang, etwa fünf Meter, war ein gepflasterter Weg, der neunzig Zentimeter breit war. Wegen des Hochwassers ging es vier Stufen die Treppe hinauf zur Haustüre. Links im Haus war der Stall untergebracht. Der Höhenunterschied zum Eingang des Stalles wurde mit Pflastersteinen und einer gepflasterten Schräge mit drei kleineren Stufen überwunden, so konnten die Kühe bequem ein- und ausgehen. Direkt unter dem Stallfenster war die Miste, darunter das Jauchenloch. Der Misthaufen ragte in den Hof hinein. Dadurch war der Hof auf sieben Metern nur so breit, dass ein Leiterwagen gerade noch durchkam.

Die Enge entstand, weil mein Großvater einen schmalen Hofstreifen für eine Flasche Schnaps und einen Laib Brot vor vielen Jahren an den Schmiedemeister Krämer abgetreten hatte, der neben uns in einem wunderschönen Fachwerkbau, mit zwei geschnitzten Eckpfosten, wohnte. Diese waren im ersten Stock. Paterre wohnte der Schmied und hatte direkt neben unserem Anwesen auch seine Schmiede. Zwischen dem Stall, dem Abort und den nachfolgenden Schweineställen – drei Stück waren es – war ein schmaler Gang, in dem noch ein Hasenstall stand. Nach fünf Metern kam ein Quergang von der Scheune, der in den Stall und ins Haus führte. Links am Gang stand nochmals ein Schweinestall, in diesem landete ich oft für kurze Zeit als Erziehungsmaßnahme.

Meistens wurden die Gänse und Enten darin eingesperrt. Ein Hühnerstall für zwölf Hühner folgte. Den Abschluss bildete eine alte, schmale Werkstatt, hier wurde die Wäsche gekocht und die Wurst, wenn Schlachttag war. Die Scheune hatte ein Schleppdach. Unter diesem standen im Winter der Dungwagen, der Pflug und die Egge. Links in der Scheune war der Heu Stock, darüber wurde das Stroh gelagert und das Grummet. Das Dach der Scheune war undicht, die Ziegel mürbe und die Giebel waren nicht ausgemauert und auch nicht mit Lehmfächern versehen. Nur ein Holzgerüst, das nicht ganz mit Brettern verschlagen war, grenzte das Grundstück zum Nachbarn ab.

Der Scheunengiebel und der vom Haus waren teilweise offen. Zum Nachbarn, Wilhelm Krieg und seiner Frau Stefanie, grenzte ein hoher Lattenzaun die Fläche des Hofes ab. In dem Zaun war eine Tür, und so konnten wir über den Grund des Nachbarn in unseren Keller gelangen. Das Anwesen meiner Eltern grenzte an die Hafnergasse an. Der Keller ebenso. Über die Hafnergasse wurde der Keller mit Rüben und Kartoffeln gefüllt. Auch das selbstgebraute Bier, der Most und das Wintergemüse wurden dort gelagert.

Die zwei Amerikaner hatten den Hof abgesucht und waren über den geschilderten Gang ins Haus gekommen, vier Eier in den Händen. Die Hühner legten seit geraumer Zeit ihre Eier in zwei Hasenställe, denen die Türchen fehlten. Nur noch ein Hase war da. Und das nur deshalb, weil er trächtig war. Sonst wäre er schon längst ein Sonntagsbraten geworden. Gut war es auch, dass die gestopften Gänse schon zu Weihnachten verkauft waren. Sonst hätten die Soldaten diese wahrscheinlich auch geklaut, dachte ich ganz ärgerlich.

Hastig machte meine Mutter Zeichen, dass die Amerikaner die Eier mitnehmen konnten. Einen Riegel Schokolade – keine ganze Tafel – bekam meine Mutter. Mir lief das Wasser im Mund zusammen. Schokolade, dazu noch amerikanische, hatte ich noch nie gesehen, geschweige denn gegessen. Der Riegel war sehr schwer durch sechs Personen zu teilen. Meine Eltern verzichteten, jeder von uns bekam ein Stückchen davon, ich verschlang es hastig. Die Soldaten zogen ab, es kamen keine mehr in den Hof.

Plötzlich ein Knall. Die Fenster klirrten. Alle rannten zu den Fenstern und schauten hinaus. Da standen acht Soldaten in der Streu, ca. fünfzig Meter von der Johannisbrücke Bach abwärts. Oben, auf der Johannisbrücke warf ein Amerikaner wieder eine Handgranate ins Wasser und es knallte ein zweites Mal. Die toten Fische wurden an der seichten Stelle von den Soldaten, die sich sichtbar freuten, aufgesammelt.

An den folgenden Tagen wurde gehofft und gebangt. „Wie lange werden sie bleiben? Das Essen langt nicht mehr für uns," jammerte meine Mutter und weiter: „Die reichen Amerikaner haben genug!"

Militärische Ordnung zeigte das neue Straßenbild. Mich befiel die Neugierde, besichtigte die Ortschaft und stellte fest, dass im Torbogen des Gasthauses zur Post, welches gegenüber dem Fränkischen Hof lag, Lebensmittel lagerten. Kiste an Kiste reihte sich zu hohen Stapeln in mehreren Reihen. Einige der Kisten standen am Boden, der Deckel war abgemacht. Da konnte ich die Rosinen sehen, weißes Brot, kleinere, nicht aufgerissene Päckchen, große Mengen Kakao und Schokolade. Vor dem Tor standen zwei Soldaten mit Karabinern, sie bewachten die Esswaren. Alle hatten Hunger und da lagen Lebensmittel im Überfluss. Die Soldaten sicherten nur ihr Lager noch vorne zur Hauptstraße.

Am Abend des folgenden Tages schlich ich mich nach der Sperrstunde aus dem Haus. Ging durch den Hof der Nachbarin Stefanie, zur Hafnergasse, von da in den ehemaligen

Schlossgarten und kletterte über die Zäune der Gärten bis hinter zum Bahnhof.

Die Beerensträucher und Bäume gaben mir Schutz. Mein Ziel war das Verpflegungslager der inzwischen von mir verhassten Amerikaner, -die so viel zu Essen hatten-, und es im Torbogen des Gasthauses zur Post lagerten.

Noch hatte ich das gefährlichste Stück des Weges vor mir. Ich musste auf die Straße bis zur evangelischen Kirche am Bahnhof vorbei. Dort wohnte der Vorsteher Schmitt, der die Hitlerjugend angeführt hatte. Er ward, seitdem die Amerikaner einmarschierten, nicht mehr gesehen. Noch waren es zirka 90 Meter bis zum Ziel. Mein letzter Anlauf. Am Bahnhof rannte ich vorbei, zur evangelischen Kirche hinunter, einen kurzen Halt bei der von der Hitlerjugend gepflanzten Linde, und über die Hauptstraße hinweg in den Hinterhof des Gasthauses zur Post.

Die Wachposten der Amerikaner sicherten wie festgestellt, nur den vorderen Ausgang vom Torbogen ab. Ich schlich mich an das Lebensmittellager heran. Dachte nur an die Rosinen und an die Schokolade, stopfte mir die Taschen voll und schlich den Weg, den ich gekommen war, wieder zurück.

Unterwegs wurde ich zum Vielfraß.

Rosinen und die Schokolade gelangten wie von Zauberhand in meinen Mund. Immer hastiger bewegte ich mich, denn es war schon längst 18.00 Uhr vorbei und die Ausgangssperre hatte Gültigkeit. Kurz vor dem elterlichen Hof musste ich noch durch das Anwesen Mahr, als dessen schwarzer Hund, Treff, war sein Name, anschlug zu bellen. Geistesgegenwärtig warf ich dem Hund Rosinen zu. Der Hund schnupperte, war abgelenkt, während dessen rannte ich wie vom Teufel besessen über den Hof von Stefanie, zwängte mich durch eine freie Stelle in die Giebelwand der Scheune, kletterte an dieser hoch in das Haus und legte mich, unschuldig wie ein Lämmchen, in mein Bett.

Meine Mutter hörte ich rufen. Mir aber war schlecht. Sehr schlecht. Denn weder Schokolade noch Rosinen war mein Magen gewohnt. Ich übergab mich gleichzeitig nach vorne und auch hinten hinaus in einem noch nie da gewesenen Maße. Und das war wieder ein Grund, die Amerikaner nicht zu mögen.

Aber der Hunger nach der Schokolade und den Süßigkeiten der Amerikaner war stärker. Der Führungsstab quartierte sich in das Gelbe Haus an der Stettener Straße ein. Es gehörte zum Areal des Basaltwerkes. Dort lockten die Amerikaner uns Kinder und Jugendliche hin. Sie machten deutlich, dass wir Schokolade bekämen, wenn wir gegen einander boxen. Wir bekamen von den Amerikanern Boxhandschuhe, die zu groß waren und auch zu schwer.

„Und was machten wir Dorfjungen? Wir verdroschen uns nach Strich und Faden vor den Augen der Soldaten, die sich vor Lachen kaum noch halten konnten. Der Sieger bekam ein Rippchen Schokolade. Das waren drei kleine Würfelchen.

Ich habe mir viele Rippchen verdient, denn ich war immer noch sehr dick, hatte immer noch krumme Beine und war sehr stark. Dadurch hatte ich viele Neider, weil ich meistens der Sieger war. Auch bei älteren Schülern, die größer waren als ich. Zu den blauen Flecken, die mein Vater an meinen Beinen und Armen mit seinem Stock erzeugt, kamen jetzt noch die blauen Flecken im Gesicht und auf der Brust durch die Boxhandschuhe meiner Gegner.

„Was war die Folge? Ich hatte plötzlich neue Spitznamen: Dicke, fette tragende Sau, so wurde ich beschimpft, oder, dicker, dicker roher Kloß, lasse deine kleinen Fürzchen los. Ich wurde wild, und konnte meinen Zorn kaum bändigen. Nach und nach habe ich alle, die mir die Schimpfwörter angehangen hatten, verdroschen."

Nach vielen Verhandlungen wurde am 8. Mai 1945 die Deutsche Kapitulation zu Land, zu Wasser und in der Luft rechtskräftig. „Der Krieg ist endgültig aus", schallte es durch den Ort. Gott sei Dank! Gott sei Dank, war überall zu hören und Freude kam auf

MEIN TAG DER ERSTEN HL. KOMMUNION

oder

Das Naschen einer Kirsche

„Wozu sind wir auf Erden?
Wir sind auf Erden,
dass wir den Willen Gottes tun
und dadurch in den Himmel kommen!"

So begann jede Religionsstunde bei Pfarrer Georg Lindner in den ersten Schuljahren. Er malte immer einen großen Apfelbaum an die Tafel, zirkelte eine Schlange den Baumstamm hinauf und zeichnete Eva mit einem Lendenschurz dazu.

Sie griff nach einem schönen, großen, Apfel und reichte ihn Adam. „Wer hat Adam verführt?" Fragte er dann lautstark und wir schrien zurück: „Eva!"

Jeden Stoff der vorausgegangenen Stunde mussten wir auswendig lernen. Wer diesen in der nächsten Religionsstunde aufsagen konnte, bekam ein Bildchen. „Ich hatte viele Bilder. Ein Motiv zeigte Gott mit einem Bart und einer Dornenkrone. Ein Pfeil durchbohrte sein Herz und Blut tropfte. Ein anderes Bild zeigte Adam und Eva. Adam nahm den Apfel, dann zeigte Gott, der im oberen linken Bildrand zu sehen war, mit seinem Finger aus dem Paradies. Verschämt gingen Adam und Eva in Richtung Ausgang. Dann waren Bilder mit Schäfchen auf der Weide. Der Sohn Gottes ging mit einem Kreuz als Stab nebenher. Oft hatten die Bilder dieselben Motive wie die, die ich eine Woche zuvor bekommen hatte.

Die Religionsstunden durften plötzlich nicht mehr in der Schule gehalten werden. Seit Juli 1941 bis November 1945 war Pater Bonifaz Vogel, OSB, Kaplan in Nordheim, Roth und Heufurt. Er wurde Jahre später Abt in Münsterschwarzach. Der Religionsunterricht gehörte nicht mehr zum Schulprogramm und musste im Freien oder als Spielstunde getarnt, im Pfarrhaus stattfinden. Das war schön, und brachte die Möglichkeiten, auch am Nachmittag dem Feld oder der Hausarbeit fernbleiben zu können."

Pfarrer Lindner verstarb plötzlich am 16. März 1946, mitten in den Vorbereitungen zum Weißen Sonntag. Große Trauer war in der Gemeinde. Der Leichnam wurde im Pfarrhaus aufgebahrt. Ich ging hinein, wollte den Priester sehen und schaute zum ersten Mal einen toten Menschen an, der zu lächeln schien. Um den Sarg des Pfarrers waren Blumen gesteckt und Kerzen brannten rechts und links an den Seiten. Frieden strahlte das Gesicht von Pfarrer Georg Lindner aus. Die Hände auf den Leib gefaltet und mit einem Rosenkranz umgeben, bot der Leichnam kein trauriges Bild. So gütig wie ich ihn kennengelernt habe, so gütig lag er da. Ich durfte zur Beerdigung das Kreuz aus Holz dem Trauerzug vom Pfarrhaus aus vorantragen. Es war mit Blumen behangen. Dahinter kamen die anderen Kinder. Die Mädchen mit Blumenkränzchen in den Haaren und die Buben mit Blumensträußchen in den Händen. Ich musste wieder an den misshandelten Soldaten denken als ich das Kreuz trug. Nach der Beerdigung von Pfarrer Lindner, gab es am nächsten Schultag ein Brötchen für alle Schul-Kinder. Das war etwas ganz Besonderes für uns."

Unsere Vorbereitungen zum Weißen Sonntag, dem 28. April 1946, machte dann Pater Robert Arnrich aus dem Missionshaus „St. Kilian" in Lebenhahn weiter. Mein Weißer Sonntag ist in den Pfarrunterlagen nicht eingetragen, so eine Auskunft vom Katholischen Pfarramt Nordheim v/d Rhön vom 22.06. 1995, stellte ich fest.

Am Tage vor meinem Weißen Sonntag musste ich mit auf das Feld und Mist streuen. Als die Amerikaner 1945 kamen war es auch schon so. Danach wurde ich zur Metzgerei Karl Markert in das Gasthaus zur Eisenbahn befohlen, „Herr Karl sagte ich, ich soll das Fleisch für meinen Weißen Sonntag abholen." „Bist Du dem Dietze Max sein Junge?" Fragte mich der Karl, „Ja," antwortete ich." „Sagst zu Deiner Mutter, das Fleisch von dem Weißen Sonntag deines Bruders ist noch nicht bezahlt." Jetzt bekomm ich nichts dachte ich. Da kam aber schon der Metzgermeister mit der Ware. Er wusste es, auch dieses Fleisch konnte ich nicht bezahlen. „Sag es deiner Mutter!" rief mir der Gastwirt Karl noch einmal nach. Das war sehr schlimm für mich."

Der Sonntagvormittag, mein Ehrentag war plötzlich da. Ich wartete auf den Schneider aus Heufurt, der meinen Kommunionanzug bringen sollte.

Ein offenes Einmachglas mit eingemachten Kirschen stand auf dem Tisch in der guten Stube. Der Fußboden war wieder geölt und es stank wie immer, wenn die Stube genutzt wurde. Gedankenverloren griff ich in das Einmachglas mit den Kirschen und aß einige davon. Ich hörte meine Mutter kommen, sie sagte: „Es wird Zeit, um zehn Uhr beginnt die heilige Messe zur Erstkommunion."

„Der Schneider kam, der Anzug passte. Es war der umgeänderte Anzug meines Bruders Albin. Bevor Mutter den Schneider fragen konnte was es koste, sagte der, er wolle kein Geld, sondern ein Stück Bratenfleisch.

Tage vorher war große Unruhe im Haus. „Ich habe nicht genug Zucker," jammerte Mutter. Der braune Kubazucker sei alle, es fehle Mehl und Butter. Sie wollte eine Torte und einen Kuchen backen. „Es wird schon guttun, es wird schon guttun," versuchte mein Vater sich selbst zu trösten. Mehr wusste er nicht zu sagen. Und diesen Satz sagte er immer, wenn das Geld nicht reichte."

Kommen die Tanten Toni und Agnes, beide Schwestern meiner Mutter aus Oberstreu, oder kommen sie nicht? Bis zum Beginn der heiligen Messe kamen sie nicht. Das war auch gut so, denn der Braten hätte nicht gereicht, weil der Schneider ein größeres Stück davon beanspruchte.

Meine Eltern führten mich zum Pfarrhaus. Von dort zogen wir in Reih und Glied mit dem Pfarrer und den Ministranten in die Kirche. Die Musikkapelle spielte den Kirchberg hinauf. Der Kirchenchor sang während des Gottesdienstes.

Plötzlich überkam mich die Erinnerung, dass ich Kirschen genascht hatte und nicht mehr nüchtern war.

Zur damaligen Zeit musste man nüchtern sein, wenn man die hl. Kommunion empfangen hat. Ich bekam Gewissensbisse. Was sollte ich tun? Gehe ich vor oder gehe ich nicht vor, fragte ich mich. Gehe ich vor, begehe ich er nach Kirchenrecht ein Sakrileg. Das Wort Sakrileg wurde ständig im Religionsunterricht eingehämmert. Begehe ich ein Sakrileg, bin ich nicht mehr im Stande der heilig machenden Gnade. Wer mit einem Sakrileg stirbt, kommt nicht in den Himmel. Das hatte mir meine Mutter immer vorgesagt.

Mit diesen Gedanken behaftet, merkte ich nicht, wie der Gottesdienst voranging. Mechanisch erhob ich mich mit den anderen von der Kniebank in der Kirche und ging mit ihnen nach vorne. Wiederholte mit den anderen den Satz vom Taufgelübde und empfing die heilige Kommunion. Von nun an war mein Gewissen schwer belastet. Sich jemanden zu offenbaren, hatte ich keinen Mut.

DER MINISTRANT- DIE RATSCHENBUBEN

Das Fest war vorbei. Ich wollte Ministrant werden. Auf der Pfarrhaustreppe sagte ich das Confiteor Deo ommipotenti, beatae Mariae semper Virgini- Ich bekenne Gott dem Allmächtigen, der seligen, allzeit reinen Jungfrau Mariae usw. auf, als wir Kinderstunde hatten. Die lateinischen Ministranten-Gebete lernt ich nebenher, als mein Bruder Albin sie sich beim Lernen einhämmerte. Pater Arnrich vernahm mein lateinisches Confiteor, und ich wurde als Ministrant aufgenommen.

Die Gruppe der Ministranten hatte auch einen Oberministranten. Er bestimmte wer ministrieren durfte und hat sich seine Zusagen allesamt bezahlen lassen. Zigarettenkippen oder ganze Zigaretten bevorzugte er. Da wurde auch mal ein Pfund Zucker gekauft mit dem Hinweis, meine Mama kommt vorbei und bezahlt. Der Zucker war Tauschware.

Wir nannten den Oberministranten „Jüüd," er handelte gerne und seine Eltern hatten das Anwesen einer jüdischen Familie gekauft.

Seine Macht spielte er bei allerhand Gelegenheiten aus. So war es auch an den Kar-Tagen. Die Jüngsten mussten die Messegefäße zum Putzen mit nach Hause nehmen. Die Ratschen-Buben beherrschte der Oberministrant auch. Damals gab es noch viele Kinder und Halbwüchsige die an den Kar-Tagen, wenn die Grabesruhe herrschte, morgens um 6.00

Uhr durch das Dorf gingen und sangen: „das ist das Ave, Ave Maria, so grüßte der Engel die Jungfrau Maria."

Das Leiern hatte einen bestimmten Rhythmus. Rrrt,rrt, rrt,rrrtrrrtrrrt. Ich kam aus dem Takt, denn bei meiner Leier fehlte ein Zahn aus Holz in der Walze. Mein Vater konnte das nicht reparieren. Für einen Schreiner fehlte das Geld. Den Rhythmus, den die Truppe vorgab, konnte ich nicht halten. Der Oberministrant gab mir klitsch, klitsch, insgesamt 4 Ohrfeigen. Zwei Rechts, zwei Links.

Ich spürte nur, dass mich schon wieder einer schlägt. Nahm meine Leier und haute sie dem Oberministranten in sein Kreuz. Er klappte zusammen und schnappte nach Luft. Ich hatte von da an meine Ruhe. Konnte Ministrieren wann und wie ich wollte.

Ein wahres Glücksgefühl verursachten die Besuche bei Kranken- und sterbenden Menschen, wenn die letzte Ölung verabreicht wurde. Dabei zu ministrieren, kostete einiges mehr beim Oberministrant.

Die letzte Ölung, heute Krankensalbung, wurde Sterbenden gereicht. Der Pfarrer zog sein Priestergewand nicht aus. Er ging in weis. Nahm in einem besonderen Gefäß das geweihte Öl mit zu dem Sterbenden und trug auf der Brust ein Kreuz. Ich war öfter Ministrant bei diesem so einträchtigen Versehgang, wie er genannt wurde.

Der Ministrant ging dem Pfarrer, der jeden mit seinem Kreuz segnete, einige Schritte voraus. Mit einer kleinen

Klingel kündigte der Ministrant an, dass der Pfarrer kommt. Die Kinder und Frauen gingen ehrfürchtig in die Knie, bis hinunter auf die Straße, während die Männer sich gebührend vor der Gruppe, verneigten. Das war ein Hochgefühl für mich, Menschen auf die Knie zu sehen. Besonders dann, wenn diese nicht meine Freunde waren.

In der Stube des Sterbenden war es immer schön warm. War die Salbung vorbei und die Gebeten gesprochen, gab es natürlich Kaffee und Kuchen.

Und deshalb waren die Versehgänge so begehrt und wertvoll. Beim Hinausgehen wanderte dann noch ein „Fünfzigerle", 50 Reichspfennige, in die Hand des Ministranten.

Das änderte sich ein paar Jahre später, als Pfarrer Franz Lang nach Nordheim kam. Er übernahm, die Einteilung und es ging gerechter zu. Wir bekamen am Ende eines jeden Kirchenjahres für unseren Ministranten-dienst eine kleine Vergütung.

Aber die Bezahlung wurde eines Tages nicht mehr ausgehändigt. Warum? Das sagte uns niemand. Auch der Pfarrer nicht. Wir streikten den Dienst. Wir, das waren meine Freunde Erhard und Wolfgang, der im Oberdorf wohnte. Wolfgang war so unvorsichtig, dass er den Streik zu Hause erzählte. Erhard und ich mussten mit ansehen, wie Wolfgang mit der Kuhpeitsche von seinem Vater verdroschen wurde. Kein Wort kam zu Hause über unsere Lippen.

Zurück zu Pater Arnrich, er wurde wieder nach Lebenhahn in sein Kloster abgerufen. Pfarrer Franz Lang, übernahm die Kirchengemeinde im April 1946. Viele, viele Jahre nach meiner ersten heiligen Kommunion vertraute ich mich einem Pfarrer während meiner Osterbeichte wegen meiner Näscherei am Weißensonntag an.

Was geschah? Der Priester- Beichtvater- lachte mich im Beichtstuhl ohne Rücksicht auf die draußen stehenden „Sünder," geradeheraus richtig aus. Jetzt hatte ich den Salat. Jahrelang ein schlechtes Gewissen und dann ein lachender Pfarrer. Ich hätte mich in den Hintern beißen können. Kein Sakrileg, kein Ausschluss aus der katholischen Kirche. In Ruhe hätte ich sterben können, sagte ich zu mir und lachte über mich selbst. Dabei erinnerte ich mich an meine vielen „Gegrüßt seist du Maria" an unserer Lourdes-Grotte, wo ich für meine glückselige Sterbestunde auf Weisung meiner Mutter gebetet hatte.

WEITER MIT DER SCHULE 3

Ein neuer Kaplan, Dr. Alois Madre, brauste mit seinem Motorrad Ende April 1946 nach Nordheim. Er bereitete uns auf das Sakrament der heiligen Firmung vor. Auch diese Stunden fanden im Freien statt, obwohl es nicht mehr notwendig war. Mir war es recht.

Er erzählte, dass das Sakrament der Heiligen Firmung in Fladungen stattfinde und fragte mich, was da gemacht werde. Ich antwortete. „Der Bischof gibt mir eine Ohrfeige." „Wer, der Bischof? Nein ich!" antwortete Madre, und ohne dass ich die Hand auf mich zu kommen sah, hatte ich eine auf der rechten Backe sitzen, die noch Jahre danach brannte. Dennoch habe ich mich mit Dr. Madre gut verstanden. Er war ein „rauer Geselle", der durch den Ort mit seinem Motorrad raste, was mir gefiel.

Zur Heiligen Firmung am 3. Juni 1946, fuhren wir mit Fuhrunternehmer Schöllhorn nach Fladungen. Die Messfeier dauerte lange. Bischof Ehrenfried gab mir keine Ohrfeige, sondern den berühmten Backenstreich. Mein Firmpate, Ehrfried Dietz, schenkte mir eine Uhr, sie war nicht neu, aber ich freute mich sehr. Die Firmpaten von Nordheim hatten sich gemeinsam eine Überraschung ausgedacht. Nach der Heiligen Firmung mussten wir, die Firmlinge, wieder auf den LKW klettern. Er fuhr in Richtung Hausen und zu unserer aller Überraschung nach Bischofsheim, zum Kreuzberg hinauf. Ich war noch nie da oben, kannte den Kreuzberg nur vom Hörensagen. Die Heilige Firmung war nebensächlich, fast schon vergessen. Der LKW hatte noch einen Holzvergaser als Antriebsmittel. Einer der Firmpaten legte immer kleine Hölzer in den Holzvergaser.

Der Motor spuckte und der Kessel des Holzvergasers knallte, das Fahrzeug rumpelte ächzend den Kreuzberg hinauf. Die selbstgezimmerten Bänke wackelten auf der Ladefläche des Lastkraftwagens. Das machte uns gar nichts aus. Wir sangen voller Freude. Oben angekommen verpflegten uns die Paten mit einer Portion Käsebrot, wie es auf dem Kreuzberg damals üblich war. Danach kletterten wir zu den Kreuzen hinauf. Während dessen sich die Firmpaten am Klosterbier erfreuten. Das war deutlich zu sehen und zu hören, als wir vom Kreuzgang zurückkamen. Zu schnell war der Tag vergangen. Spät abends kam ich rundum zufrieden nach Hause. Für einen wunderschönen Tag hatte ich mein tristes Dasein vergessen.

> *„Heut noch sind wir hier zu Haus,*
> *morgen geht`s zum Tor hinaus,*
> *und wir müssen wandern, wandern,*
> *keiner weiß vom andern."*

Dieses Lied und andere hat die Schulklasse gesungen, wenn Wandertag war. Es ging dann in Zweierreihe singend durch den Ort zur Poststraße am Basaltwerk vorbei, Richtung Stetten. Das Basaltwerk machte viel Lärm und Staub. Mit einer Seilbahn vom Kuhsprung kommend, dem ersten Wanderziel- wurden die gebrochenen Basaltsteine heruntergebracht. Die Brecher im Werk schepperten und krachten. Der Staub war so stark, dass an manchen Tagen der Himmel wie mit Nebel verhangen, ausgesehen hat.

Die Frauen deren Männer im Bruch arbeiteten, brachten gegen acht Uhr dreißig das Frühstückskörbchen an die Seilbahn. In den geleerten Kästen aus Eisen wurde das Frühstück dann zu den Arbeitern in den Steinbruch gebracht.

Der Weg zum Kuhsprung war für mich sehr beschwerlich. Mir fehlte die Luft an heißen Tagen. Dazu mein Kopfweh. Im Aufenthaltsraum am Kuhsprung machte die Schulklasse die erste Rast. Auf meinem Brot war nur Margarine, Sanella die Feine, so wurde sie von der Werbung genannt. Diese schmeckten fürchterlich nach Öl. Eine Limonade konnte ich mir nicht leisten, ich trank Leitungswasser, welches sehr abgestanden war, denn die Arbeiter tranken Bier.

Vom Kuhsprung war der Aussichtsturm der Rother Kuppe das nächste Ziel. Der Turm war nicht ganz zerfallen, ein Schild war angebracht, „Betreten verboten." Das hinderte mich nicht daran, hinauf zu klettern. Dazu wartete ich immer ab, bis die Klasse mit der Lehrerin weit entfernt war. Vom wackeligen Turm sah ich dann die gegangene Wegstrecke bis ins Dorf, das weit unten lag. Die Lehrerin, Frau Englert, mochte mich nicht so gerne. Sie bevorzugte auffallend einige Schülerinnen und Schüler aus der Klasse. Das hat auch anderen nicht gefallen. Und so sangen die benachteiligten Burschen und Mädchen im Dialekt:

„Komm ich mit meinen Milchtopf angerückt,
krieg ich einen Einser ins Zeugnis gedrückt",

Manchmal ging es dann hinüber zum Schweinfurter Haus, wo die Basaltsäulen besichtigt wurden oder zur Thüringer Hütte.

Der Ausflug hatte für mich etwas Gutes. Ich musste nicht mit aufs Feld. Aber wegen Luftmangel trottete ich immer ca. 50- 70 m hinter der Klasse her. Der Wandertag war zeitlich kurz vor den Ferien. Mit Grauen dachte ich an den Schulschluss wegen der kommenden Erntearbeit.

„Im Frühjahr 1946 musste ich mich wegen meiner Kopfschmerzen bei dem Facharzt für Hals, Nasen und Ohren, in Bad Neustadt vorstellen. Dieser stellte einen Nasenbeinbruch fest, der verknorpelt war. Das alles läge schon Jahre zurück. Er setzte sofort eine Operation an. Zwei Tage später war es soweit. Was ich da erlebte, war schlimmer als eine Tracht Prügel von meinem Vater.

Der Doktor nahm eine Spritze und rammte mir diese ohne jede Vorwarnung in meine Nasenknorpel, rechts und links. Ich brüllte mir die Kehle heiser. Auf einmal wurde meine Nase pelzig und meine Leiden begannen von vorne.

Das Operationswerkzeug war ein gekrümmter Schaber. Mit diesem Schaber und entsprechendem Druck, schabte dieser Mensch mit voller Wucht meine Nasenknorpel ab.

Ich wurde ohnmächtig vor Schmerzen und wurde erst wieder wach, als ich spürte, dass meine Nasenlöcher mit Tempos vollgestopft waren, damit die Blutung gestoppt wurde."

Und weiter: „Nach zwei Tagen wurden diese Tempos entfernt. Vorne an den beiden Nasenlöchern war das Blut krustig geworden. Mit einem Ruck riss dieser Mensch, der sich Dr. nannte, diese Stopfung heraus und das Blut quoll nun aus meinen beiden Nasenlöchern. Es bespritzte das weiße Mäntelchen meines Peinigers und dieser beschimpfte mich noch dafür. Lange, sehr lange Zeit brauchte ich, diese Schmerzen aus meinem Kopf zu verdrängen."

Inzwischen schreiben wir das Jahr 1947. Ich steuerte Auf meinen zehnten Geburtstag zu. Das Jahr 1947 war ein sehr, sehr heißes Jahr. Es gab eine große Trockenheit. Wer nur drei Säcke Kartoffeln im Frühjahr gelegt hatte, konnte keine vier Säck im Herbst ernten. Das war schlimm.

An meinem 10. Geburtstag, 24. März 1947, ging ich zum ersten Mal in die Turnstunde, die der Turn-und Sportverein Nordheim v/d Rhön (TSV) organisierte. Die ehemalige Synagoge, deren Einrichtung die SS- Leute im Krieg zerschlagen haben, wurde zum Üben benutzt. Auf das Turnen kam es mir nicht so sehr an. Ich wollte raus aus der familiären Enge. In dem Raum wurde Bodenturnen trainiert und auch Boxen, allerdings mit den großen Handschuhen der Amerikaner, die sie uns bei ihrem Abzug aus Nordheim schenkten. Das Ringen am Boden kam mir gelegen. Ich wollte aber mehr und startete auch einen Versuch im Saal des Basaltwerkes. Dort trainierte eine weitere Gruppe.

Da waren die klassischen Geräte, Barren, Reck und Pferd aufgebaut. Das Geräteturnen brachte mir wieder Hohn ein. Mein Hinterteil war zu schwer. Ich schaffte den Felgumschwung am Reck nicht. Dafür kam ich mit den leichtathletischen Kämpfen, die im Frühjahr trainiert wurden, sehr gut zurecht.

Meine Grundschnelligkeit war sehr gut. Jedoch hatte ich keine Ausdauer. Ich musste viel trainieren. Das war nicht einfach wegen der schmerzenden Brust die bei Atemnot immer vorhanden war, und der Feldarbeit, die ich als Kind verrichten musste.

Turnschuhe oder Sportschuhe hatte ich nicht. Diese hätte ich notwendig gebraucht. Meine Eltern hatten kein Verständnis und kein Geld dafür. „Ich hätte wieder Flausen im Kopf," sagte meine Mutter und schimpfte, sie habe kein Geld für so etwas. Wie komme ich zu Geld? Das war meine vordringlichste Frage.

Ich beobachtete, dass jährlich eine größere Zahl Frauen im gemeindeeigenen Wald zum Arbeiten gingen. Sie mussten neue Kulturen anlegen und bereits bestehende Kulturen „ausschneiden, - Unkraut herausschneiden. Die Gemeinde zahlte nicht sehr viel, aber die Frauen und Mädchen hatten einen kleinen Verdienst. In mir reifte der Gedanke, dort im Wald ein Paar Mark zu verdienen um mir Turnschuhe kaufen zu können.

„Ohne meine Eltern zu verständigen machte ich mich auf und besuchte den Bürgermeister. Etwas ängstlich habe ich mich ausgedrückt und unsicher war ich auch. „Groß und stark biste ja," sagte der damalige Bürgermeister Leo Strauß, der von der Militärregierung eingesetzt war. „Also gehe mit in den Wald." Gesagt, getan. Um 12.00 Uhr war die Schule aus, und genau um 12.00 Uhr marschierten die Frauen und Mädchen los in den Wald. Ich raste von der Schule heim, schmiss meine Büchertasche in die Ecke, nahm ein Brot in die Hand und rannte den Waldarbeiterinnen hinterher.

Draußen im Wald musste ich mich in Reih und Glied einordnen. 30 Frauen stellten sich in die Reihe, quer über einen Kahlschlag. Eine Harke wurde mir gereicht, sie war sehr schwer, und wie auf Kommando wurde die Harke in den Humusboden des Waldes eingehackt, 30 Leute zogen gleichsam ruckartig den Humusboden hoch, dabei bildete sich eine Furche und ein Wulst. Dann ging es gemeinsam ein Paar Schritte weiter. Ein anderer Trupp setzte in die vorher angelegte Furche, Fichten und Laubholzpflanzen und drückte sie mit den Schuhen an. Der Humus-Wulst wurde umgeklappt und festgetreten. So ging es Reihe um Reihe, täglich 4 Stunden lang.

Ich bekam 15 Reichs-Pfennige die Stunde. Täglich 60 Pfennige. Ein Paar Turnschuhe, die billigste Ausführung, kostete damals 3,60 Reichsmark. Das waren sechs Tage Arbeit. An einem Dienstag konnte ich mein Geld in der Gemeinde abholen.

Ich hatte Mutters Rad mit dem Gesundheitslenker schon bereitgestellt. Steckte beim Bürgermeister hastig mein Geld ein und strampelte mit dem Fahrrad nach Ostheim v/d Rhön zum Schuhgeschäft Evelin Rausch. Dort kaufte ich meine Turnschuhe und war der glücklichste Mensch auf Erden. Aber nur solange, bis ich nach Hause kam. Denn Mutter wollte das Geld, welches ich an meinen Füßen hatte. Was gab es zum Abschluss? Einen Arsch voll Hiebe, (Schmess,) so wurde nach dörflichem Dialekt geredet.

SEHNSUCHT NACH WÄRME

Langsam reifte ich heran. Mit zehn Jahren war ich meinem Kind-sein schon entwachsen. Mit schweren Gedanken behaftet über meine Lage, dachte ich daran, ob und wie es so weitergehen würde.

Ich fragte mich: „Warum saß bei meinem Vater der Stock, der auf zwei Nägeln am Querbalken an der Decke in der Küche gelagert war, immer so locker? Warum wurde ich – und nur ich, drakonisch bestraft? Auch wenn ich nichts angestellt hatte. Da wurde nicht gefragt wer war es, nein, erst war ich dran und bekam die Hucke voll. Warum? Doch nicht etwa deswegen, weil ich ein Mädchen bei meiner Geburt sein sollte? Ich konnte es mir nicht erklären.

Dabei brannte in mir ein Feuer, eine Sehnsucht nach Geborgenheit, Liebe und Wärme. Warum immer gleich Schläge, Schläge und nochmals Schläge?

Noch bin ich jung. Aber langsam reifte in mir die Erkenntnis. Es war nicht nur der banale Wille meines Vaters, seine

Macht und Stärke, mir, dem Kinde gegenüber, zu demonstrieren. Nein! Es muss auch das ständige Gezeter meiner Mutter über die Armut in der Familie, ihrer Unzufriedenheit mit ihrem Leben, gewesen sein. Dann die Tatsache, dass mein Vater sehr krank war und seine Arbeiten auf dem Felde und im Hause nicht immer dann erledigen konnte, wenn dies notwendig war. Das waren die Umstände, die die Spannungen verursachten, unter denen meine Eltern leiden mussten.

Ich litt als Kind nach dieser Erkenntnis mit. Wollte ausbrechen, war ungestüm und kannte oft keine Grenzen in der wörtlichen Auseinandersetzung mit meinen Eltern.

Meine Eltern bestritten eine kleine Landwirtschaft, „Zum Leben zu wenig, zum Sterben zu viel", war das Sprichwort meiner Mutter. Und, dass wir bei der Separation- Zusammenlegung der Felder- angeblich benachteiligt worden seien.

Seit meinem sechsten Lebensjahr musste ich im Frühjahr, Sommer und Herbst, fast täglich aufs Feld. Ich wusste, große Erträge konnten nicht erwirtschaftet werden. Es fehlte das Geld für den Kunstdünger.

Die mageren Kühe hatten keine Kraft dafür, den tiefer gestellten Ackerpflug zu ziehen, um eine bessere Bodenbearbeitung zu erbringen. Sie sollten ja am Abend auch noch Milch geben. Auch diese wurde verkauft, zu Hertlein Rosa gebracht. Die Rosa kaufte auch Eier auf. „Für wenig Geld," sagte meine Mutter und die Eier verkaufe sie viel teurer weiter. So geschah es, dass sich manches Ei, oft auch zwei, in meiner Hosentasche wiedergefunden hat und ich diese Eier dann bei der Rose über den Ladentisch verkaufte. Den Erlös münzte ich in Negerküsse, so hießen diese damals, um. Die Hühner haben schon wieder nichts gelegt, sagte meine Mutter dann."

„War eine Muttersau trächtig, rechnete meine Mutter schon lange vorher mit dem Erlös der verkauften Ferkel, plante schon das Geld ein. Kam es gut, waren es drei Ferkel. Kam es schlecht, dann erdrückte die Muttersau nach dem Abferkeln eines von den Dreien, ein zweites wurde eventuell noch aufgefressen, und das dritte, meist das Kleinste, war zu schwach zum Überleben. Überlebte es, wurde es zur Schlachtreife gefüttert, und es gab keinen Erlös. Einmal, so kann ich mich erinnern, fuhr ich mit meinem Vater mit der Eisenbahn zum Schweinemarkt nach Mellrichstadt. Drei Ferkel waren in unserem Korb. Die Stunden auf dem Marktplatz, wo die Tiere in Körbe angeboten wurden vergingen.

Kaufinteressenten kamen, schauten in den Korb und liefen vorbei. Die Schweinchen waren zu dürftig geraten, fanden keine Käufer." Dann zum Schluss kamen die Händler, klatschten dreimal in die Hände meines Vaters, sagten: „Max ich gebe dir 60 Mark für die drei und damit basta." „Was sollte mein Vater tun, er schlug ein, denn sonst hätten wir die Fracht wieder mit dem Rhönexpress, wie er scherzhaft genannt wurde, nach Hause bringen müssen. An diesem Tage war mein Vater spendierfreudig. Er sagte: „So, mein Junge, jetzt gehen wir in das Gasthaus Ullrich und essen uns eine warme Fleischwurst." Gesagt, getan. Ich bekam von dem warmen Viertele ein Stückchen ab. Das war köstlich und ich zehre heute noch davon. Immer wenn ich an dem Gasthaus Ullrich in Mellrichstadt verbeikomme, denke ich an dieses wunderbare Erlebnis.

Meine Freude, und sicher die meines Vaters auch, wurde dann zu Hause schlagartig getrübt. Nach Meinung meiner Mutter hatte mein Vater zu billig verkauft. Statt 100,00 oder 120,00 Reichsmark, brachte er nach Abzug der Fahrtkosten und der warmen Wurst nur knappe 50 Mark nach Hause. Und wieder ging die vorher gemachte Rechnung nicht auf.

Und dann die Sache mit dem Getreideverkauf. Die Dreschmaschine kam jeden Herbst in den Hof. Der berühmte Lanz-Bulldog, der mit einem Kolben vorne gezündet wurde, trieb über Schwungrädern und mit einem langen ledernen Gurt die Dreschmaschine und die Strohpresse an. Das war immer ein Ereignis für uns Kinder. Von Hof zu Hof, durch das ganze Dorf zog das Gespann. Bulldog, Dreschmaschine und Strohpresse. Wochenlang ging das so bis in den Herbst hinein. Von weitem hörte man schon das Geräusch des aufheulenden Bulldogs, das Summen der Dreschmaschine und den scheppernden Laut der Strohpresse.

Für uns Kinder war das immer ein großes Ereignis. Denn am Dreschtag gab es mindestens Fleischwurst und Kartoffelsalat. Dazu Endiviensalat und für die Erwachsenen Schnaps und Bier, Kaffe und Kuchen.

Sechs Stunden wurde bei uns gedroschen. Eine Zeit, die für eine ertragreiche Ernte ausreichte, sollte man meinen. Dem war nicht so. Das Getreide war voller Unkraut, die Körner dadurch entsprechend weniger.

Zunächst musste der Müller mit dem Getreide befriedigt werden. Denn dieser hatte schon seit ungefähr April des neuen Jahres die Kleie für die Schweine und für die Kühe geliefert und das Brotgetreide ein Gemahlen, soll heißen, auf Pump bereitgestellt. Der Schroth und der Preis des Einmaleins, so die Aussage dazu, wurde in Körnern aufgewogen, diese waren also schon weg und konnten nicht verkauft werden.

Dann musste der Kunstdünger, der auch auf Pump von der Raiffeisenbank geliefert wurde, glattgestellt werden. Das war ein Dungwagen voll mit mindestens zwanzig Zentnern Getreide. Dies alles geschah während des Dreschvorganges auf dem Hof. Der Rest vom Getreide, der dann vom Drusch noch übrig war, gelangte mit den Sackträgern auf den Körnerboden unter dem Dach des Wohnhauses.

Und man hätte die Uhr danach stellen können, dass ab März, April des folgenden Jahres das ganze Elend wieder von vorne begann. Dazu beobachtete ich noch, dass mein Vater heimlich während des Winters Getreide in kleinen Mengen vom Boden holte, es verkaufte, um sich dann im

Laden von Hermann Mölter Tabak zu holen. Er rauchte den billigsten Krüllschnitt, ging immer hustend mit seiner gekrümmten Pfeife umher. Er rauchte mehr als er gegessen hat.

Der Husten war besonders laut und andauernd, wenn er in der Frühe auf dem Plumpsklo saß, welches an den Schweineställen im Hof und im Freien war. Laut schallte der Husten in den Hof, auf die Straße und dem unteren Dorfviertel entlang. Auch ich konnte das Husten im meinem Bett vernehmen.

Mein Zimmer teilte ich mit meinem Bruder Albin. Es war im ersten Stock über unserer Küche. Der Fußboden des Zimmers war nicht durchgehend mit Brettern belegt. Die vier Beine je Bett standen versetzt auf die Querbalken. Nur so krachten wir nicht durch die Decke. Zwischen den Balkenlagern war aus Lehm und Kies die Dämmung. Das Fenster war genauso undicht wie in der guten Stube unten im Haus. Den Winter über wärmten wir uns mit heißgemachten Basaltsteinen die Füße im kalten Bett. Auf einem Strohlager. Der Raum glitzerte im Winter bei großer Kälte.

Das waren schlimme Zeiten, während und nach dem Zweiten Weltkrieg, in denen ich herangewachsen bin. Meine Geschwister hatten es besser. Sie waren nicht so voller Unruhe wie ich. Nahmen alles geduldig hin. Wurden aber auch nicht so ungerecht behandelt. Das war meine Meinung.

Mein Bruder Albin, der stiller war als ich, bekam alles. Er durfte Geige-spielen lernen, diese Geige (Violine) wurde auf Raten gekauft. Er wollte einen Fotoapparat, er bekam ihn, auch dieser wurde auf Raten gekauft. Natürlich von Foto Borst mit Selbstauslöser. Ich wollte auf das Gymnasium, mein Bruder Albin kam nach Würzburg ins Kilianeum, „er sei ein ruhiger, feiner Junge," hatte der Pfarrer geäußert, der extra geholt wurde, um seine Meinung zu sagen. Denn ich hatte mit Nachdruck darauf bestanden, aufs Gymnasium nach Bad Neustadt gehen zu dürfen.

Groß war meine Wut im Bauch. Die Kosten des Internates wurden mit dem Verkauf der Äpfel bezahlt, die im Herbst eines jeden Jahres geerntet wurden. Dafür hatten wir zu Hause keine mehr zum Essen.

So wurde ich älter. Mit einem riesengroßen Defizit an Liebe, Wärme und Zuneigung. Ich habe nur drei gute Erinnerungen an meine Kindheit. Einmal das Stückchen warme Fleischwurst. Und einmal, trug mich mein Vater sonntags Huckepack vom Feldspaziergang heim. Es war schwül und ich bekam fast keine Luft. Und dann durfte ich bei meinem Vater nachts in sein Bett. Ein starkes Gewitter machte mir Angst. Ich fand Wärme und rieb meine Beine an die haarigen Beine meines Vaters.

Das alles war zu wenig gewesen. Aber meine Eltern verstand ich nach diesem Rückblick schweren Herzens, besser. Ich hatte keinen Freund, um mich zu äußern. Dafür kamen jüngere und auch ältere Burschen zu mir, um mit mir zu reden, weil sie ähnliche Schwierigkeiten mit ihren Eltern hatten. Irgendwie fühlte ich Freude und Stolz.

Eine Veränderung in mir bewegte meine Gefühle. Ich spürte sexuelles Verlangen. Dieses Verlangen konnte ich nicht einordnen.

Im Wäscheschrank meiner Mutter fand ich beim Stöbern ein Buch. Es war offensichtlich versteckt, denn es lag unter der Wäsche. Natürlich war ich neugierig, denn vor mir, war in meinem Elternhaus nichts sicher.

Ganz aufgeregt war ich. Und ich wurde immer aufgeregter als ich festgestellt hatte, dass dieses Buch einen Inhalt hatte, den zu lesen, im sechsten Gebot eine schwere Sünde bedeutet hat. Das war mir egal. Da stand etwas von Sex, Vorspiel, Hingabe und Lust bei Mann und Frau. Mehrmals war etwas von Aufklärung zu lesen.

In diesem Buch war ein Mann und eine Frau nackt dargestellt. Besonders die Geschlechtsorgane waren hervorgehoben. Ich wurde neugieriger. Sofort regte sich etwas in meiner Hose, was ich so noch nicht kannte. Ich begann, das Buch mit meinen Augen zu verschlingen und beschloss, es noch einmal in Ruhe anzusehen.

In der Zwischenzeit dachte ich an meine Schulfreundin Elfriede. Sie hatten einen großen Bauernhof und den Gemeindebullen vom Dorf. In dem Hof, an der Mauer zum Gelben Schloss stand der Bullenstand. Nach vorne vertieft. Kam der Bauer mit seiner Kuh, die er zum Ortsbullen führte, ging er schnurstracks mit ihr zu dem Stand und band diese fest. Das haben wir als Kinder oft beobachte. Meistens standen wir zu fünft oder auch mehr um den Stand herum. Niemand hat uns verjagt.

Der Bulle wurde vom Knecht aus dem Stall herausgeführt. In seiner Nase war ein Ring, und an dem Ring war eine Stange mit einem Haken befestigt. Damit wurde der Bulle gebändigt. „Mal sehen was er macht," sagte der Knecht und führte den Bullen zur Kuh. Wenn sie stehen blieb, ging alles ganz schnell. Der Bulle sprang auf die Kuh schob sein Ding hinein und das Tier war besamt.

Klappte das nicht, wurde über den Bürgermeister geschimpft, dass das Tier, das er gekauft hatte, nicht tauge. Es sei nichts mit dem Ortsbullen.

Bei den Pferden und dem Hengst war es ähnlich. Es klappte nicht immer und die Menschen waren sehr ärgerlich.

Dann der Eberhalter. Das war der Schuberts Max, der Mittelmüller am Marktplatzende. Wenn eine Sau zum Eber geführt wurde, sahen wir das gleiche Schauspiel.

Auch die Geschlechtsteilunterschiede vom Bullen zum Hengst und zum Eber. Funktionierte die Angelegenheit mit dem Eber, waren die Männer fröhlich. Wenn nicht, dann schimpften auch sie über den Bürgermeister, weil der Eber nichts tauge.

Eine ganz lustige Sache kam mir in den Sinn. Ich erinnerte mich daran, dass ich unsere Ziege zum Geißbock führen musste. Auch dieser war eine Angelegenheit der Gemeinde. Der Gemeindediener Gensler musste den Geißbock füttern und pflegen. Gleich beim Bullen brachte man Körner für die männlichen Tiere mit.

Mit meiner Geiß, „sie sei heiß," hatte meine Mutter gesagt, kam ich bei dem Anwesen Gensler an. Die Frau führte den Bock heraus. Dieser hatte gar keine Lust, sich mit meinem Geißlein zu vergnügen. Dafür stank er pestialisch.

„Das wird nichts," sagte die Frau Gensler und war dabei den Geißbock wieder in den Stall zu bringen. Plötzlich sprang der Geißbock die Frau an, diese war erschrocken. Der Bock schupste sie mit seinen Hörnern in den Bauch. Sie ging rückwärts die Treppe hoch und stolperte nach Hinten und fiel hin, der Bock obenauf.

Die Frau beschimpfte mich weil ich lachte und brüllte „Hau ab, du Depp!" Mit Müh und Not bändigte sie den Bock und ich trottelte mit meinem züchtigen Geißlein, welches nicht wollte, was es sollte, nach Hause.

Zurück zu dem Buch meiner Eltern im Wäscheschrank. Die Zeit, bis ich sicher war, dass mich niemand stören konnte, hatte ich abgewartet.

Gesagt, getan. Beim zweiten Mal fand ich im Anhang des Buches meiner Eltern die Geschlechtsteile von einer Frau und einem Mann in Farbe dargestellt. Dazu konnte man

Stellungen in schwarz/weiß sehen. Gierig verschlang ich die Einzelheiten und befriedigte mich ganz automatisch selbst zum ersten Mal. Das war so, als ob ich das schon immer getan hätte. Von nun an war ich aufgeklärt.

Mensch: Mann und Frau, Tiere: Schwein und Eber, Kuh und Bulle, Pferd und Hengst, Geißlein und Geißbock. Jetzt konnte ich so manches, was ich als Schuljunge im Bullenstand bei meiner Schulfreundin Elfriede gesehen habe, auch einordnen.

POLITISCHES NEULAND NACH DEM ZWEITEN WELTKRIEG

Die amerikanischen Besatzer, die so hungrig auf Eier aus den Höfen der Bauern waren und gierig auf die Bachforellen der Streu, sind auf einmal fortgezogen. Es war zu hören, dass sie sich in den schönsten Gegenden ihrer Besatzungszone niedergelassen hätten. Das Hauptquartier sei in der wunderschönen Studentenstadt Heidelberg.

Zimperlich, so kann ich mich erinnern, waren die Amerikaner bei der Entnazifizierung nicht. Der damalige Bürgermeister wurde auf den Kühler eines Jeeps gesetzt und ist nach Hammelburg transportiert worden. Zumindest bis zum Dorf hinaus saß er auf den Kühler. „Das sei eine Schande," sagten die Erwachsenen, die das beobachtet hatten. Wir Kinder lachten.

Die Gründung zweier Deutscher Staaten wurden von den Westmächten und Ostmächten vorbereitet. Gemeindewahlen wurden zugelassen. In meiner Heimatgemeinde wurde Alex Hösl nach einer Stichwahl 1. Bürgermeister. Der von der Siegermacht, den Amerikanern eingesetzte Leo Strauß, kam nicht zum Zug. Gegen Alex Hösl hatte Franz Bardroff kandidiert. Alex Hösl wurde von den Kriegsheimkehrern, von den Flüchtlingen und besonders von den Mitgliedern des Turn-und Sportvereins unterstützt. Diese jugendliche-unbeschwerte Truppe, kämpfte mit dem Spruch: „Nordheimer macht die Augen auf, Franz Bardroff will zum Thron hinauf. Wählt Alex Hösl."

Die Siegermächte haben sich zerstritten. Der Kalte Krieg war über Nacht geboren.

Am 21. Juni 1948 verliert die Reichsmark ihre Gültigkeit. Die Deutsche Mark wurde eingeführt. 40 Deutsche Mark konnten pro Person eingetauscht werden Der Kurs, 1:1. Das wären in meiner Familie 240 DM gewesen. Aber 240 Reichsmark hatte meine Familie nicht. Meine Mutter brachte 20,- DM mit nach Hause, mehr gab es nicht sagte sie.

Der Ostblock sperrte die Zugangswege nach Westberlin. Der amerikanische Militär Gouverneur General Clay gibt am 26. Juni 1948 die Anweisung, Westberlin aus der Luft zu versorgen. Diese Maßnahme ging als Luftbrücke in die Weltgeschichte ein. Daraus entwickelte sich eine tiefe Deutsch-Amerikanische Freundschaft.

Ich hatte inzwischen meinen Ärger über die amerikanischen Soldaten verdrängt. Wer weiß, so sagte ich zu mir, wie ich gehandelt hätte, wäre ich in der Position der Siegermacht gewesen. Seit dem ersten September 1948 arbeitet der eingesetzte Parlamentarische Rat an der Formulierung des Grundgesetzes in Herrenchiemsee. Am 8. Mai 1949 wird das Grundgesetz vom Parlamentarischen Rat verabschiedet.

Die drei westlichen Besatzungszonen, formieren sich zur Bundesrepublik Deutschland.

Die Bundestagswahlen fanden am 14. August 1949 statt. Die erste Sitzung des Bundetages folgte dann am 7. September. Es war die feierliche Eröffnung der beiden Organe Bundesrat und Bundestag.

Die Bundesversammlung am 12. September 1949 wählte Theodor Heuss zum ersten Bundespräsidenten.

Der Deutsche Bundestag wählte am 15. September 1949 Konrad Adenauer zum ersten Bundeskanzler der Bundesrepublik Deutschland. Von 402 Abgeordneten wählten 202 Konrad Adenauer. Er gewann die Wahl mit seiner eigenen Stimme, wie in der Presse berichtet wurde.

Die Gründung der Deutschen Demokratische Republik (DDR) wird vom Volksrat am 7. Oktober 1949 proklamiert.

Inzwischen war ich 12 Jahre jung. Der tägliche Trott machte mich weiter unruhig. Meine Brust war zu eng und mein Herz voller Tatendrang. Aber, wohin mit der Kraft.

DIEB SEIN LOHNT SICH NICHT- ENDE DER SCHULZEIT 1951

Aufrecht schritt die Frau den Ziegeleiberg hinauf, über den „Breiten Rasen" dem Wald entgegen. „Die Gräfin" wurde sie im Dorf genannt.

Mit ihrem Mann, der bei der Reichsbahn arbeitete und wegen einer Gehörschadens schon in Frührente war, hatte sie das ehemalige Schulgebäude mit angrenzendem Ritualbad der Jüdischen Gemeinde Nordheim vor der Rhön gekauft. Eine stattliche Anlage, im unteren Dorfbereich links der Streu. Die Anwesen jüdischer Bewohner im Ort waren allesamt ortsprägend und zeugten von Wohlstand der Bewohner. „Die haben es, brauchen nur aufzustehen und ihr Geld auszugeben," sagte immer meine Mutter, wenn von der Gräfin gesprochen wurde.

Gräfin wurde sie deshalb genannt, weil sie Hochdeutsch sprach und nicht den dörflichen Dialekt, obwohl sie im Ort geboren wurde, dort auch aufgewachsen war. Mathilde war ihr richtiger Vorname, und sie war eine stolze Frau.

Nicht aus Respekt ging ich fünf Schritte hinter ihr her, nein, mit Wut im Bauch und stechenden Kopfschmerzen hielt ich Abstand.

Trotzig haderte ich mit Gott und der Welt über mein Schicksal, am ersten Ferientag im Sommer 1950, Heidelbeeren pflücken zu müssen. Inzwischen war ich 13 Jahre alt. Hatte immer noch Kopfschmerzen und war schon zum zweiten Mal erfolglos an meiner Nase operiert worden.

Im Städtischen Krankenhaus in Schweinfurt stand im Frühjahr 1950 der dritte Versuch an, meine Nase zu operieren.

Unbekannt war bis dahin die Tatsache, dass ich Schlafwandler war. Sensibel auf Veränderungen reagiere ich unbewusst. So erklärte es der Arzt meiner Mutter. Offensichtlich sei bei mir tief im Innern große Angst verborgen.

Was war geschehen? Am Abend vor der Operation brachte die Schwester Medizin. Ich nahm diese ein.

Alles Weitere weiß ich nicht mehr. Ich war eingeschlafen und morgens ganz normal erwacht. Die Nachtschwester hat meiner Mutter erzählt, dass ich des Nachts auf dem Fenstersims bei offenem Fenster gestanden hätte und offensichtlich weitergehen wollte. Die Schwester habe sofort erkannt, dass ich Schlafwandler sei und mich vom Fenster herabsteigen lassen und ins Bett gelegt. Ohne etwas von meinem nächtlichen Tun zu wissen, erwachte ich am Morgen, dem Tag der Operation.

Seit meinem Schulantritt vor sieben Jahren begann der Tag mit dem Kirchgang um sieben Uhr. Ob im Sommer oder im Winter mit Eises Kälte. Mangels Schuhe habe ich im Winter Holzschuhe getragen. Diese mussten im Windfang der Kirche abgestellt werden. In den Holzschuhen war eine Schicht mit Stroh wegen der Kälte. Und an den Füßen waren sogenannte Hausschuhe aus Barchent - heute Inlet - gefertigt.

Dieser Barchent hat nicht gewärmt, aber die Nässe abgehalten. Die Füße spürte man im Winter nicht mehr, sie waren Eiszapfen. Nach dem Morgengottesdienst führte der Weg über die Johannisbrücke zum Rathaus in die Schule. Dort waren im ersten Stock zwei Klassen untergebracht.

Mitte bis Ende März eines jeden Jahres mussten die Wiesen gesäubert werden. In meinem Alter machte ich das schon alleine. Die Hochwasser brachten allerhand Unrat mit, der beseitigt werden musste. Dann rechte ich die Wiesen ab und die frischen Maulwurfhügel verteilte ich auf der Wiesenfläche. Bei dieser Arbeit sammelte ich frischen Spickel und mit den ersten zarten Brennnesseln kochte Mutter dann ein Wiesengemüse. Dazu gab es immer Mehl Klöse. Mir schmeckte das sehr gut. Auch heute ist es noch so.

Auf den Stettbach-Wiesen blühten die ersten Märzenbecher, von uns Kindern auch als Schneeglöckchen bezeichnet. Dicke Sträuße brachte ich mit nach Hause. Den Unterschied von Schneeglöckchen zu Märzenbecher kannten wir Kinder nicht.

War der Herbst- und Wintermist-Kuhdung auf dem Acker, wurden im Frühjahr die Kartoffeln gelegt. Vom Keller musste ich sie in Körben heimtragen und unter das Schleppdach der Scheune schütten. Mutter las die unbrauchbaren Kartoffeln aus, halbierte die größeren und fasste sie mit den brauchbaren kleineren Kartoffeln, in Säcke.

Dann ging es mit dem beladenen Dungwagen und dem Pflug aufs Feld. Vier Säcke verteilte mein Vater auf die Länge des Ackers bevor er mit dem Kuhgespann vor dem Pflug die erste Furche, die immer in der Mitte des Feldes angelegt wurde, zog. In jede zweite Furche wurden Kartoffeln eingelegt.

In der linken Hand hatte ich ein Drahtkörbchen und mit der rechten Hand legte ich das Saatgut in den Boden, drückte es mit dem Schuh an und so ging das weiter. Schritt für Schritt eine Kartoffel, nach der anderen rund um den Acker. Immer den Kühen und dem Pflug mit meinem Vater hinterher im Uhrzeigersinn, bis die Grenze des Nachbars Halt gebot. Ein Korb voll reichte bis zum nächsten abgelegten Sack, wurde gefüllt und weiter ging es wie gehabt.

Danach wurden die Kühe an ein Brett, dass quer zum Acker lag, gespannt. Vater stellte sich darauf und der Acker wurde geschleift, damit die Kartoffeln abgedichtet wurden und leichter anwachsen konnten. Manchmal fiel mein Vater vornüber oder nach hinten. Das passierte, wenn die Kühe ruckartig zogen und nicht gleichmäßig dahingingen. Er fluchte dann, Himmel Herrgott Sakrament, das tat er sehr gerne. Und Ich hörte das gerne, denn mein Vater ließ Dampf ab und ich bekam dann keine Schläge.

In Abstand von drei bis vier Tagen holte ich mit meinem Vater vor dem Kirchgang, um sechs Uhr in der Frühe, Grünfutter. Das ging vom späten Frühjahr bis in den Herbst so. Klee oder Wiesengras, je nach Wetterlage wurde mit der Sense gemäht. Seit meinem zehnten Lebensjahr konnte ich mit der Sense richtig mähen: Diese auch dengeln, und mit einem Wetzstein wetzen (schärfen). Der Dengelstock war etwa einen Meter lang, hinten etwas breiter für den Sitz. Vorne war ein Eisenkeil in das Holz gerammt. Auf diesem Keil, mit der Breite nach oben, wurde die Sense gelegt und mit einem Hammer neu gedengelt. Wer das richtig konnte, brachte eine messerscharfe Schnittfläche an der Sense zustande.

Waren die Kartoffeln aufgegangen und die Zeilen sichtbar, führte ich um fünf Uhr in der Früh die Kuh mit dem Hackpflug durch die Reihen. Mein Vater lenkte hinten an den Griffen des Pfluges. Der Hackpflug hatte vorn ein kleines Laufrad, es quietschte mangels Öl. In der Mitte, nach Höhe und Tiefe mit einem Schraubgewinde verstellbar, waren rechts und links zwei vierkantige Eisenstäbe mit rechtwinkeligen Scharmessern am Ende angebracht. In der Verlängerung bildete eine scherenmäßig angeordnete Gabel mit zwei Griffen den Abschluss.

Hatte es geregnet und die Sonne prall geschienen, war der Boden schwer zu bearbeiten und dadurch hart wie ein

Brett. Die Kuh kam ins Schwitzen, während meine Strümpfe voller Kletten hingen. Fünf oder sechs Zeilen wurden durchgefahren, soviel, wie meine Mutter tagsüber hacken konnte. Anfangs war ich auch dabei. Ich köpfte mit der Hacke solange die Kartoffelstöcke, bis ich, Gott sei es gedankt, nicht mehr mitgehen musste. Oft kam Mutter vor lauter Anstrengung mit einem hochroten Kopf nach Hause. Viele Jahre später habe ich erfahren, dass meine Mutter herzkrank gewesen sei.

Ähnlich war der Vorgang bei den Rüben (Runkeln). Der Hackpflug wurde als Häufelpflug umgebaut. Dazu wurden zwei Flügel ähnliche Scharen anmontiert. Wieder führte ich die Kuh, wenn die Zeilen zusammengehäufelt wurden. Dann musste ich, wieder jeden Schritt eine, die Runkel Pflanzen auslegen. Die Pflanzen wurden zum Teil in unserem Garten angebaut und während des Krieges pflanzte mein Vater dort auch Tabakpflanzen; der Rest wurde aus den Gärtnereien in Ostheim oder Stockheim geholt.

Mutter kam hinterher und setze die Pflanzen. War es zu trocken, wurde Wasser im Jauchefass mitgenommen und ich goss Pflänzlein um Pflänzlein nach, damit es anwachsen konnte. Trotzdem trocknete ein großer Teil der Pflanzen aus und verdorrte. Dann wiederholte sich der Vorgang. Auch das Kuhgespann mit dem Pflug führte ich durch die Reihen der Rüben.

Einmal jährlich trottete das Kuhgespann, den Leiterwagen hinter sich herziehend, im Frühjahr um vier Uhr frühmorgens über Stetten und Roth nach Hillenberg, in den Staatswald bei Hausen, um Brennholz zu holen. Es waren Buchenscheite. Im Nordheimer Wald gab es nicht genügend schlagreife Buchen, um den Bedarf der Bevölkerung an Heizmaterial zu decken. Die Anfahrt dauerte zweieinhalb Stunden. Warm eingewickelt nahm ich dabei auf dem Schutzkeil neben meinem Vater Platz. Er rauchte seine Pfeife, hustete dabei fürchterlich, der Schall drang durch die morgendliche Flur. Vögel flogen erschreckt auf, oder hörten auf zu zwitschern.

Kamen wir nach Nordheim zurück, wurde die Fuhre zur oberen Mühle gefahren, dort das Holz mit einer Kreissäge zu Klötzen geschnitten und heimgebracht.

An einem solchen Tag musste ich erst um 11.00 Uhr in die Schule.

Von einem gleichmäßig runden Holzstück bekam ich eine zwei Zentimeter dicke Scheibe abgeschnitten. Mein Vater nahm eine Holzleiste, legte sie darauf und schlug einen dicken Nagel durch die Mitte der Holzscheibe. Der Nagel wurde ein paar Mal hin und her bewegt, fertig war das Laufrad, mit dem ich durch den Ort sauste. Ich hatte auch mal etwas. Es war zwar keine Geige und kein Fotoapparat, aber eine Holzscheibe. Warum ich damit wie verrückt durchs Dorf rannte, kann ich nicht sagen. Aber, ich hatte etwas.

Nach Schulschluss wurde schnell gegessen, dann ging es auf das Feld. Oft fand ich nach der Schule einen Zettel auf dem Tisch vor: „Hole den Kuchen beim Bäcker und bringe in mit zum Grasweg." So auch an diesem Tag.

Ich hatte ein schlechtes Gewissen. Warum? Den Kuchen musste ich vor der Schule zum Bäcker tragen. Der Weg führte vom Vaterhaus über die Johannisbrücke. Diese war nicht geteert oder gepflastert. Mein Kuchen rutschte plötzlich wie ein Geschoss vom Blech auf den Boden., der aus Sand und Feinstaub zusammengesetzt war. Ich war erschrocken. Was tun? Kurzerhand nahm ich mein leeres Kuchenblech und schob es unter den Kuchen. Der war nicht verformt. Ich ging zum Bäcker, der nicht merkte was geschehen war. Ich schwitzte den ganzen Vormittag aus Angst.

Der Graswegacker lag gleich hinterm Dorf in Richtung Sondheim. Den Kuchen hatte ich schon zu kleinen Stücken geschnitten. Dabei hat das Messer gequietscht, als es die kleinen Steinchen im Kuchen streifte. Ich raste mit dem Kuchen los, die Eltern saßen schon auf dem Dungwagen und warteten. Den Kuchen stellte ich ab, rief etwas unverständliches meinen Eltern zu und rannte los. Das war dumm von mir. Hätte ich gesagt was los war, hätte ich wahrscheinlich keine Hiebe bekommen. Denn auf dem Feld waren auch noch andere Leute. So ging es am Abend richtig los. Das war so schlimm, dass ich kurzerhand aus dem Haus rannte, mein Vater mit seinem Stock hinterher, ich rannte um die Kurve nach Sondheim zu, und merkte plötzlich, dass mein

Vater gar nicht mehr hinter mir her war. Etwa 50 Meter hinter mir stand er keuchend und nach Luft ringend mit seinem Stock. Er musste sich erst erholen und ich hatte meine Ruhe. Seit dieser Zeit sicherte ich mir immer den Fluchtweg zum Ausgang des Hofes. Langsam sah mein Vater ein, dass er mir nicht mehr gewachsen war.

Das Heu war in diesem Jahr schon eingebracht. Durch die anhaltende Hitze hatten die Wiesen einen dünnen Bewuchs. Auf der Stettbach-Wiese hatten wir sonst zwei Fuhren Heu, in diesem Jahr war es nur eine. Ich konnte das Heu nicht riechen, bekam immer Schnupfen. Das kümmerte niemanden.

Rechts neben mir sah ich ein brachliegendes Feld, überreich mit Johanniskraut bewachsen. Das erinnerte mich daran, dass ich dieses Kraut in den nächsten Tagen noch pflücken musste. Im vorigen Jahr war ich beim Sammeln in ein Wespennest getreten, wurde fürchterlich zerstochen, hatte dicke Hände und Beine, weil ich mich nicht ruhig verhalten hatte, und nach den Wespen mit Armen und Händen fuchtelte.

Automatisch dachte ich daran, dass ich je nach Jahreszeit Kräuter zu sammeln hatte.

Von März bis November wurde das Hirtentäschel, auch Gänsekresse genannt, eingeholt. Lagerte es kurzfristig im Hof, machten sich die Hühner darüber her. Dann das Zinnkraut, das mit Vorliebe auf dem Bahndamm in Richtung

Ostheim wuchs. Oder der Salbei, der nur in der Mittagssonne gepflückt werden sollte.

An den Wegrändern und an der alten Dorfmauer entlang wuchs die kleinblättrige Käsepappel. Als Unkraut bezeichneten die Bauern die Kamille. Mit Schubkarren holten wir die Kamille aus den Feldern. Die Landwirte sahen das gerne. Aber ein Zehnpfennig-Stück oder eine andere Anerkennung gab es dafür nicht. Die Wurzel der Kalmuspflanze wuchs überwiegend an dem Streulauf in Richtung Heufurt, dabei holte ich mir immer nasse Füße, wenn ich die Wurzel herauszog. Stiefel gab es damals nicht, sondern Holzschuhe.

Begehrt waren auch die kleinen, gelben Blütenkelche des Huflattichs im zeitigen Frühjahr. Oder der große Huflattich, als Pestwurz bezeichnet, mit seinem grauen Flaum an der Unterseite der Blätter, der – besonders am Wasser – an ruhigen Plätzen zu finden war. Eine Tabakfabrik aus dem benachbarten Ort Hausen Rhön, hatte nach dem Kriege das Wehr der Streu unterhalb des Fränkischen Hofes, überall mit großem Huflattich bewachsen, kahl gemäht und ihn zu Tabak verarbeitet. Die Mittelmühle war in Betrieb, das Mühlrad drehte sich gemächlich, der große Huflattich wuchs wieder nach.

Der Löwenzahn war ebenso begehrt. Nicht nur als Heilpflanze, sondern auch als Gänsefutter für die kleinen, frisch ausgebrüteten Gänse, Hühner und Enten. Der Löwenzahn wurde dazu klein geschnitten, ebenso zarte Brennnesseln, und mit einem gekochten, kleingehackten Ei und etwas Weizenkleie vermischt. Es war herrlich, die kleinen Tierchen beim Fressen zu beobachten. Wie sie hastig pickten, begierig darauf achtend, dass sie nicht zu kurz kamen. Natürlich ging das nicht ohne Kampf, manch schwächeres Tierchen kam dabei zu kurz.

Dann das Bild des Gänsemarsches. Waren die Tiere gesättigt, watschelten sie von unserem Hof über die Straße in die Streu. Die Gänsemutter führte den Zug an. Zischend waren die Laute, wenn sie ihren Kopf bewegte, darauf achtend, dass niemand den Zug störte. Die stärkeren Tierchen kamen hinterher, bis auch die kleineren und schwächeren Tierchen folgten. Oft sprang von hinten eine Katze an den Zug, biss einem der Tierchen in den Hals und schüttelte es, bis es tot war.

Auch die Ringelblume gehörte zu den Heilkräutern, die ich sammelte. Sie wurde mit ihren gelben Blütenköpfen samt Stängel in der Mittagshitze eingeholt. Mutter fertigte mit Schweinefett die Ringelblumensalbe, die gut bei Verstauchungen und Zerrungen hilft, wie meine Mutter sagte. Irgendwie hatte ich immer eine Verstauchung oder Zerrung. Manchmal stank die Salbe, das Schweinefett wurde tranig, ranzig im heimatlichen Wortgebrauch.

Die schon erwähnte Brennnessel diente auch als Schweinefutter, besonders in der Zeit, wenn die Kartoffeln und der Korn- oder Haferschrot knapp wurden. Ganze Körbe voll schleppte ich nach Hause. Die Hände hatten knubbelige

Platschen, so waren sie zerstochen, denn die Handschuhe hatten Löcher.

Beschwerlich gestaltete sich das Einholen der Taubnessel. Die kleinen Blütenköpfchen verursachten ein ewiges Gerupfe und Gezupfe – sie hatten kaum Gewicht – bis ein ansehnliches Ergebnis im kleinen Marktkörbchen landete. Süßlich war der Geschmack der Frucht, die oft von mir ausgezuckelt wurde und dadurch die wenigen Gramm noch verringerte. Getrocknet, wurden die Blüten einhundert-Gramm-weise in Tütchen verpackt.

„Männertreu" nannte meine Mutter den Ehrenpreis. Der konnte nur im Wald, bei den Eichen im Messelrain oder im Männerhölzle geholt werden. Der Stängel ist behaart und kriecht am Boden entlang. Er hat kleine, silbrig schimmernde Blätter, die in hochstehende, hellblaue Blüten übergehen. Unangenehm war die Erinnerung daran deshalb, weil an den empfindlichsten Stellen des Körpers sich der Holzbock festfraß und das Schamgefühl gegenüber der Mutter es nicht zuließ, Hilfe in Anspruch zu nehmen.

Aufpassen musste ich beim Weidenröschen. Das Weidenröschen mit kleinen Blüten war ungiftig. Das heilkräftige Röschen erkannte ich an den kleinen Blüten in rötlicher, weißer Farbe. Der Stängel mit Blättern und Blüten ließ sich leicht brechen. Das Weidenröschen wuchs an den Waldwegen, etwas verdeckt im Gebüsch und war zahlreich vorhanden.

Die noch unreifen Nüsse mit Blättern im Juni einzuholen, war ein weiteres Ziel. Nicht nur zum Verkauf holte ich sie heim. Mutter fertigte damit einen Likör. In einem größeren Gefäß wurden die unreifen Nüsse mit Schnaps angesetzt, Wochen vergingen und ein wohlschmeckender Likör stand im Küchenschrank, in einer hinteren Ecke versteckt. Natürlich war mir das Versteck bekannt.

Der Likör war gut für die Blutreinigung. Im Herbst, wenn die Nüsse reif waren und wenn ich die Kühe hüten musste, die die Wirtschaftswege abgrasten, verlegte ich oft die Weidegründe zu den Nussbäumen. Einmal um die Frucht zu essen, zum anderen, um das dürre Nussbaumblatt zu rauchen. Noch war ich jung an Jahren, aber schon neugierig auf das Rauchen, denn meinem Vater ging die Pfeife nicht aus. Bis zum Kriegsende mussten abends noch die Fenster verdunkelt werden. Von dem Verdunkelungspapier riss ich mir gelegentlich ein Stückchen ab, drehte es zu einer hohlen Rolle, hielt ein Streichholz davor und zog den Rauch ein.

Auf der Streichholzschachtel war zu lesen: „Psst, Feind hört mit." Der Ortsbeauftragte der Partei, der allabendlich die Verdunkelung kontrollierte, klopfte öfter am Fenster, wenn er seinen Kontrollgang machte und rief: „Max, deine Verdunkelung ist undicht. Du kriegst eine Strafe, bring das in Ordnung." Behelfsmäßig wurde dann das Papier mit Hilfe von einem Mehlbrei überklebt; das wiederholte sich, wenn ich wieder ein Stück herausgerissen hatte. Den Rauch des Verdunkelungspapieres habe ich vertragen. Das alles war nun Jahre vorbei.

Schafgarbe, Spitz- und Breitwegerich, Schöllkraut, Brombeerblätter, Schlehen, Hagebutten und Weißdorn oder Mistel, von den Apfelbäumen geholt, rundeten die Sammlung der Heilkräuter ab. Die Kräuter wurden unter dem Giebel im Wohnhaus getrocknet und dann verkauft. Während des Krieges und jetzt waren sie noch sehr begehrt.

Diesen Mühen unterzog ich mich nicht, um mein Taschengeld aufzubessern – das gab es nicht – sondern um meiner Mutter zu helfen. Sie hatte nie genug Geld für den Haushalt, tat aber immer sehr geheimnisvoll, wenn der Kräuterhändler kam, die Kräuter auf sein Dreirad – dessen Auspuff qualmte und stank – geladen wurden und er dann in der guten Stube bezahlte. Denn das durfte ich nicht sehen.

Zum ersten Mal wurde mir bewusst, dass ich fast keine Freizeit hatte. Und heute, am ersten Ferientag im Jahre 1950, wollte ich umher Tollen, mich austoben. Deshalb sagte ich trotzig nein, als mir mein Vater aufgetragen hatte, „in die Beeren zu gehen." Meine Mutter schaute mich beim Mittagessen lange an, ihr Blick erweichte mich, ich gehorchte immer, wenn sie diese Waffe einsetzte.

Kleine, weiße Wolkenfetzen waren am hellblauen Himmel zu sehen. Der Sommer 1950 wurde auch als Hitzesommer bezeichnet. Es war heiß, zu heiß, besonders die Hackfrüchte verdorrten auf den Feldern und das Getreide stand dünn. Windstill und schwül war der Tag um zwölf Uhr und dreißig Minuten, als wir uns auf den Weg machten.

Ein Kribbeln reizte mich am Hinterkopf, es zog über den Scheitel bis zur Stirn vor. Das Kribbeln kündigte einen Umschwung des Wetters an. Seit meinem Treppensturz vor neun Jahren hatte ich immer Kopfschmerzen und ich spüre dieses Kribbeln. Die Vögel hatten keine Lust, ihr Lied zu singen. Ein untrügliches Zeichen, dass ein Gewitter nahte.

Bald wird Herbst sein, dachte ich. Dann galt es wieder, die Kartoffelsäcke von dem Acker auf den Wagen zu laden und zu Hause in den Keller zu schleppen. Später auch die Runkel, richtig genannt, die Rüben. Dazu musste der Korb vor dem Bauch getragen werden. Denn der Kellereingang war nicht hoch. Man musste sich bücken und das Kreuz tat weh. Mein Vater war nicht in der Lage, Kartoffel- oder Getreidesäcke und Körbe voller Runkelrüben zu schleppen. Das musste ich schon seit ein paar Jahren tun.

Genauso wie ich meinem Vater des Abends in der Ziegelei Baier helfen musste, wenn er Nachtschicht hatte. Dort arbeitete mein Vater seit kurzem als Brenner. Die Ziegelei Baier hatte einen Ringofen bauen lassen. Mit Bierbutten mussten die Briketts, die frei im Hof lagerten, hinaufgetragen werden, in den ersten Stock. Dort waren die Einfüllstutzen angereiht. (Bierbutten waren die Gefäße, mit denen das selbstgebraute Bier in den heimischen Keller getragen wurde. Das verlangte große Geschicklichkeit, damit das kühle Nass aus der Butte nicht heraus schwappte.)

Für mich war diese Arbeit auch sehr schwer. Denn die Butte blieb an den beiden Riemen, die über mein Kreuz gespannt waren, fest am Rücken. Ich musste mich seitlich neigen, damit die Briketts in die Brennröhre fallen konnten. So ging es Reihe um Reihe, seitlich hinunter mit der Last und wieder hoch. Das ging auf die Bauch-und Kreuzmuskeln und tat sehr weh. Da fragte ich mich schon, jetzt arbeite ich in der Nacht, aber bei Tage durfte ich keine Minute nach dem Gebetläuten zu spät nach Hause kommen."

Müde und widerwillig trottete ich hinter der „Gräfin" dem Wald entgegen. In der rechten Hand hielt ich die Aluminiumkanne, die drei Liter fasste. In der Linken eine Jacke und um den Bauch, mit einem Garbenstrick festgebunden, einen kleinen Becher, in dem ich die Heidelbeeren sammeln wollte, um sie in die Aluminiumkanne zu kippen.

Mindestens vier qualvolle Stunden hatte ich vor mir. Bücken, pflücken, zupfen – aufrichten, bücken, pflücken, zupfen – aufrichten, bis die drei Liter-Kanne gefüllt war. Mutter wollte einen „Schwarzebeeren-(Heidelbeer)- Kuchen" backen.

Die Stellen im Wald, wo es große Flecken mit Heidelbeersträuchern gab, an denen die Früchte reichlich hingen und auch praller wurden als anderswo, kannte ich. Meine Wege führten mich oft in den Wald. Zu allen vier Jahreszeiten brachte ich meiner Mutter Waldsträuße, pflückte Maiglöckchen und lernte bei meinen Streifzügen an den Sonntagen schon an der Blütenpracht die besten Flecken der Heidelbeere kennen.

Ich riss mich zusammen. Meine Abneigung, heute in den Wald zu gehen, legte ich ab, erhöhte mein Tempo, überholte meine Begleiterin an der Königsburg, die 533 m hoch liegt, und war als erster am Luchsenteich, dem angepeilten Ziel. Welch eine Enttäuschung, denn viele Beerensammler waren schon vor mir da. Meine Stimmung sank wieder auf Null und es dauerte lange, bis ich den ersten Viertelliterbecher leeren konnte. Elfmal sollte ich das wiederholen. Bei meinem heutigen Zustand unmöglich. Die Turmuhr von Nordheim schlug vier Mal, es waren erst knapp zwei Liter beisammen. Die Gräfin, so stellte ich fest, war gut drauf. Schon lange hatte ich sie beobachtet und gesehen, dass sie ihren Literbecher siebenmal geleert hatte. Ich umkreiste den Eimer, der aus ihrer Sicht hinter einer Fichte stand und tat so, als ob ich in seiner Nähe pflücken wollte. Immer näher wagte ich mich an das Objekt meiner Begierde heran.

Ich fasste Mut und griff mit meinem Becher in den Eimer einmal, zweimal, dreimal. Beim vierten Zugriff – in meinem Eifer hatte ich vergessen, die Gräfin zu beobachten – ertönte ein Schrei durch den Wald. Sie hatte mich beobachtet und den Diebstahl entdeckt.

„Du Dieb, du Dieb, ich sag es deinem Vater, ich sag es deinem Vater", wiederholte sie und bebte am ganzen Körper. Da stand ich, vor Schreck erstarrt, beschämt und wütend. Aus Scham, weil ich zum Dieb geworden war und aus Wut, weil ich mich hatte erwischen lassen. Was für mich in diesem Augenblick schwerer wog, vermochte ich nicht zu beurteilen. Die Angst vor den Schlägen meines Vaters, dem

Getratsche im Dorf, die Häme der Mitschüler oder die Schande, ein Dieb zu sein. Ich wollte fort, fort von der geifernden Gräfin, fort von dem Ort der Schande und rannte los.

Ohne Ziel und ohne Überlegung, ließ alles liegen und stehen. Fort, nichts mehr hören und sehen von der Schmach. Quer durch den Wald stolperte ich in Richtung Neustädtles. Es wurde dunkel, das Gewitter kündigte sich an, ich spürte es nicht. Ich rannte und rannte, verlor meine Schuhe, die mir zu groß waren, lief barfuß weiter über Stock und Stein. Keuchte, mein Atem wurde kürzer, an den Schläfen quollen die Adern rechts und links hervor, ich fiel hin, rappelte mich wieder auf, den Regen spürte ich nicht.

Blitz und Donner waren mir egal. Ich nahm Häuser wahr. Rannte weiter, immer weiter.

Wieder sah ich Häuser, reagierte nicht und musste plötzlich vor einem Schlagbaum anhalten. Sieben Kilometer. Über zwei Ortschaften hinweg war ich gerannt. Ich stand vor der Grenze zur Deutschen Demokratischen Republik.

Ein Grenzer sprach mich an, spürte meine Verwirrung. Nachdem ich meinen Namen und den meines Vaters genannt hatte, brachte er mich zum Bürgermeister nach Willmars. Die Frau des Bürgermeisters sprach beruhigend auf mich ein, gab mir ein Marmeladenbrot und ein Glas mit Brunnenwasser. Über das Bürgermeisteramt in Nordheim wurde mein Vater verständigt.

Banges Warten begann. Nach einer Stunde, inzwischen war es abends sieben Uhr, das Gewitter hatte sich verzogen, stand mein Vater plötzlich in der Tür des Amtszimmers. Ich erschrak! Traurig war sein Blick, sein Gesicht drückte Schmerz und Enttäuschung aus, gleich einem waidwunden Tier. In diesem Augenblick wusste ich, dass die Gräfin ihre Androhung wahrgemacht hatte.

Mein Vater sprach auf dem Weg kein Wort mit mir. Schweigend ging ich neben ihm und dem Fahrrad mit dem Gesundheitslenker die sieben Kilometer zurück. Ich hatte Zeit zum Nachdenken. Die Gräfin ging bei uns ein und aus. Sie half meiner Mutter beim Wäschewaschen, rubbelte mit auf dem Waschbrett, hängte die Wäsche auf und bügelte sie, wenn es sein musste. Wurde der Brotteig für den Bäcker vorbereitet und die Laibe aus Teig geformt, sie war dabei. Im Hause der Gräfin war ich oft zu Gast.

War zerstört. Das fühlte ich, war deshalb traurig und reuevoll. Wie sollte ich der stolzen, hilfreichen Frau wieder gegenübertreten? Ich wusste es nicht. Vor einigen Jahren hatte ich meiner Mutter die Eier gestohlen und den Amerikanern die Rosinen, das kam mir in den Sinn. Ich gab mir den Schwur, nie mehr zu stehlen.

Hätte mein Vater auf dem Heimweg geschimpft, wäre mir das recht gewesen. Er tat es nicht. Mich überfiel ein Zittern, Angst hatte ich, immer noch. Angst, vor den Schlägen meines Vaters mit dem selbstgemachten Besen aus Birkenreisig.

Zu Hause angekommen, weinte meine Mutter. Diesmal bekam ich keine Abreibung. Das war schlimmer als eine gehörige Tracht Prügel. Die Strafe der Missachtung meinerseits traf mich bis ins Mark. Am nächsten Tag ging ich zur Gräfin. Wollte mich entschuldigen. Sie sagte nur: „Na Du!" Was kommen musste, trat ein. Ein paar Tage später begann die Getreideernte. Unbarmherzig brannte die Sonne, ein Flimmern stand in der Luft.

Nach den Sommerferien 1950 war das letzte Schuljahr angebrochen. Unser Klassenlehrer war Max Mölter, gebürtig aus Wegfurt.

Unsere Lehrer hatten während der Kriegszeit oft gewechselt. Der beste Lehrer für mich war Anton Kuchar, der den Naturkundeunterricht auch in der Natur lehrte. Er wanderte plötzlich nach USA aus. Vor ihm war Lehrer Leiblein unser Lehrer, der entnazifiziert werden musste. Bis zu seiner Entnazifizierung verkaufte er von Haus zu Haus- Kochtöpfe und Küchengeräte. Wir Kinder hatten ihn gehänselt und ihn als Nazi beschimpft. Er war ein Schlägertyp, der es besonders auf mich abgesehen hatte. Offensichtlich hatte er mich besonders herausgehört, denn er sagte einmal, „Dich kriege ich auch noch," zu mir. Er bekam seine Lehrberechtigung wieder und hatte nunmehr freie Bahn sich zu rächen.

Einmal legte ich mich mit ihm an, als er mit seinem Haselnussstock auf mich losgegangen ist. Mit einem Ruck fasste ich den heran sausenden Stock, er zerbrach. Der Lehrer warf mich auf den Boden, klemmte mich zwischen seinen

Beinen und hieb auf mich ein. Aber den Rest des Stockes konnte ich fassen, und ich hieb meinerseits, auf die Waden des Lehrers ein. Eine Gaudi in der Schule entbrannte. Mädchen und Burschen standen auf die Bänke und riefen, Rudi, Rudi, Rudi. „Und nun gehe ich nach Hause," schrie ich den Lehrer an, als er schwer schnaufend aufhörte und nach Luft ringen musste. Diese Androhung machte ich nicht war. Denn Zuhause hätte mir so allerhand geblüht.

Ein anderes Mal nahm mich Lehrer Leiblein wieder aufs Korn, wie man so sagt. Diesmal musste ich ihm meine rechte Hand vorstrecken. Er packte sie im Handgelenk und schon sauste der Stock auf meine Finger. Das waren Schmerzen. Dann holte er zu seinem zweiten Schlag aus. In dem Moment als der Stock von oben herunter sauste, drückte ich meine rechte Hand nach vorne und der Stock zischte auf seinen eigenen Handrücken, der aufplatzte.

Der tägliche Trott im Elternhaus hatte sich nicht geändert. Pflichtbesuch zur Morgenmesse um 7.00 Uhr. Dann daheim Kaffee schlürfen und ab in die Schule. Schulschluss um 12.00 Uhr. Dann Mittagessen und ab aufs Feld. Hausaufgaben machen, ja, aber nur abends.

Eine Lehrstelle suchte ich mir. Bei den Firmen Siemens und Preh in Bad Neustadt a/d Saale schaffte ich es nicht eingestellt zu werden. Das Einstellungsverhältnis war 1:3, hieß es. Das bedeutete, von vier Neueinstellungen wurden drei bevorzugt, die schon Verwandte im Betrieb hatten. Und eine Neueinstellung, die keine Verwandte im Betrieb hatte.

Das war bei beiden Firmen, Siemens und Preh, so wurde mir von Arbeitern gesagt.

In meinem Wohnort bekam ich von der Raiffeisenbank eine Absage. Der Vorstandsvorsitzende Warmuth sagte mir, dass Siegfried Karlein 1952 eingestellt werde. Das war leicht zu durchschauen, denn Siegfried Karlein war der Schulfreund zu seinem Enkelsohn.

Bei der Deutschen Bundesbahn machte ich in Schweinfurt eine schriftliche und eine mündliche Prüfung. Beide Prüfungen hatte ich bestanden und wurde zur medizinischen Untersuchung nach Bamberg eingeladen. Mein Herz pochte auf der Hinfahrt vor Freude. Ich hatte mich schon auf einer Lock als Lockführer in die Ferne entweichen gesehen. Dann kam die Ernüchterung. Der Bahnarzt teilte mir ganz trocken und ohne Regung mit, dass ich einen Senk-Spreiz-und Knickfuß habe, und damit keine Möglichkeit bestehe, bei der Bahn angestellt zu werden.

Meine Berufsträume waren ausgeträumt. Keine weiterführende Schule, diese hatte mein braver Bruder Albin inne. Deshalb konnte ich auch kein Pfarrer werden. Auch kein Lehrer und kein Rechtsanwalt. Jetzt war mir alles egal. Ich brauchte etwas Neues, wichtig war nur eines: Weg von zu Hause, mindestens tagsüber und, eine Lehrstelle musste her.

Eines Tages kam mein Vater von Ostheim zurück. Er hatte verschiedene Nägel gekauft und bei der Firma Claus und

Klee das Mähmesser schärfen lassen. „Bei der Firma Eugen Klee kannst du das Tüncher-und Malerhandwerk erlernen. Am 1 September um 7.00 Uhr sollst du dort sein. Diesen Beruf wollte ich nicht. Aber ich hatte eine Lehrstelle. Mein Onkel Heinrich, der Bruder meines Vaters arbeitete dort als Geselle. Da der erste September 1951 ein Samstag war, musste ich erst am Montag, dem 3. September 1951 meine Lehrstelle antreten.

In den letzten Wochen bis zur Schulentlassung im Juli, sollten wir noch die Deutsche Schrift schreiben und lesen lernen. Das war nichts mehr für uns. Ernst haben wir diese Aufforderung nicht mehr genommen. Jahre später habe ich das sehr bereut. Denn ich fand Interesse an alten Schriftstücken, die in Deutscher Schrift, ob Sütterlin- oder Altdeutsch, geschrieben waren.

Das Ende des Schuljahres nahte. Die Klasse bestimmte mich, bei der Feier ein Gedicht aufzusagen und das Geschenk an Lehrer Mölter zu überreichen.

Das machte mich sehr stolz. Ein Gedicht aufsagen zu können, war für mich etwas Besonderes. Denn in der Kinderbewahranstalt wurde ich dafür nur selten ausgewählt. Und wenn, dann nur für zwei oder drei Zeilen.

Plötzlich war der Schulentlassungstag da. Das Programm für die Feierstunde im ersten Stock des Feuerwehrhauses stand fest.

Wir hatten als Geschenk für unseren Lehrer ein schönes Schnapsfässchen, mit 6 Krügchen, drei links und drei rechts an jeder Seite, bei der Fa. Jahn in Ostheim v/d Rhön, gekauft. Das Fässchen und die Krügchen waren wunderbar bunt bemalt, hatten stuckartige Verzierungen.

Je näher der Auftritt kam, je nervöser wurde ich. Mein Gedichtvortrag und die Übergabe des Geschenkes entwickelten sich zu einer ausgewachsenen Katastrophe. Ein Krügchen nach dem anderen fiel von meinen zitternden Händen befördert, auf den Fußboden und zerschellte. Am Schluss blieben nur noch zwei Krügchen übrig. Welch eine Blamage für mich.

Mein bisheriges Leben ist nicht nur negativ. Zu meinen bereits genannten, hatte ich noch ein paar schöne Erlebnisse. So zum Beispiel meine Tante Paula.

Tante Paula war die Fleckerä,- die Näherin- im Ort. Ihr Mann war schon mit 49 Jahren an einem Hirntumor gestorben und sie musste ihre 6 Kinder alleine durchbringen. In den Wintermonaten zog sie von Bauer zu Bauer, flickte die Kartoffel-und Getreidesäcke, die Hosen und Schürzen, die Bettdecken und Vorhänge und manches neue Kleid für die Bäuerinnen. Sie kam auch jeden Winter zu uns ins Haus. Schön war, dass es dabei etwas Besonderes zu Essen gab. Zum Kaffe gab es Brot, Butter, und selbstgekochtes Apfelgelee. Das war etwas ganz Besonderes, Denn dieses Gelee bekamen wir dann das ganze Jahr nicht mehr zu sehen. Viele, viele Jahre besuchte ich gerne die Tante Paula. Sie hatte immer ein gutes Wort und man konnte sich gut mit ihr unterhalten.

Besonders einprägsam war eigentlich eine traurige, gleichsam lustige Tatsache. Mein Opa mütterlicherseits, Andreas Streit aus Oberstreu, war gestorben. Ich bin mit meinem Vater zur Beerdigung mit dem Zug- auch Rhönexpress genannt, nach Oberstreu gefahren. Warum meine Mutter nicht dabei war, kann ich nicht sagen. Nach der Beerdigung wurde im Trauerhaus der Leichenschmaus- das Tröster Essen- gereicht. Die Tische waren beladen, mit selbstgemachter Butter und Wurst am Stück, Bier im Krug, Kaffe, Kuchen und die Schnapsflaschen. Auch ich hatte alles- zum Teil heimlich- ausprobiert. Es verging die Zeit. Mit dem letzten Zug, so um 19.15 Uhr fuhren wir von Oberstreu nach Mellrichstadt und mussten dort umsteigen, ins Fladunger Zügle. Mein Vater war nicht mehr gut bei Fuß. Er knickte ein, ich wollte ihn halten, er beschimpfte mich und so sah ich zu, wie er zum Bahnhof torkelte.

Endlich konnten wir im Zug Platz nehmen. Ich setzte mich mit etwas Abstand zu meinem Vater. Er fing an zu singen. Zuerst, das Lied, aus der Traube in die Tonne, aus der Tonne in das Fass. Aus dem Fasse dann o Wonne, in die Kehle in das Glas, usw. Mit seiner ersten Bassstimme hatte er nicht die nötige Tiefe, aber auch nicht die nötige Höhe der Tenorstimme des Liedes. Es klang fürchterlich, alle Insassen des Wagons lachten. Dann kam der Zugwechsel in Mellrichstadt. Alles war soweit gut und mein Vater hatte wieder Platz genommen, ich, wieder in einigem Abstand zu ihm.

Und plötzlich erklang das Kirchenlied, Maria zu lieben ist allzeit mein Sinn, aus der Kehle meines Vaters. Von Mellrichstadt bis Nordheim und nach dem Ausstieg bis in unsere Wohnung, sang mein Vater das Lied in allen Variationen eines betrunkenen Sängers. Im Nu war das Abteil des Waggons leer gesungen. Nach der Ankunft in Nordheim sang mein Vater zu Fuß weiter. Jede Begegnung mit Dorfbewohnern war der Lächerlichkeit preisgegeben. Verschämt, aber tapfer zog ich meinen Vater bis in unser Haus. Ließ ihn bei meiner Mutter stehen und verschwand in meinem Bett. Während mein Vater schon schnarchte, hörte ich meine Mutter noch lange schimpfen. Ich lachte! Zum ersten Mal hatte ich eine Schwäche bei meinem Vater entdeckt, den ich von da ab, nie mehr betrunken gesehen habe.

MEINE LEHRZEIT

„Am Montag, dem 3. September 1951 trat ich in Ostheim v/d Rhön bei der Firma Eugen Klee, meine Lehre als Tüncher und Verputzer an. Täglich neun Stunden, vom morgens um 7 Uhr bis abends um 17 Uhr an fünf Tagen in der Woche. Und am Samstag noch einmal fünf Stunden von 7-13 Uhr. Danach Aufräumen der Werkstatt und des Lagers. Nicht selten waren es 60 Stunden in der Woche. So gesehen war ich ein billiger Handlanger, für 6,25 DM pro Woche, im ersten Lehrjahr, im zweiten waren es 8,25 DM und im dritten, 9,75 DM.

Der Mörtel wurde noch mit der Hand in einer großen Eisenpfanne angerührt. Es gab noch keine elektrischen Rührwerke. Der Mörtel wurde mit sogenannten Rührhaken, an langen Stielen angebracht, in der Eisenpfanne unter Zugabe von Sand, Kalk, Zement und Wasser hin-und hergeschoben, bis er so elastisch war, dass er verarbeitet werden konnte. Jeden Montag musste ich bei bestimmten Frisör-Geschäften die abgeschnittenen Kopfhaare holen. Diese wurden in den Mörtel (Speis, im Sprachgebrauch,) eingerührt. Das erschwerte die Rührarbeit noch einmal sehr.

Nebenher musste ich noch den Garten der Chefin versorgen. Das meistens während der Mittagstunde. Denn ich bekam von meinem Chef mein Mittagessen. An einem kleinen Nebentischchen konnte ich drei Jahre lang Platz nehmen. Die Familie meines Chefs war evangelisch. Zu meinem Erstaunen gab es täglich Fleisch. Im Sommer, wenn die Kirschen und Erdbeeren reif waren, musste ich nicht in den Garten. Nur bei der Frühjahresarbeit und im Herbst, wenn abgeerntet war. Warum wohl?

Die Gesellen waren rau. Kein gutes Wort fanden sie für mich. Oft unterbrachen sie die Arbeit unter der Arbeitszeit und tranken Bier in einem nahen Gasthaus. Mein Chef fuhr ein Sachs-Motorrad. Kam er angefahren, brüllten die Gesellen, „du Saustift schaff was, bringe Speis (sprich Mörtel) zu uns herauf." Wir Lehrlinge hießen damals nicht Auszubildende, sondern wir wurden Stift genannt. Und so schleppte ich drei Jahre lang in einer verstärkten Blechwanne, die Vogel genannt wurde, voll beladen auf meinen Schultern den Speis für die Herren Gesellen auf das Gerüst. Diese nahmen mir den Mörtel oben angekommen nicht ab. Nein! Ich musste durch das Gerüst mit der Last auf den Schultern kriechen, und den Herren selbst den Mörtel in ihre Putzer-Wanne-Mörtelkübel, ausleeren. Das ging gewaltig auf die Kreuzbänder und kostete viel Kraft.

Eines Tages brüllten die Gesellen wieder los, als der Chef mit seinem Sachs angeschnurrt kam. Er stieg ab und sagte zu mir: „Junge, du bist tüchtig, geh mit mir, wir trinken ein Bier!" Das hatte gesessen. Kein Wort kam über die Lippen der Gesellen. Und ich genoss dieses Lob für die restliche, schwere Zeit meiner sogenannten Lehre. Das Verhältnis mit meinen Gesellen war danach etwas besser. Aber gelehrt haben sie nicht. Alles sollte man können.

Damit ich nach Ostheim nicht zu Fuß gehen musste, kaufte ich mir ein neues Fahrrad. Marke Stürmer. Ohne Gangschaltung. Kosten: 120 Deutsche Mark (DM). Der Händler, mit Namen Hahn, hatte sein Geschäft in Heufurt. 48 Wochen lang, bezahlte ich 2,50 DM in Raten. Und so fuhr ich bei Wind und Wetter das ganze Jahr über nach Ostheim. Drei Jahre lang.

Die Winterzeit war damals eine schöne Zeit. Übermütig tollten wir, die Jugendlichen, durch das Dorf. Es wurde in den Wintermonaten zeitig Nacht. Das war gut so, denn wir wurden nicht gesehen oder weniger gut erkannt. Uns gehörte bislang die Welt. Bei Hausschlachtungen im Ort standen meistens die Wurstkessel im Hof. Und so wussten wir genau, wo Hausschlachtungen durchgeführt wurden. Manche Wurst verschwand aus dem Kessel, wenn der Hausherr das Rühren unterbrach, und im Haus Holz für die Feuerung holte Wir ärgerten bestimmte Leute, indem wir an den Fenstern klopften, oder die Hofhunde zum Anschlagen brachten.

War genügend Schnee gefallen, so spannten wir drei oder vier Schlitten aneinander. Und fuhren von der Unteren Eller, die Siedlungsstraße entlang an den Kindergarten vorbei über die Ostheimer Straße, der B 285, in die Schafgasse zur zugefrorenen Streu. Natürlich mit Mädchen. Das war eine Gaudi, die aber nicht jedes Jahr gelang.

Dann hatten wir noch eine Hoppelbobbahn. Die war sehr kurz, lag zwischen dem heutigen Anwesen der Fa. Bauß und Herbert und der Neubausiedlung am Hang. Mein Bruder Hans fuhr da hinunter und blieb an einer gefrorenen Ackerscholle mit seinem rechten Fuß hängen. Dieser Fuß war gebrochen, ich bekam meine Ranze voller Hiebe und eine Kuh musste verkauft werden, weil keine Krankenversicherung abgeschlossen wurde. Das lag Jahre zurück. Ich war noch in der Volksschule.

Unser Übermut in der Lichtstube war groß. Nach vorheriger Absprache mit dem einen oder anderen Mädchen, besuchten wir deren Eltern. Zwei Burschen unterhielten sich in der Küche, weitere zwei suchten die Räucherkammer und den Most. Eine Wurst oder Schinken wechselte den Besitzer und der Most wurde in einen Eimer abgefüllt. Schadenfroh verzehrten wir dann die so geraubten Speisen und Getränke in unserem Treffpunkt. Die Mädchen wussten Bescheid und so gab es keinen Ärger.

Inzwischen habe ich viel gelesen. Dazu gehörte die Tageszeitung, der Rhön- und Streubote, der in Mellrichstadt gedruckt wird. Allerlei Liebesromane und Westernheftchen konnten aber meinen Wissensdurst nicht stillen. Das waren wirklich Schundromane. Die Bücher von Karl May, schärften meine Vorstellungswelt und Phantasie. Ich glaubte, ganz Amerika zu kennen, so habe ich mich in die Landschaften und Handlungen vertieft. Aber meinen Wissensdurst stillten auch diese Bücher nicht.

Die Gemeinde hatte eine Bücherei angeschafft, die mein Taufpate Rudi Spiegel verwaltete. Da wählte ich aus was mir gefiel. Ich fand das Buch, „Die Brüder Karamasow", dann „Schuld und Sühne", beide von Fiodor Michailowitsch Dostoijewski, „Krieg und Frieden" von Leo N. Tolstoi. Zahlreiche Bergromane von Ganghofer und Hans Ernst, dann später die Bücher von Heinrich Böll und Günter Grass, als ich schon älter war.

Bereits im Winter 1951/1952 konnte ich meine Blamage von der Schulentlassungsfeier wieder ausgleichen. Die Kolping-Familie Nordheim veranstaltete zur damaligen Zeit immer den Faschingskehraus am Dienstag, dem letzten Faschingstag im Jahr. Mir wurde angetragen, mitzumachen und ein Gedicht aufzusagen. Und ich hatte großen Erfolg. Die Scharte vom Schulentlassungstag war ausgewetzt. Gleichzeitig wurde ich auch Mitglied bei der Ortsgruppe Adolf Kolping, mit Hauptsitz in Köln. Ein Jung- Kolping-Sohn war ich nun.

Im Nordheimer Saal des Basaltwerkes wurden Filmvorführungen gezeigt. Ölschlägels Lichtspiele mit Hauptsitz in Mellrichstadt., sonntags um 19.00 Uhr. Der Film „Die Sünderin" wurde eines Tages angezeigt. Unser Präses, Pfarrer Franz Lang, Ortspfarrer von Nordheim, beauftragte mich mit einigen anderen zu beobachten, wer in diesen von der katholischen Kirche verbotenen Film gehen würde. Diese Menschen auch an den Pfarrer zu melden. Denunzieren an den Pfarrer, das wollten wir nicht. Dennoch, wir nahmen den Auftrag an, denn wir hatten ein anderes Interesse.

Der Sonntag der Aufführung kam. Wir hatten vereinbart, dass wir als erste in den Saal hineingehen, und ganz lange nach dem Schluss erst wieder herausgehen werden. Warum? Die billigen Plätz, damals für 80 Pfennige waren die sogenannten Frisörplätze ganz vorne in der ersten Reihe des Saales. Man musste also nach oben schauen um etwas zu sehen. Gesagt getan, wir kauften eine halbe Stunde vor Beginn die Frisörplätze und duckten uns vorne in der ersten Reihe. Gebannt schauten wir auf die Leinwand. Es geschah nichts Aufregendes. Nachdem ich ja das Aufklärungsbuch meiner Mutter studiert hatte, konnte mich gar nichts erschüttern von dem, was da über die Leinwand flimmerte.

Wie vereinbart gingen wir heraus aus dem Saal, die Menge der Zuschauer war schon weg. Als dann Pfarrer Franz Lang beim nächsten Kolping- Abend fragte, wer in diesem Skandalfilm gewesen sei, sagten wir übereinstimmend, wir hätten niemanden gesehen. Was ja auch stimmte.

Mein sportliches Interesse wandelte sich. Fußballspielen und Leichtathletik machten mir mehr Spaß. Im Männerchor des Gesangverein Nordheim sang ich im ersten Bass. Folglich spielte ich auch dort beim Laienspiel mit. So kam es, dass ich manche Jahre im Winter bei drei verschiedenen Vereinen auf der Bühne stand. Kolping, Gesangverein und der Turn-und Sportverein (TSV) Nordheim, veranstalteten damals Aufführungen. Ich fühlte mich bestätig und es ist mir so gesehen, gut gegangen.

Meine Liebe zu den Ortsvereinen, insbesondere zum Gesang, zum Theaterspiel und zum Fußballspielen lenkten mich von meinem Zuhause ab. Das war auch wichtig so. Die große Sehnsucht nach Wärme war geblieben.

Meine Gesellenprüfung, abgelegt am Montag, dem 6. Dezember 1954 hatte ich bestanden, obwohl ich nicht gelernt hatte zu tapezieren, Borten oder Striche mit einem Lineal zu ziehen. Was ich mir selbst beigebracht hatte, reichte nicht aus für eine gute Bewertung. So hatte ich im Praktischen eine drei- im Theoretischen ein zwei in der Benotung. Dass ich bei meinem Onkel Heinrich auch bei Stuckateur Arbeiten mitgeholfen hatte, gehörte nicht zu den Prüfungsfächern.

Mein Berufsschullehrer Zottmann sprach nach der Prüfung mit mir. Er meinte: „Sie haben den Beruf nur erlernt, um von der Straße zu kommen. Gelernt haben Sie in den 3 Jahren nicht viel, sagen Sie das Ihrem Chef." Dieser Lehrer hatte erkannt was los war. Inzwischen war ich 17 Jahre alt.

DER KIRCHWEIHBRAUCH.- DIE LICHT-ODER SPINNSTUBE.

Meine ureigenen Wahrnehmungen und Erlebnisdarstellungen zu diesem Thema will ich wiedergeben.

Der Kirchweihbrauch ist ein Begriff, der sich entwickelte. Die katholischen Gemeinden feierten früher den Tag der Kirchweihe in ihrem Ort. Die Kirche in Nordheim wurde 1696 / 1697 erbaut und am 27. August 1708 durch Weihbischof Dr. Johann Bernhard Mayer eingeweiht (Max Mölter, Heimat an der Streu, 1200 Jahre Nordheim v/d. Rhön 1989). Wie lange wurde das Fest der Kirchweih christlich gefeiert? Ich kann es nicht sagen. Der Namenspatron der Kirche, in meiner Heimatgemeinde ist Johannes der Täufer. (24. Juni) Groß wurde das Patronatsfest damals immer am Tag gefeiert. Das bestätigten mir ältere Dorfbewohner.

Die ganze Verwandtschaft kam da zusammen. Und es gab das berühmte fränkische Hochzeitsessen an diesem Tag. Als Vorspeise die Rindfleisch-Nudelsuppe mit Leber-Klößchen. Natürlich selbstgemacht. Dann hauseigener Meerrettich (auch Kren genannt) aus den Garten, oder vom Feld. Der Meerrettich wuchs meistens an den Ackergrenzen zum Nachbarn. Dann noch selbstgemachte breite Nudeln, knusperig gebacken, dazu die berühmten Preiselbeeren, Mußgöögerlich in unserem Sprachgebrauch. Nicht zu vergessen das Rindfleisch. Ganz köstlich das Beinfleisch vom Rind. Danach gab es Pudding mit Holundergelee oder dicken Himbeersaft.

Die Martini-Kirchweih für die Jugend Anfang November und das Patrozinium im Juni, waren immer ein Grund zum feiern, auch wenn es mitten in der Heuernte war. Die Bauern haben diesen Tag in meiner Kindheit geachtet. Niemand ging aufs Feld.

Heute wird in unserer Gemeinde wie überall das Patronatsfest nicht mehr am Tag gefeiert, es sei denn der 24. Juni fällt auf einen Samstag oder Sonntag. Die Landwirte bearbeiten inzwischen ihr Feld wie es gerade passt. Auch sonn- und feiertags. Der Tag der Kirchweihe wird kaum noch erwähnt, ein Fest findet deswegen nicht mehr statt. Das Wort Kirchweihbrauch ist geblieben.

Die Begriffe Lichtstube und Spinnstube bedürfen einer Deutung.

Die Winterabende in der Rhön waren lang. Es musste an allem gespart werden um, „Über den Winter zu kommen." Auch als die Elektrizität in die entlegenen Dörfer der Rhön kam. Es brannten überwiegend nur 25- oder 12,5 Watt-Birnen in den Stuben.

Im Winter wurde nur eine Stube beheizt. In dieser Stube haben sich die Familien getroffen. Das war die Lichtstube.

Ebenso auch die Spinnstube, denn die Omas und Mütter Sponnen (spinnen) mit großer Fingerfertigkeit aus der Schafsschur die berühmte Schafswolle mit ihren Spinnrädern. Daraus wurden Handschuhe, vor allen Dingen Strümpfe, Strickjacken und warme Schals gestrickt. Diese Fertigkeiten vermittelten die Frauen an ihre Töchter und Enkelinnen weiter. Es gab auch Männer, die das Spinnrad beherrschten.

Und dort wo Mädchen waren, trafen sich auch Burschen, die Stuben waren beheizt und es wurde gesungen und gespielt, erzählte mir ein alter Mann, und grinste dabei unverschämt. Gespielt wurde aber erst dann, wenn Oma und Opa, Vater und Mutter im Bett waren.

Aus dieser allgemeinen Situation entwickelte sich der Begriff, „wir gehen in die Lichtstube." Mit der Zeit fanden sich mehrere Burschen zusammen, fragten einen Bauern ob er eine Lichtstube freigeben würde, und, er solle auch der Lichtstubenvater sein.

Bei den Mädchen war es ebenso, dort wurde der Begriff Spinnstube verwendet. Natürlich war die verantwortliche Frau die Spinnstubenmutter.

Im Ort gab es drei oder auch vier Lichtstuben, manches Mal auch weniger, ebenso auch Spinnstuben. Meistens vier bis sechs Jungen und Mädchen. Woraus, und zu welchem Zeitpunkt sich der Kirchweihbrauch entwickelte, konnte mir bisher niemand sagen. Natürlich mussten die Spinnstubenbesucher ein Wärme-und Lichtgeld bezahlen. Der Betrag wurde auf die Zahl der Besucher umgelegt und so waren es immer nur ein Paar Pfennig pro Woche. Schon vor dem ersten Weltkrieg sei dieses Brauchtum ausgeübt worden. Jedenfalls ist dieser Brauch ein Ausbruch von Freude und Lebenslust. „Oje, boos homm miä für Sache gmocht," Richtig: „O je, was haben wir für Sachen gemacht, erzählte mir ein alter Mann, und eine alte Frau? „On die Jonge worn ganz büüse," - sie lachte herzlich, und zwinkerte ganz listig mit ihren Augen. Richtig: „Und die Jungen waren ganz böse."

Ich kann mich noch gut an die Nachkriegszeit, der Jahre 1946, 47 und folgende erinnern. Da zogen Burschen und Mädchen unter den Klängen der Musik- Kapelle in den Fränkischen Hof zum Kirchweihtanz.

Wie kommt es zu den Tanzpaaren? Auch das ist eine Entwicklung der Zeit.

Die Burschen der verschiedenen Lichtstuben taten sich zusammen. Sie wählen schon lange vor der Kirchweih, die Anfang November an einem Wochenende stattfindet, ihren sogenannten (Plootzknacht), den Anführer, der die Verantwortung übernimmt. Am Freitagabend vor der Kirchweih- in Bayern ist es die Martinikirchweih, werden die

Mädchen, die zum Tanze geführt werden, „eingekauft." Und das ist - je nach persönlichen Empfindungen, hart bis sehr hart, zum Teil auch unter der Gürtel Linie, wobei ich von meiner aktiven Zeit rede.

Mit ihren federgeschmückten Hütchen ziehen die Burschen am Freitagabend vor der Kirchweih von Wohnung zu Wohnung der Mädchen. In der Hand eine volle Schnapsflasche für den Vater des Mädchens und mit viel selbstgedruckten- oder jetzt abgelichteten Papiergeld. Ein anderer Kirchweihbursche trägt in einer Tasche weitere Schnapsflaschen als Reserve.

Der Plootzknacht erklärt dem Vater des Mädchens, dass er eine Kuh kaufen möchte, wobei das Mädchen gemeint ist, das mit in den Tanz einziehen soll. Die Mädchen hatten vorher schon ihr Einverständnis mitgeteilt.

Der Vater preist sein Mädchen an. Es muss sich auf einen Stuhl stellen, um besser betastet und beäugt werde zu können. Dann geht das Gefeil`sche (Handeln) los. Der Vater verlangt weit über den normalen Preis, der zum Zeitpunkt der Kirchweih für eine Kuh bezahlt werden müsste. Der Plootzknacht, (auch Kuchenchef) und andere Burschen betasten das Mädchen und stellen nach ihrer Meinung Defizite fest, die sie auch aussprechen.

Unter Alkoholeinfluss fallen da Worte, die ich hier nicht wiederholen will. Einigung wird immer erzielt, denn das Mädchen will mitmachen, der Vater bekommt seinen

Schnaps, sein vereinbartes Geld und die Jugendlichen ziehen weiter zum nächsten Anwesen, wo wieder eine „Kuh" zu kaufen ist. Das ist anstrengend und je nach Kondition erschwerend und auch ungesund. So mancher Kreislaufkollaps ist da schon eingetreten.

Am Samstag wird der Kirchweihbaum aufgestellt. Die Kirchweihburschen müssen ihn aus dem Wald holen. Das passiert am frühen Samstagmorgen. Die Gemeinde stiftet diesen, die Kirchweihburschen verkaufen nach dem Fest den Baum und frischen ihre Kasse auf.

Die gekauften Mädchen haben die Aufgabe den Baumkranz zu winden, der an die Spitze des Kirchweihbaumes angebracht wird. Firmen aus dem Ort spenden Gutscheine, die sich dann die Kletterkünstler abholen können. Einfach ist das nicht, denn der Baum wird glatt geschält.

Auch ich hatte es vor Jahren mehrmals probiert, hinauf zu klettern. Mit meinem fetten Hintern konnte das nicht gelingen. Nach 3 Metern rutsche ich entkräftet auf die Pflastersteine des Marktplatzes ab. Ich bin eben ein bodenständiger Mensch. Hahaha! Und weiter!

Das Aufstellen des Baumes erfolgt bei uns noch in alt hergebrachter Weise. Der Baum liegt der Länge nach auf dem Marktplatz. Der Rumpf des Baumes wird so gelegt, dass er in die Vorrichtung, dem Loch auf dem gepflasterten Marktplatz hineinrutschen kann.

Es ergibt sich von selbst, dass die Kirchweihburschen nicht alleine gelassen werden mit dem Aufstellen des Baumes. Das würde auch nicht klappen, geladen wie diese an den Kirchweihtagen sind. Ältere Männer finden sich auf dem Marktplatz ein.

Von diesen gibt ein Mann das Kommando. Mit Holzgabeln - zwei Holzstangen sind an der Spitze mit einer etwa 30 cm langen Kette verbunden - hieven (heben) 4-5 Männerpaare den Baum ruckweise von der Spitze angefangen hoch. „Hau Ruck," ist das Kommando. Das hintere Paar kommt nach vorne und so reiht sich das versetzt aneinander bis der Baum in das vorgesehen Erdrohr auf dem Marktplatz hineinfällt. Er wird verkeilt und steht fest.

Dann folgt ein Hurra, die Musikkapelle spielt auf und es gibt Zwiebelkuchen, (Zwiebelplootz) mit Rahm und Fettgrieben obendrauf, Bratwürste, Punsch, natürlich auch Schnaps und Bier.

Der spannende Moment erfolgt am Samstagabend. Die gekauften Mädchen werden unter den Burschen verlost. Natürlich hat jeder schon seine Auserkorene. Das hilft aber nichts. Denn das Los entscheidet. So mancher Bursche ist nach der Auslosung enttäuscht.

Die Burschen, laden ihre Mädchen vor dem Tanze am Abend zum Essen, sind dann Gäste am Sonntag, bei der Familie ihrer zugelosten Kirchweihfrau. Zurzeit wird am Samstagabend der Kirchweihtanz ausgerufen. Im Gasthaus zum Fränkischen Hof ist seit jeher dieser Tanz. Seit ein paar Jahren ist das nicht mehr so. Der ehemalige Obstlagerkeller ist eine Ausweichmöglichkeit.

Die ausgelosten Paare spielt die Musikkapelle in den Tanzsaal. Die Herbstgööger (Herbstgoggel) werden die Kirchweihburschen auch genannt. Am Sonntag Früh folgt die Kirchenparade. Je nach Laune macht der Pfarrer auch seine Bemerkungen, wie zum Beispiel ob alle ausgeschlafen hätten, es sähe aber nicht danach aus.

Um 13.30 Uhr sammeln sich die Kirchweihpaare am Kindergarten. In diesem Jahr am Linsenbrunnen. Sie ziehen dann wieder mit der Musikkapelle auf den Marktplatz. Es folgt der Tanz um den Kirchweihbaum. Dabei ist sehr gut zu sehen, wer ausgeschlafen hat und wer nicht. Ich zum Beispiel war einmal so besoffen, dass ich mit meinem Mädchen an den Kirchweihbaum krachte. Gott sei Dank, hatte ich instinktiv das Mädchen vom Baumstamm ferngehalten. Dafür donnerte ich mit voller Wucht meinen Kopf an den Stamm. Ich sah Sternchen. Aber es ging weiter, immer im Kreis herum. Wobei sich der Kreis von selbst drehte.

Danach nimmt der Plootzknacht seine Mannschaft aufs Korn. Wochenlang vorher wurde unter Beteiligung aller über jeden Teilnehmer ein Gedicht- oder eine Darstellung der Persönlichkeit vorbereitet. Für die Burschen und für die Mädchen. Auch diese „Würdigung" ist deftig. Die Herbstgööger bringen um diese Zeit kaum noch ein Wort hervor. Die Stimmung ist sehr gut, auf dem Marktplatz haben sich wieder viele Bewohner versammelt, um die Rede zu hören. Dann endet die Kirchweih mit Kaffee und Kuchen im nahen Gemeindesaal.

Hervorzuheben ist, dass die Kirchweihburschen und Mädchen das erwirtschaftete Geld für einen guten Zweck, meistens für den Kindergarten spenden. Soweit meine persönlichen Erfahrungen.

JUGEND

Ich war dreimal als Kirchweihbursche dabei. Wir waren damals zwei Gruppen im Ort. Eine Gruppe war in der heutigen Judengasse, beim Fredi, und die Gruppe der ich angehörte, im unteren Dorf beim Edi.

Edis Mutter war jung gestorben. Seine Oma, die ihn großgezogen hat, hörte nicht mehr gut. Sie hatte ihr Zimmer im ersten Stock des Hauses. Das kam uns entgegen.

Im Herbst gab es viel zu tun. Deshalb halfen wir samstags auf dem Feld oder im Stall den älteren Bauern für Essen und Trinken.

Die Landflucht war überall zu spüren. Junge Leute verließen ihre Eltern samt Haus und Hof, um in der Stadt das große Los zu gewinnen.

Wir- die Kirchweihburschen- sind auch mit zur Treibjagd gegangen. Natürlich sorgten wir selbst dafür, dass wir eingeladen wurden. Das hatte seinen Grund.

Bei der jährlichen Treibjagd wurden damals noch mehr als 70 Hasen erlegt. Diese mussten nach der Jagd mit Handwägelchen nach Hause gekarrt werden. Und es geschah, dass ein Hase vom Wägelchen heruntergefallen ist, und dann noch einer. Zwei Hasen für 6 hungrige, junge Kerle waren nicht zu viel.

Diese Hasen wanderten dann in den Kochtopf bei Ludwig. Die Oma hat davon nichts gehört. Ludwig war der Koch. Er konnte rohe Kartoffel Klöse, zubereiten brachte eine gute Braten-Sauce zustande und die Hasen wurden nach und nach auch braun. Ein Hase in der Bratröhre und der andere in einer Pfanne auf dem Herd. Dieser glühte, so wurde nachgelegt.

War das ein Festmahl. Und alles ganz heimlich, bis es an der Haustür klopfte.

Draußen stand der Waldhüter. Wir waren erschrocken. Ich fasste eine Schnapsflasche und eilte nach draußen „Karl," sagte ich, „trinke erst mal einen. „Wollt ihr mich dann net nei less," sagte er, „Ich well euch doch närre söö, bu der Kermes Bam em Waald stedd," sagte er im Dialekt. („Wollt ihr mich nicht hineinlassen, ich will euch doch nur sagen wo der Kirchweihbaum im Wald steht.") Das war knapp, Gott sei Dank war der Waldhüter mit dem Schnaps zufrieden und ging seiner Wege.

Auch in unserer Gruppe wurden die Finanzen streng gehandhabt. Konnte einer nicht bezahlen, so musste er Materialien, in Form von Schnaps und Hausmacherwurst erbringen. Der Eintritt für eine Tanzveranstaltung im Fränkischen Hof kostete damals 1,10 DM. Davon mussten 10 Pfennige für das Notopfer Berlin abgeführt werden. Ein Kirchweihbursche von unserer Gruppe bekam zum Beispiel nur 1 DM für den Tanzabend. Sein Vater, ein bekannter Schnapsbrenner, hielt seinen Sohn sehr kurz mit Geldzuwendungen. Der Sohn bezahlte von Fall zu Fall seinen Beitrag mit Schnaps.

Mein Wunsch auf eine Partnerschaft blieb unerfüllt. Warum? Ich kann es nicht sagen. Die Mädchen meiner Heimatgemeinde Nordheim wollten von mir nichts wissen! Warum, weiß der Himmel warum.

ENDLICH VERLIEBT

Am Sonntag, dem 30. Januar 1955, war der Kegler- Ball im Gasthaus zur Post. Für die Kirchweihburschen, die als ordentliche Trinker bekannt waren, wurden Plätze im Tanzsaal reserviert. Die Verantwortlichen wussten, warum sie das taten.

Den ersten Tanz hatte ich hinter mich gebracht. Danach sah ich, schon leicht beschwipst, schräg über den Saal hinweg, an der gegenüberliegenden Seite ein junges Mädchen sitzen. Direkt neben Burkhard Hochgesang, der ebenso bei der Kolping Familie Theater spielte. Gleichzeitig hatte unser Plootzknacht, auch das Mädchen entdeckt und machte sich bereit, es zum Tanze aufzufordern.

Ich hielt ihn zurück und sagte: „Dieses Mädchen ist meins."
Sie lachte, als ich vor ihr stand, nein, sie strahlte mich an, so, als ob eine Last von ihr gefallen wäre. Ich lachte zurück, als ich mit ihr den ersten und schönsten Tanz meines Lebens begann. Das war herrlich! Auf die Sekunde unserer Begegnung haben wir uns verstanden. Wir konnten miteinander reden, als ob wir uns schon Jahre gekannt hätten. Den ganzen Abend schwebten wir über den Tanzboden dem siebten Himmel entgegen. Ich spürte Wärme, die mich durchströmte, auf die ich so viele Jahre verzichten musste. Mir schwanden fast die Sinne vor Glück. Wir verabredeten uns auf den kommenden Sonntag. Sie sei bei ihrer Schwester Hildegard, die mit Burkhard Hochgesang verheiratet ist und in Nordheim wohnte.

Diesen Sonntag konnte ich kaum erwarten. Ein Grund musste her, warum ich den Besuch bei Hochgesang machte. Burkhard Hochgesang war Schuhmacher. (genannt „der Schuster," im dörflichen Sprachgebrauch.) Und so riss ich mit einer Zange von meinen Fußballschuhen die Lederstollen herunter, und machte mit den kaputten Fußballstiefeln unter dem Arm meinen Besuch. Der „Schuster" war nicht anwesend, aber mein Mädchen Paula, mit Familiennamen Heid, war da. Welch eine Freude! Sie wohnte in Hillenberg, einem Weiler in der Rhön, 677 Meter ü NN, der Gemeinde Hausen Rhön zugehörig. Drei Bauern bewirtschafteten dort ca. 60 ha. Die Familien Glotzbach, Tratt und Heid.

Wir lernten uns kennen und lieben. Auf einmal war sie da, eine schöne, eine herrliche Zeit. Mein Schatz erzählte mir, dass sie mich schon länger beobachtet hätte. Beim Theaterspielen und auch bei den Feiern danach. Denn Burkhard Hochgesang, ihr Schwager, war auch dabei. Ich hätte sie aber nie beachtet. Das tat mir weh, stimmte aber, denn ich konnte mich nicht besinnen, sie gesehen zu haben.

Es war eine Zeit ohne „Handys". Man konnte sich nur von Woche zu Woche verabreden und das bedeutete, lange 7 Tage Erwartung auf die neue und schöne Begegnung. Zunächst bin ich mit meinem Fahrrad gefahren. 347 Höhenmeter habe ich bei jedem Besuch in Hillenberg überwunden. Ohne Gangschaltung, die Adern an den Schläfen quollen hervor, so strengte ich mich an. Half abends nach Feierabend auf dem Hillenberg. Beim Bau des Schweinestalles, oder bei der Ernte des Heus, der Rüben und Kartoffeln.

Vorehelichen Geschlechts-Verkehr gab es damals nicht. Sie, liebe Leserin, lieber Leser, lächeln vielleicht mitleidig. Aber es war so. Nicht leicht zwar, aber ich konnte meine überschüssige Kraft zum Beispiel auf meinem Fahrrad loswerden.

Es war im Herbst 1957. Gegen ein Uhr des nachts fuhr ich mit meinem Fahrrad, Marke Stürmer, von Hillenberg nach Hause.

Petting war Mode geworden. Das erregte, ersetzte aber den Beischlaf nicht. Heute sagt man unter anderen Bumsen, Schnackseln oder Poppen dazu. Das schöne Wort, „Beischlaf" ist in Vergessenheit geraten.

Von Hillenberg nach Roth und Stetten ging es bergab. Das Tempo mit meinem Rad war hoch, und ich bin unachtsam geworden, denn es drängte mich nach Hause in mein Bett. Kurz vor Stetten geschah es. Eine quer über die Straße gezogenen Wasserrinne hatte ich übersehen. Sie verursachte einen Sturz von meinem Rad, doch vorher stauchte ich meine dicken Hoden so auf den Sattel, dass ich laut in die Nacht hinein aufgebrüllt habe. „Himmel Herrgott Sakrament" fluchte ich lauthals, ganz im Stil meines Vaters. Mein geliebtes Fahrrad rutschte am Graben entlang zu einer Schlehenhecke hin und blieb liegen. Es war nicht beschädigt.

Vier Jahre sind dabei im Nu vergangen. Inzwischen hatte ich mir ein Kleinkraftrad, eine Zündapp „Combinette" gekauft. Sonntags kam mein Schatz mit dem Fahrrad vom Hillenberg herunter zu Besuch bei ihrer Schwester. Wir fuhren zu den Festen. Mit meinem Kleinkraftrad, linker Hand hielt sich Paula an meiner rechten Schulter fest, mit der rechten Hand lenkte sie ihr Fahrrad, und so sind wir über das Land gefahren. Eine Polizei mit PKW gab es selten oder gar nicht.

Eine herrliche Zeit! Herrlich war es sonntags auch auf der Hoch Rhön, wenn Paula dran war, die 55 Kühe der drei Bauern auf die Weide zu treiben. In den fünfziger Jahren des vorigen Jahrhunderts gab es auf der Hoch Rhön kaum Straßenverkehr. Die Wege waren noch geschottert. Selten kam ein Wanderer vorbei. Mancher Bauer schaute zu Fuß nach seinen Rhönwiesen. Hatte er ein Moped, so musste er tüchtig strampeln, um seinem Motor bergauf Hilfe zu geben.

Die Schlager, „ich tanze mit dir in den Himmel hinein, in den siebenten Himmel der Liebe." Oder, "machen wir`s den Schwalben nach, bauen uns ein Nest." Dann der Gassenhauer „die Fischerin vom Bodensee, ist eine schöne Maid juchhe," und so weiter, verursachten eine Stimmung voller Lebensfreude. Dazu die wöchentlichen Bergfilme, deren Grundstoffe die Romane von Ganghofer lieferten, die Wilddieb-Filme, kurzum alle Bergfilme, gezeigt im Saale des Basaltwerkes, die immer mit verliebten und glücklichen Liebespaaren endeten, verzauberten uns und andere Besucher.

Jedes Jahr der gleiche Rhythmus. Ab Herbst Theaterspielen, bis ins Frühjahr hinein, Fußballspielen und Leichtathletik, wechselten sich im Sommer ab. Und immer „nur" 50- 60 Stunden wöchentlich beruflich arbeiten.

DER BEGINN DES EIGENEN LEBENS

DIE HOCHZEIT

Paula und ich wollten heiraten. Geld konnte ich nicht zur Seite legen. Immer wieder hatte ich meine Mutter unterstützt. Pfarrer Happ, aus Hausen ermahnte mich, mindestens ein Jahr lang zu sparen. Wöchentlich gab ich meiner geliebten Braut Geld ab, um notwendige Anschaffungen für unseren Haushalt machen zu können. Bruder Adolf versprach, als Geschenk den Küchenherd zu kaufen. Meine künftigen Schwiegereltern wollten unser Schlafzimmer beschaffen.

Es fehlte noch das Möbel für die Kücheneinrichtung. Und diese sollte 800 DM kosten. Das Geld dazu, hatte ich nicht. Die Raiffeisenbank Nordheim verweigerte mir den Kredit mit dem Hinweis, ich bräuchte einen Bürgen. Mein Vater konnte das nicht sein, denn dieser bürgte schon für unseren Nachbarn, den Schmied. Ein Schrecken für mich. Wir hatten kaum Geld für das Nötigste. Und mein Vater bürgte.

Das erzählte ich dem Schreinermeister Albin Trabert aus Ostheim. Dort arbeitet ich nun schon einige Jahre bei der Firma Erich Blum. Der Schreinermeister sagte spontan: „Rudi, du bist ein anständiger Kerl. Bezahle deine Küche so, wie du es kannst." Ich bedankte mich sehr, und gesagt, getan, die Küche wurde geliefert. Und, sie war ein Jahr nach unserer Hochzeit bezahlt.

Unsere Stimmung wurde etwas trübe. Die Eltern von Paula wollten mich nicht. Warum? Erst Jahre später haben wir das erfahren. Burkhard Hochgesang habe mich angeschwärzt, war zu hören. Paula war noch nicht einundzwanzig Jahre alt, noch nicht volljährig. Und so haben wir beschlossen abzuwarten, aber die Hochzeit schon vorbereitet. Mit Paulas Bruder Adolf bestand Einverständnis.

Ein Besuch bei meinen Eltern stand an, um meine Braut vorzustellen, denn wir wollten uns verloben. Das war im Sommer 1957. Meine Auserwählte, wie man so sagte, hatte ein blumiges Sommerkleidchen an. „Das ist meine Paula" sagte ich zu meinem Vater und meiner Mutter eines Sonntags am Nachmittag. Mein Vater musterte unverschämt meine Braut. Und meine Mutter auch. Mehr stumm als gesprächig verlief dieser Sonntag. Das war peinlich. Kaffe und Kuchen war nicht angesagt, ich brachte meinen Schatz wieder nach Hause.

Am nächsten Tag meinte mein Vater: „Das ist aber ein Zeisigle, was wird denn die für Kinder bringen?" Das Wort Zeisigle, will ich übersetzen. Gemeint war der kleine, zierliche Vogel, Zeisig. Und deshalb war meine Braut meinem Vater zu zierlich, und damit auch seine Sorge, sie wird keine strammen Kinder gebären. Fürchterlich, diese Aussage. Meine Mutter setzte noch einen drauf und sagte. „Das Kleid wo sie anhatte hätte nicht gepasst." Also, sie wollten meine Braut nicht.

Bei den Eltern von meinem Schatz war es nicht besser. Mit ihrem Bruder Adolf bekam ich Streit im Winter in der Zuckerfabrik in Weetzen bei Hannover. Dort wollte ich das Geld verdienen, was wir noch brauchten um heiraten zu können. Der Streit mit meinem künftigen Schwager wurde heimlich meinem künftigen Schwiegervater gemeldet. Adolf und ich hatten uns schon längst wieder ausgesprochen.

Mutig hielt ich einen Tag nach Neujahr 1958 bei den Eltern von Paula, um die Hand ihrer Tochter an. Der Vater Rudolf sagte nicht nein, sagte aber auch nicht ja. Er blieb stumm, und die Mutter Emma getraute sich offenbar nicht, etwas zu sagen. Das passte ganz genau. Denn auch sonst hatte diese Frau nichts zu sagen. Warum sprach der künftige Schwiegervater nicht mit mir? Ich hatte erfahren, dass er mich laut schimpfend vom Hof jagen wollte. Vor lauter Schreck, dass ich ankam, war er sprachlos geworden.

Langsam trat wieder Gesprächsbereitschaft bei beiden Familien ein. Das Notwendigste wurde gesagt. Zum Beispiel, dass wir nach der Hochzeit in Hillenberg wohnen sollten. Aber eine Zusage zur Hochzeit war das nicht und diese wurde auch nicht ausgesprochen.

In Hillenberg stand ein Haus leer. Wir verlobten uns zu Ostern 1958 und ich restaurierte unsere vorgesehene Wohnung im Laufe des Jahres. Die Hochzeit wurde für Samstag, den 9. Mai 1959 um 8.30 Uhr vereinbart. Standesamtliche Trauung in Nordheim, kirchliche Trauung anschließend um 10.00 Uhr, im Hillenberger Bergkirchlein. Wir haben die Einladungen ausgesprochen und erst danach die Eltern informiert. Für den Fall, dass die Eltern nicht einlenkten, hätten wir uns kirchlich auf dem Kreuzberg trauen lassen.

Auf den letzten Drücker lenkten die Eltern ein. Die Hochzeit fand wie geplant statt. Aber nicht ohne einen Zwischenfall. Ich hatte meinen Brautanzug bei dem Schneider in Heufurt bestellt, der uns über die schlechte Zeit geholfen hat, die alten Kleider meines Vaters zu Kinderkleider um zu gestalten. Quasi aus Dankbarkeit.

Nach der standesamtlichen Trauung holte ich meinen Brautanzug in Heufurt ab. Zur Trauungsmesse in Hillenberg wollte ich meinen Anzug tragen. Der Schneider sagte zu mir, „Rudi ich bin nicht ganz fertig geworden. Bewege dich nicht so schnell und dehne dich nicht. Die Ärmel deines Anzuges sind nur eingeheftet, aber noch nicht genäht." Nun hatte ich den Salat. Ich sagte nichts, aber richtig bewegen konnte ich mich den ganzen Tag nicht. Ich musste lachen, als ich den Anzug bezahlte. Der Schneider wollte dieses Mal keinen Braten vom Fest, sondern die harte DM als Bezahlung. Mit Stoff kostete der Anzug 85,- DM.

Es war eine herrliche Feier mit viel Spaß. Als wir so gegen 2 Uhr nachts zum 1. Mal in unsere Betten gefallen sind, krachten wir durch. Die Trauzeugen hatten die Betten ausgehangen. Ein schadenfrohes „Hallo, hallo," war zu hören. Andere eilten mit ihren Räuschen zum Kirchlein und läuteten die Glocken. „Er macht`s, er macht`s," brüllten sie durch die Nacht.

DAS ALLTÄGLICHE LEBEN

Inzwischen besaß ich ein zweihunderter DKW-Motorrad. Täglich bin ich von Hillenberg nach Ostheim v.d. Rhön, zur Arbeit bei der Firma Erich Blum gefahren. Ich hatte, was ich nie gewohnt war, plötzlich eine Regelmäßigkeit im Tagesablauf. Ohne ordentliches Frühstück ging ich nicht außer Haus. Kam ich abends zurück, wurde zuerst gegessen, dann noch das eine oder andere getan. Und, es kündigte sich die erste Schwangerschaft meiner geliebten Frau an.

Den Kontakt zu den Ortsvereinen hatte ich während der Zeit in Hillenberg nicht abreißen lassen. Über die meisten Vorgänge war ich informiert. Ich freute mich darauf, bald wieder in meinem Heimatort präsent zu sein.

Wie vereinbart machte ich mich daran, eine Wohnung in Nordheim zu suchen. Diese fand ich bei Hedwig Krieg, Haus Nummer 148, jetzt Von-der-Thann-Straße 13. Hedwig Krieg war im Dorf eine Berühmtheit. Bei ihr konnte man in der schlechten Kriegszeit als Kind für drei, fünf oder zehn Pfennige Bonbons kaufen.

Am 1. März 1960 sind wir in diese Wohnung gezogen. Unser Sohn Andreas wurde am 13. April 1960 im Kreiskrankenhaus in Mellrichstadt geboren. Eine Hausgeburt war nicht möglich, es ergaben sich Schwierigkeiten. Weiterer Nachwuchs kündigte sich an. Die Wohnung war zu klein, denn unser Sohn Ehrenfried meldete sich am 1. März 1961 auch in diesem Haus mit großem Geschrei an.

Es folgte der Umzug am 1. Februar 1962 in den Schlosshof zum Ehepaar Karl und Babette Krieg, Haus Nr. 34. Jetzt Alex- Hösl-Straße 22. Dort erblickte unser Sohn Burkhard am 7. Mai 1962 das Licht der Welt.

Meine Mutter und meine Schwester Rita traten an uns heran, das Vaterhaus zu übernehmen. Mein Schwager Erich wollte wieder zurück nach Heufurt, seinem Geburtsort. Es habe ihm nicht gutgetan, sagte man mir. Wir waren einverstanden. Am 1. Dezember 1963 zogen wir in mein Vaterhaus, frühere Haus Nr. 25, dann Hindenburg-Straße, kleine Seite und An der Streu, jetzt Alex-Hösl-Straße 28, ein. Unser Sohn Konrad erblickte dort am 26. Januar 1964 das Licht der Welt. Dann folgte am 31. Mai 1965 die Geburt unserer Tochter Maria, auch in meinem Geburtshaus.

Im Zuge der Straßenbegradigung nach Sondheim v.d. Rhön wurde das alte, aber wunderschöne Fachwerkhaus, die frühere Dorfschmiede von Heinrich Kremer, abgerissen und die Kurve auf der Staatsstraße nach Sondheim v.d. Rhön entschärft. Mit der Gemeinde vereinbarte ich den Verkauf unseres Anwesens und wir planten einen Wohnhausneubau in der Siedlung, Haus Nr. 210 ½. Jetzt Pfingstgraben 3.

Für die Gemeinderatswahlen 1966 kandidierte ich. Gegen Alex Hösl als Bürgermeisterkandidat zu agieren war zwecklos. Das wollte ich nicht. Der Gemeinderat war mein Ziel, auch deshalb, weil man hören konnte, dass einige Mitglieder für die neue Wahlperiode nicht mehr kandidieren wollten.

„Probieren Sie ob ich zünde," habe ich auf Streichholzschachteln mit meinem Konterfei drucken lassen. Das reichte nicht aus, mich zu wählen, denn es kam eine gegenteilige, aufwendige Werbung mit dem Aufdruck: „Rudi Dietz streichen, er zündet nicht." Dieser Aufdruck wurde nicht nur auf meine Haustreppe aufgeklebt, sondern recht auffällig im Ort verteilt.

Ich fragte mich, wo kam der teure Druck her? Eines Tages hatte ich in einem Büro in Sondheim v.d. Rhön zu tun, welches auch für den Rhönklub arbeitete. Dort waren zwei Nordheimer beschäftigt. Mir stach eine neue Schreibmaschine im Büro ins Auge. Ich fragte was das für ein edles Teil sei und bekam die Antwort, „es ist eine moderne Kugelkopfschreibmaschine." Ich verglich das Druckbild mit dem Zettel, der auf unserer Treppe aufgeklebt war, den ich seither immer in meiner Tasche hatte. Ich sah eine Übereinstimmung. Gewählt wurde ich nicht: Es war klar, dass ich es 1972 wieder versuchen wollte.

Zu Ostern, am Ostersamstag, dem 9. April 1966, fand der Aushub des Baugrundstückes statt. Im gleichen Jahr sind wir am Donnerstag, dem 12. Oktober1966, dort eingezogen. Am 13. Oktober 1966 musste ich zur Kur nach Bad Mergentheim. Viele, viele Stunden von Arbeitskollegen und von Adolf, dem Bruder meiner Frau, halfen, die Kosten des Hausbaus im Rahmen zu halten. Unser Sohn Walter wurde am 9. Oktober 1967, und Tochter Silvia am 18. August 1973 geboren. Beide wurden im Kreiskrankenhaus in Mellrichstadt entbunden.

Sieben Kinder. Was denkt man heute, wenn eine Familie sieben Kinder in die Welt setzt? Darüber will ich nicht nachdenken.

Jedenfalls spürte man Unverständnis über die Kinderzahl. Wir wollten anfangs drei.

Ich machte mich auf, mit unserem Hausarzt Dr. med. Franz Kühnl zu reden. Dr. Kühnl war ein ausgezeichneter Diagnostiker und Geburtshelfer, auch ohne Geräte. „Udi, Udi," statt Rudi, so redete er mich an, wenn er gut gelaunt war, „was willst du, hast gesoffen, was soll ich verschreiben?" Dr. Kühnl fragte immer scherzhaft, was er verschreiben soll.

„Nein," sagte ich zu ihm. „Es geht um unsere Kinder, wir schaffen es nicht, keine mehr zu bekommen." „Nichts mehr machen", war seine Antwort. Er sprach dann von der Kalendermethode Knaus-Ogino, dann von der Kondome-Verhütung, (Pariser genannt) und noch einmal, „am besten ist es doch, nichts mehr zu machen", und lachte dabei spitzbübisch.

Wie ging es weiter? Ein Kondom ist geplatzt, die Knaus-Ogino-Methode verhütete auch nicht und wir haben es bis heute immer noch gemacht. So hatten wir dann 7 Kinder, 5 Buben und zwei Mädchen. Aber alle waren herzlich willkommen.

Jetzt möchte ich versuchen, in Worte zu kleiden, wie es meiner Frau ergangen ist. Meine Frau war bei allen Schwangerschaften eine völlig ausgeglichene, wie immer, liebende Frau. Es gab keine Gemütsschwankungen, kein Gejammere und auch keine Klagen. Wir waren und sind es heute noch, einfach glücklich. Und meinen Rücken, für meine Vereinsarbeit und später als Bürgermeister, hat mir meine Frau auch freigehalten, wie man so sagt.

Natürlich ging nicht alles glatt. Das Geld als alleiniger Verdiener war knapp. Und so kümmerte ich mich um Nebeneinnahmen. Ich habe für die Heimatzeitung Rhön-und Streubote Berichte geschrieben. Hatte einen Presseausweis. Das ganze war nicht einfach. Abends Sitzungen und Versammlungen, und am Morgen danach musste der Bericht um 8 Uhr in Mellrichstadt in der Redaktion sein. Insgesamt war ich 16 Jahre für die Presse unterwegs.

Inzwischen hatte ich die Beamtenlaufbahn eingeschlagen. Es gab natürlich Neider in meiner Arbeitsstelle. So verwendete ich unter anderen die Kürzel „tz" und „rd" bei der Presse. Meine Frau hatte teilweise Zeitungen ausgetragen und in einer örtlichen Firma stundenweise gearbeitet. Ihre Schwester Hildegard steckte das eine oder andere Mal auch etwas zu. So kamen wir immer über die Runden.

Im Januar 1970 wurde ich zum 1. Vorsitzenden des damaligen Gesangvereins gewählt. Tage darauf verstarb das verdiente Mitglied Philipp Stäblein. Ich machte mich auf den Weg, die Mitglieder der Vorstandschaft zu besuchen, um die Bestattung zu besprechen. Es war Winter und es gab viel Schnee. Die Gehwege waren abends nicht mehr geräumt worden. Auf der Höhe des Anwesens Luise Stäblein, in der Ostheimer Straße wurde ich von hinten mit einem PKW angefahren.

Der Fahrer des PKW hatte mich erwischt und schleuderte mich rückwärts über sein Autodach. Unter der vorderen Stoßstange blieben meine Winterstiefel hängen. Bewusstlos fiel ich auf die Straße. Der Rahmen der vorderen Windschutzscheibe hatte einen Knick und das Dach des PKW hatte eine Delle. Mit einem Krankenwagen wurde ich in das Kreiskrankenhaus Mellrichstadt gebracht. Dort diagnostizierten die Ärzte eine schwere Gehirnerschütterung, Prellungen am ganzen Körper und den Bruch von sechs Rippen hinten rechts.

Nach 14 Tagen wurde ich entlassen. Mir fiel das Atmen schwer und Dr. Kühnl überwies mich nach Würzburg in die Universitäts-Hals-Nasen-und Ohrenklinik. Dort wurde ich in den sogenannten Rennstall, wo nur verunglückte Motorradfahren lagen, untergebracht. Das war mein großes Glück, wie sich herausstellte.

Noch vor der Operation konnte ich zuhören wie sich die Ärzte unterhalten haben. Der eine Arzt sprach von einem Besen, der meine Nase sein sollte. Der andere sprach von einer späteren Stinknase, wenn alles herausgenommen würde. Dann war ich weg.

Als ich erwachte, rannten Schwestern und Ärzte im Zimmer ein und aus. Ich erkannte, dass mein Bett mit Blut durchdrängt war. Die Ärzte stillten die Blutung, der ist bald erstickt hörte ich jemanden sagen.

Was war geschehen? Nach meiner schweren Operation kam ich in mein Zimmer. Mein Nachbar, so erzählte er mir Tage später hatte große Schmerzen und da habe er nach der Schwester geklingelt. Diese habe das Blutbad gesehen und nicht ihm, sondern mir geholfen.

Meine Schutzengel hatten mich beschützt. Ich dankte Gott in der wunderschönen Marienkapelle, dem Käppele, in Würzburg. In meinem bisherigen Leben hatte ich schon oft eine ganze Schar von Schutzengeln beansprucht.

1972 hatte ich mit meiner Bewerbung für den Gemeinderat Erfolg. Auf Anhieb wurde ich von den Kollegen zum zweiten Bürgermeister in meiner Heimatgemeinde Nordheim v Rhön gewählt. Das war einmalig. Bisher waren für die Wahl des zweiten Bürgermeisters mehrere Wahlgänge erforderlich. Der Gemeindesekretärin, dem Gemeindearbeiter und Alex Hösl stand das Erstaunen im Gesicht geschrieben. Damit hatten sie nicht gerechnet. Ich war am Ziel meiner geheimen Wünsche.

DIE ZEIT ALS ZWEITER BÜRGERMEISTER

Die Neugliederung der Volksschulen, die Vergabe von Bauarbeiten für das gemeindliche Mehrfamilienhaus- auch Lehrerwohnhaus genannt- die Städtebauförderung, die Abwicklungsgeschäfte der Eingemeindung des Ortsteiles Neustädtles seit dem 1. Januar 1972 beschäftigte zunächst den

Bürgermeister und Gemeinderat. Ein Kostenvoranschlag für das Industriegebiet Ziegeleiberg belief sich auf 564.00,00 DM, dafür sollte es einen Zuschuss in Höhe von 396.000,00 DM geben.

In der Sitzung vom 17. August 1972 listete Bürgermeister A. Hösl die Zahlungsverpflichtungen für den Gemeindeteil Neustädtles auf. 106.022,83 DM kamen zustande. Diese sollten im Laufe von Jahren durch die Schlüsselzuweisungen abgedeckt werden. Dringlich sei aber der Bau einer einwandfreien Wasserversorgung.

Am 20. Dezember 1972 hatte ich dem Gemeinderat vorgeschlagen, Alex Hösl zu seiner 25jährigen Dienstzeit als ersten Bürgermeister zu ehren. Der Gemeinderat folgte meinem Vorschlag und hat einstimmig beschlossen, die Ehrenbürgerwürde und die Bürger-Medaille in Gold bei einem Ehrenabend an Bürgermeister A. Hösl, zu verleihen. Mit der Organisation wurde ich betraut.

Am 17. Juni 1973 fand der Ehrungsabend für Bürgermeister A. Hösl statt. Zunächst ehrte er selbst die ehemaligen Mitglieder des Gemeinderates von Nordheim und Neustädtles, dazu Dr. med. Franz Kühnl, den stets gut gelaunten und zu Schabernack aufgelegten Hausarzt der Gemeinde und ihrer Umgebung. Die örtliche Krankenschwester Hilsindis, Schwester vom göttlichen Erlöser aus Würzburg, die auch im Kindergarten Nordheim tätig war, wurde ebenfalls geehrt.

Bei diesem Ehrenabend spielten die von mir neu gegründeten Musikkapelle zum ersten Mal unter der Leitung von Lutz Lässer. Ich war schon mehr als drei Jahre erster Vorsitzender vom Gesangverein und hatte das 60jährige Stiftungsfest 1972 organisiert und die Geschichte des Vereins geschrieben. Am 30. Dezember 1973 wurde per Satzung der Gesangverein in Gesang-und Musikverein Nordheim v/d Rhön e.V. umbenannt.

Neben meiner Tätigkeit als Gemeinderat und in sonstiger Verantwortung erkannte ich die Notwendigkeit, die Vereinsvorstände jährlich einmal an einen Tisch zu holen. Warum? Niemand kümmerte sich bei der Planung der vereinseigenen Festlichkeiten darum, ob auch ein anderer Verein nicht am gleichen Tag etwas plant. Das war oft ein Streitpunkt zwischen den Vereinen. Ich strebte eine Vereinsgemeinschaft an, die im Einvernehmen einen Festterminplan für das kommende Jahr erstellt. Für mich war das keine Einmischung in die Vereine, sondern eine Notwendigkeit, um Streitereien zu verhindern. Auf Deutsch, nicht nachher streiten, sondern sich vorher auseinandersetzen.

Die ältere Generation und auch Jugendliche konnte ich dafür gewinnen, dass seit 1972 abwechselnd Faschingsumzüge oder Büttenabende stattfanden. Die Büttenabende fanden im ehemaligen Kinosaal des Basaltwerkes statt, weil der Saal des Fränkischen Hofes abgewirtschaftet war. Der Kleintierzuchtverein Nordheim B/1208 hatte den Saal hergerichtet, nachdem die Gemeinde das Areal des Basaltwerkes gekauft hatte.

Am 27. April 1974 setzte ich als zweiter Bürgermeister meine Unterschrift unter die Urkunde Nr. 729 des Notares Heinz Wasserthal in Mellrichstadt. Damit wurde Fl. Nr.: 8211/1, Hohe Straßen- Ellern, die Baumschule- zu 11,3766 ha, wieder in den Besitz der Gemeinde zurückgeholt.

Diese Fläche wurde am 30. August 1943 von der Gemeinde an die Mainfränkische Obstbauplanungsstelle e.V. in Würzburg verkauft. Der Preis 2,5 Pfennige pro qm. Die Formulierung der Urkunde im Auszug: Herr Erich Herbert, Bauer und Bürgermeister in Nordheim v.d. Rhön als deren vorläufiger Vertreter. Herr Erich Herbert ist richtig 1. Beigeordneter der Gemeinde Nordheim v.d. Rhön, 2. Herr Anton Keller, Obstgutverwalter in Nordheim v/d Rhön, hier handelnd als vorläufiger Vertreter für die Mainfränkische Obstbauplanungsstelle e.V. in Würzburg. Am 13. September 1943 unterzeichnete Raimund Warmuth, Landwirt und zweiter Beigeordneter der Gemeinde Nordheim v.d. Rhön, die Urkunde. (Soweit der Auszug aus der Urkunde). Bürgermeister Hösl handelte bei der Rückübereignung als Vertreter der Regierung von Unterfranken. Deshalb war ich auch einmal gefragt. Eine Gegenleistung musste die Gemeinde nicht erbringen. Diese Urkunde war am 11. Juni 1946 grundbuchamtlich noch nicht vollzogen, bestätigte Notar Engels gleichen Datums, auf Anfrage der Gemeinde.

Als Aufstiegsbeamter legte ich am 25. Juni 1974 die Laufbahnprüfung für den mittleren nichttechnischen Verwaltungsdienst in der Bundeswehrverwaltung erfolgreich in Mannheim ab. Diese Qualifikation war auch sehr gut für die

Kommunalverwaltung und wäre dort im Falle einer Bewerbung anerkannt worden.

Die Wiedergründung der Nordheimer Musikkapelle wurde am 18. und 19. Mai 1975 gefeiert. Ich hatte ein sehr gutes Team bei den Vorbereitungen des Festes. Alles war eingeteilt, die Festschrift und Geschichte des Vereins hatte ich geschrieben, meine Reden waren vorbereitet und mir wurde am Nachmittag des ersten Festtages sehr schlecht. Ich wurde in das Kreiskrankenhaus in Mellrichstadt gebracht. Erwin Heurung, mein zweiter Vorsitzender, wickelte das Fest gekonnt ab.

Am 14. Und 15. Juni 1975 feierte die Freiwillige Feuerwehr ihr 100jähriges Jubiläum. Die Festschrift war fast druckreif, ich konnte sie aber nicht ganz fertigstellen. Besagter Krankenhausaufenthalt kam dazwischen. Ich hatte schon jetzt, im Alter von 38 Jahren meine gesundheitlichen Denkzettel.

Im Mai 1975 verabschiedete sich auch Pfarrer Erwin Ziegler, der von 1958 bis 1975 in Nordheim wirkte. 1974 wurde die Kirche St. Johannes in Nordheim zur Kreuzkirche umgebaut. Die Leute waren ärgerlich. „Erst macht er Schulden, dann reißt er aus," sagten sie. Pfarrer Erwin Ziegler zog nach Geiselbach in den Kahlgrund.

Eine Anmerkung: Pfarrer Ziegler, von 1958 bis 1975 in Nordheim v/d Rhön als Pfarrer, war über die Farbe seiner Silbernen Verdienstplakette nicht begeistert. Er sagte zu mir viel später, „die Plakette hätte eine andere Farbe haben können," und meinte damit, die Goldene Verdienstmedaille. Er starb am 16. Juni 2011 in Würzburg und wurde am 24. Juni in Kleineibstadt beigesetzt. Sein Testamentar gab die Rednerliste bekannt. Die Gemeinde Nordheim erwähnte er nicht.

Pfarrer Heinrich Weth übernahm die Pfarrei am 28. September 1975 und musste erst in der Kellerwohnung der Volks-Verbandsschule wohnen. Was mit dem Pfarrhaus passiert, ob Abriss oder Neubau, stand noch in den Sternen.

Im Spätsommer 1975 gelang es mir, die Jugend davon zu überzeugen, den Kirchweihbrauch wiedereinzuführen. Gleich dem Theaterspielen war dieser Brauch in der Gemeinde eingeschlafen. Die Jugendlichen, Mädchen und Burschen nahmen den Brauch wieder auf. Seit dieser Zeit bis jetzt wird er weitergeführt. Der Reinerlös aus dem Verkauf von Zwiebelplootz, von Kaffe und Kuchen wurde damals regelmäßig dem Kindergarten gespendet. Das war schon früher so.

Langsam aber sicher überzeugte ich den Gemeinderat, den Bürgermeister und die Vereine davon, die Vereinsgemeinschaft zu gründen. In Absprache mit den Vereinen habe ich zum 20. Januar 1976 um 20.00 Uhr in das Gasthaus Zur Tenne zur Gründungsversammlung eingeladen. Das Gasthaus entstand 1977/78 neben der Raiffeisenbank Nordheim v/d Rhön im Rahmen der Städtebauförderung und wurde von Karl Heinz Rothkopf mit seiner Frau Ida und seiner Schwägerin Maria Handwerker bis 1994 geführt. Die Drei hatten eine hervorragende Küche, verstanden sich sehr gut mit der Jugend. Die Schließung der Gaststätte wurde sehr bedauert. Sohn Andreas richtete ein zahnmedizinisches Labor ein. Das war ein Gewinn für die Gemeinde.

Zum Gründungsvorsitzenden bestimmte man mich per Wahl. Diesen Vorsitz hatte ich bis 10. Januar 1978 inne. Die Vereinsgemeinschaft wurde vereinsmäßig geführt. Mit Protokoll und Kassenführung. Sie funktioniert bis zum heutigen Tag. Jährlich wird ein Vereinskalender erstellt.

Ganz offiziell musste ich als zweiter Bürgermeister ein zweites Mal ran. Im Rahmen der Städtebauförderung sollte der Bebauungsplan für den Ortskern links der Streu am 26. Juli 1976 beschlossen werden. Die Träger öffentlicher Belange waren schon gehört. Es wurde festgestellt, dass außer meiner Person, der Bürgermeister und die übrigen Gemeinderäte „Beteiligte" waren.

Mit Bescheid vom 26. August 1976 setzte mich das Landratsamt Bad Neustadt a.d. Saale gem. Art. 114 Abs. 2 GO als Beauftragten ein und am 6. September fasste ich als Alleinverantwortlicher die Beschlüsse für die Städtebauförderung.

Der Gemeinderat drängte den Bürgermeister für die Gemeinde Nordheim zu versuchen, mehr Arbeitsplätze zu schaffen. Auch ein Gemeindezentrum müsse her. Ein Schwimmbad am Renzelberg und ein Gemeindezentrum in das alte Brauhaus. Gesagt getan. Die Planer rechneten damals erst dann ihre Arbeit ab, wenn gebaut wurde. Da konnte man planen und musste nicht bezahlen.

Sowohl das geplante Schwimmbad als auch das Gemeindezentrum waren nicht realisierbar. Zu teuer und die Folgekosten seien zu hoch. Im Neubaugebiet Ziegeleiberg, siedelte die Fa. Jaud an, die vorher im Saal des Gasthauses zur Post, Kinderkleidung produzierte. Die Fa. Bauersachs, die Kugellager und anderen Zubehör fertigte, bezog einen Neubau im Baugebiet Ziegeleiberg. Die Fa. Wöltje kam vom Ortsteil Neustädtles nach Nordheim.

Die Sanierung des Pfarrhauses für die katholische Kirche oder alternativ ein Neubau wurden besprochen. Beschlossen wurde nichts. Das Geld fehlte hinten und vorne. Für die Verbesserung der Wasserversorgung in Nordheim und Neustädtles wurden keine verbindlichen Anträge gestellt, auch keine Planungen in Auftrag gegeben. Immer und immer wieder ließ die Gemeinde notdürftig reparieren. Im Nu waren 5 Jahre vergangen.

PLÖTZLICH BÜRGERMEISTER

DAS JAHR 1977

Ich war kaum noch zu Hause. Die Vereine, Feste vorbereiten, diese durchzuführen machten viel Arbeit. Im Januar 1977, ich war schon im fünften Jahr zweiter Bürgermeister, musste A. Hösl zur Kur nach Bad Abbach. Damals herrschte die Meinung vor, dass radikal abgenommen werden muss, um das Idealgewicht nach Körpergröße zu erreichen. A. Hösl brach die Kur in Bad Abbach ab.

Er ging zu seinen Verwandten nach München und hielt sich dort auf. Er wollte sich von dieser Radikalkur erholen. Das gelang nicht so gut. Am Sonntag, dem 13. März 1977 ging ich zur gewohnten Zeit, um 18.00 Uhr in das Rathaus. Dort haben wir immer die Wochenarbeit besprochen, anschließend fuhr A. Hösl mit seinem Mercedes nach Fulda, von dort mit dem D- Zug nach Bonn. Er sah nicht erholt aus. Er sagte mir, dass am kommenden Samstag um 20.00 Uhr in Neustädtles Feuerwehr-Kommandantentreffen des Landkreises sei. Ob ich pünktlich da wäre. Ich sagte zu, obwohl ich einige Presseaufträge für diesen Abend hatte.

Ich nahm meinen Mut zusammen und sagte zu A. Hösl: „Du siehst nicht gut aus, was ist mit dir?" Er antwortete mir: „Das ist so ä Sach, meine Bronchien sind zu. Und noch ein

Paar andere Dinge stimmen nicht. Und, einen Rentner Alex Hösl wird es nicht geben." Das beunruhigte mich nicht besonders. Denn was seine eigene Gesundheit anbelangte, kümmerte ihn wenig oder gar nicht.

Die Woche ging vorbei. Ich war pünktlich um 20.00 Uhr im Gasthaus Hubertus in Neustädtles. Alle warteten auf den Bürgermeister. Natürlich wurde ich ständig aufgefordert, als zweiter Bürgermeister einige Liter Bier zu spendieren, „wann kommt denn der Alex," - es sei angemerkt, dass A. Hösl, von niemanden mit Herr angesprochen wurde. Alle sagten „Alex."

Wie so üblich, fielen natürlich auch die Sprüche: "Du getraust dich nicht, haste Angst, jaja, der erste Bürgermeister ist für den Hund und der zweite Bürgermeister für die Katz." Das ging bis 22.30 Uhr so.

Dann kam Alex, alles jubelte und der Bürgermeister begrüße nur sehr kurz. Der Kreisfeuerwehrkommandant spulte seinen Dienst herunter und dann kam wieder die Frage."Alex, wo bleibt das Bier?" Seine Antwort: „Heute gibt es kein Bier, ich bin sicher, ihr werdet Bier in meinem Namen noch trinken können."

Ich verabschiedete mich. Hösl rief mich zurück und sagte, „Blei doä, bleib da, wir karten noch einen zünftigen Schafkopf." Meine flapsige Antwort darauf: „Mein Gehalt ist nicht so sehr groß, ich muss noch was tun." Gemeint waren

meine Presseaufträge in Heufurt und Roth. „Mach`s gut."
Das waren meine letzten Worte zu Alex Hösl.

Eine Anmerkung am Rande: Trotz allen Ernstes der Situation war Monate später zu erfahren, dass Horst Buhl, ein Neustädtleser Bürger und Beteiligter am Schafkopf, von A. Hösl eine Ohrfeige bekommen habe, da er sein Mundwerk nicht zähmen konnte. Horst Buhl hat mir persönlich, voller Stolz diesen Vorgang bestätigt.

PLÖTZLICHER TOD VON MDB BÜRGERMEISTER ALEX HÖSL

Der persönlichen Freude, Alex Hösl als Ehrenbürger 1973 auszeichnen zu können, folgte ein trauriges Ereignis. Entsetzen machte sich breit. Und wieder veränderte sich mein Leben.

Am Sonntag, dem 20. März 1977 um 3.15 Uhr, weckte mich Pfarrer Heinrich Weth. Meine Frau und ich hatten unser Schlafzimmer im Keller aufgestellt. Wir bauten in unser Anwesen eine Zentralheizung ein und hatten das Schlafzimmer geräumt. Bis zum Weißen Sonntag 1977 sollte alles fertig sein.

Pfarrer Weth versuchte eine Zeitlang an den Fenstern und an der Haustüre mich zu wecken. Das hatte keinen Erfolg. Dann hätte er mich schlafen gehört und an das Kellerfenster getreten. Das erzählte er mir, nachdem der erste Schrecken Monate später vorbei war.

Auf dem Weg zum Unfallplatz, der Kreisstraße Nes 32, in Höhe der Einfahrt des Waldweges, „Große Schleife," erklärte mir Pfarrer Weth, dass Alex Hösl gestorben sei. Er war von der Feuerwehrversammlung in Neustädtles kommend, quer über die Straße in den linken Straßengraben gefahren und an den Wasserdurchlass geprallt. Der Aufprall führte zum Tod. Der PKW hatte sich mindestens dreimal überschlagen. Dr. Kuhlmann, Oberelsbach, verständigt durch die Rettungsleitstelle, hatte den Tod festgestellt. Die Rettungsleitstelle wurde durch die Polizei informiert. Ein PKW- Fahrer meldete den Unfall anonym der Polizei.

Die Todesnachricht überbrachten Pfarrer Weth und ich an Frau Hösl. In der Nacht informierte ich Landrat Dr. Fritz Steigerwald und bat ihn zur Trauersitzung am Sonntagvormittag die entsprechenden Gäste ein zu laden. Gemeindearbeiter Harald Ehwald informierte die Gemeinderäte und die Vereinsvorstände. Ich selbst fuhr mit meinem Sohn Andreas zum Autohaus Mühlfeld - Mercedesmühlfeld genannt - und veranlasste, dass der Unfallwagen abgeschleppt werde.

In den sieben-Uhr-Nachrichten berichtete der Bayerische Rundfunk bereits von dem Unfall. Eine Völkerwanderung setzte ein. Die Fa. Mühlfeld hatte die Unfallstelle geräumt. Es war nichts mehr zu sehen.

Bereits um 8.00 Uhr hatte am Unglückstag das Mitglied des Deutschen Bundestages Alfred Biele in meiner Wohnung angerufen und seine Unterstützung zur Vorbereitung und Durchführung der Bestattung angeboten. Ich bedankte mich und so entsandte der parlamentarische Staatssekretär im Deutschen Bundestag, Paul Röhmer, seinen persönlichen Referenten Rudolf Gebel nach Nordheim, der bereits gegen 14:30 Uhr eintraf.

Es folgten drei Tage lang Vorbereitungen. Dazu der Kampf um die staatsanwaltschaftliche Freigabe des Leichnams. Kommt Franz Josef Strauß, oder kommt er nicht, kommt er mit dem Flugzeug, wenn ja, wo kann er landen, in Mellrichstadt, Fulda oder Schweinfurt. Kommen Strauß und die Abgeordneten mit dem PKW, wann treffen sie ein? usw. Die Musikapellen des Bundesgrenzschutzes und der Bundeswehr wollten zur Bestattung ihre Reverenz erweisen und es gab Kompetenzgerangel, wer reden darf und wer nicht.

Die Bildzeitung München veröffentlichte am Montag, 21. März eine Drei-Balkenüberschrift, „Strauß-Freund raste tot durch die Nacht" und vermerkte: Herzanfall am Steuer. Dadurch liefen die Versicherungsgesellschaften Sturm und verlangten Aufklärung über die Todesursache. Wir, Gebel und ich, verwiesen nach Bonn.

Da sich der Vizepräsident des Deutschen Bundestages Richard Stücklen, MdB, angesagt hatte, war Sicherheitsstufe eins, Pflicht. Die Landpolizeiinspektion Bad Neustadt ad

Saale übernahm den Ordnungsdienst und die Regelung des Straßenverkehrs. Den Lautsprecherdienst besorgte die Firma Günter Hippeli.

Ich hatte mich durchgesetzt, dass die örtliche Musikkapelle, Leitung Hans Fischer, bei der kirchlichen Feier und bei der Bestattung, spielte.

Der Programmablauf am Mittwoch, dem 23. März 1977:

15.00 Uhr Eucharistiefeier mit Dekan Franz Paul Geis, Bad Königshofen, Pfarrer Heinrich Weth, Nordheim, und Pfarrer Josef Kraft, Ostheim. Requiem in der Pfarrkirche St. Johannes. Mitgestaltung im Gottesdienst die Musikkapelle, der gemischte Chor und der Schülerchor.

Danach Beisetzung.
Choral, Musikkapelle Nordheim,
Aussegnung durch die vorgenannten Geistlichen.
Traueransprachen:
Richard Stücklen, MdB
Vizepräsident des Deutschen Bundestages
Dr. h.c. Franz Josef Strauß
Vorsitzender des Landesverbandes der Christlich-Sozialen-Union in Bayern, MdB
Hans de With (SPD)
Staatssekretär im Bundesministerium der Justiz
Albert Meyer
Staatssekretär der Bayerischen Staatsregierung
Rudi Dietz, zweiter Bürgermeister

Dr. Fritz Steigerwald
Landrat des Landkreises Rhön-Grabfeld Bad Neustadt a.d. Saale

Hans Böhm, MdL
Vorsitzender des Kreisverbandes der Christlich-Sozialen-Union
Adolf Büttner
Bezirksrat des Bezirkes Unterfranken, Würzburg, Oskar Herbig
Bürgermeister der Stadt Mellrichstadt, Vorsitzender des Bayerischen Gemeindetages
Kreisverband Rhön-Grabfeld
Hans Hauck
Vertreter aller örtlichen Vereine.

Die Freiwillige Feuerwehr Nordheim und Neustädtles übernahm den Trägerdienst. Mitglieder des Gemeinderates trugen die Gemeindefahne.

Die Trauergäste hielten gebührenden Abstand zum Grabe, wo die Angehörigen für sich waren. Die Kinder des Kindergartens, Pia Fischer, Simone Karlein und Mirjam Wetzstein, trugen am Grab ein Gedicht vor.

Erst kurz vor Beginn der Eucharistiefeier landete Franz Josef Strauß mit einem Hubschrauber auf dem Sportplatz. Ich war gerade dabei, mich umzuziehen. In Windeseile rannte ich die ca. 150 Meter von der Wohnung zum Sportplatz hinauf, und kam gerade noch rechtzeitig an, Franz Josef

Strauß zu empfangen. Auf dem kurzen Weg zur Kirche wollte Strauß über die örtliche Lage und der Zonengrenze informiert werden. Die wenigen Sätze meiner Information hatten genügt, den Stoff für eine politische Trauerrede von Strauß zu liefern.

Eine Anekdote am Rande: Der Fotograf Gerd Salm wollte Strauß fotografieren. Dabei musste er rückwärtsgehen. Und das ziemlich schnell, denn Strauß hatte es eilig in die Kirche zu kommen. Es geschah, was kommen musste. Der Fotograf verpasste eine Stufe und kullerte vor die Füße von Strauß mit einem Salto rückwärts die Treppe hinunter.

Da kein Flugwetter war, fuhren die Abgeordneten mit ihren PKWs von Bonn nach Nordheim. Alle Reden wurden auf Tonband aufgenommen. Sie sind abgeschrieben und archiviert.

Die Friedhofsfläche war schwarz von trauernden Bürgerinnen und Bürgern. Auch außerhalb der Friedhofsmauern standen noch zahlreiche Trauergäste.

Eine alte Frau aus Sandberg in der Rhön hatte von der Beerdigung erfahren und wollte noch Zutritt zum Sarg. Die Ordner verneinten, wie ihnen aufgetragen. „Ich muss zu meinem Alex," wurde sie deutlich und ich verhalf ihr zu ihrem stillen Gedenken.

Der sogenannte Leichenschmaus war in der Volks-Verbandsschule Nordheim vorbereitet. Viele fleißige Frauenhände hatten sehr gute Arbeit geleistet und bedienten auch die Trauergäste. Natürlich wurde auch Schnaps getrunken. Besonders Asbach. Die Bürgermeister des Landkreises kamen in Stimmung. „Kommt, wir trinken noch einen auf unseren Alex" riefen sie sich zu und prosteten auf sein Wohl im Himmel, über die Tischreihen hinweg.

Es wurde spät. Einer der letzten Trauergäste war ein Nachbarbürgermeister. Niemand konnte ihn abhalten, mit seinem PKW selbst nach Hause zu fahren. Er wankte zu seinem PKW, setzte sich hinein, zündete und gab Gas. Zuviel Gas. Der Wagen fraß sich in die Tiefe des Kleeackers, denn es hatte stark geregnet. Er holte Hilfe. Ich war auch dabei. Wir wollten den PKW herausschieben. Die Räder mahlten und drehten durch. Dabei spritzte der nasse Feldboden auf die Schiebenden. Wir sahen aus wie aus einem Schlammbad entkommen. Das Gelächter war groß. Die Einsicht kam. Der Nachbarbürgermeister hat sich heimfahren lassen. Gemeindediener Harald Ewald übernahm diese Aufgabe.

Auf dem Heimweg von der Trauerfeier kam mir in den Sinn, dass die jährlichen Generalversammlungen der Ortsvereine erholsame Begegnungen für Alex Hösl waren. Zumindest konnte er vom politischen Alltag abschalten.

Nach dem offiziellen Teil wurde manches Mal politisch gestritten, überwiegend aber gelacht und gesungen. Nach mehrstimmiger Aufforderung sang dabei ab und zu Alex Hösl das Lied von der krumme Lanke, „und da saß ich mit der Emma auf der Banke," im berlinerischen Dialekt. Dann musste Alex Hösl nach vielen Zurufen, das Lied von der Rosamunde singen. „Rosamunde, schenk mir dein Sparkassenbuch, Rosamunde, 10.000 Mark sind genug." Das hatte einen besonderen Effekt, denn die Mutter von Alex Hösl hieß Rosamunde. Natürlich sang er nicht immer nur diese Lieder.

Keiner der Trauerredner- auch ich nicht- hatte diesen gesellschaftlichen Teil des Lebens von Alex Hösl angesprochen. Meine Gedanken gingen zurück an den Anfang meiner Tätigkeiten als Gemeinderat und 2. Bürgermeister. Das anfängliche Misstrauen von Hösl, der Sekretärin, des Gemeindearbeiters, war gewichen und ich wurde respektvoll behandelt. Seine Worte, vor gut einer Woche ausgesprochen „einen Rentner Alex Hösl wird es nicht geben," hatten plötzlich eine besondere Bedeutung. Er hatte demnach gewusst wie es um ihn stand, und hatte sich im Dienste für seine Gemeinde und für die Bürgerinnen und Bürger seines Wahlkreises aufgeopfert.

Am 24. März 1977, einen Tag nach der Trauerfeier übernahm ich wieder die Bauarbeiten zu Hause. Es war mein 40. Geburtstag. Eine Feier stand nicht auf dem Programm. Während ich die Decke und die Wände unseres Wohnzimmers mit Leimfarbe gestrichen habe, unterhielt ich mich mit meiner Frau.

Wir fragten uns, was wird wohl werden? Zunächst war klar, dass ich als zweiter Bürgermeister die Amtsgeschäfte weiterführe. Bis zu den fälligen Kommunalwahlen 1978 war die Zeitspanne länger als ein halbes Jahr. Es musste demnach der erste Bürgermeister im Sommer 1977 gewählt werden. Danach folgten die regulären Kommunalwahlen im März 1978.

Im Vordergrund stand die Restaurierung unseres Anwesens. Es waren nur noch wenige Wochen bis zum Erstkommunionstag von unserem Sohn Walter. Und das Haus war eine einzige Baustelle.

DER AMTSBEGINN

Der Gemeinderat und ich arbeiteten nach dem schrecklichen Geschehen Hand in Hand vertrauensvoll zusammen. Ich verschaffte mir nach und nach eine Übersicht über die Finanzen. Die Probleme, so stellte ich aus meiner jahrelangen Presseerfahrung fest, waren überall gleich. Nur die Herangehensweise war von Bürgermeister zu Bürgermeister unterschiedlich. Schnell war mir klar, dass ich meinen Weg erst suchen und finden muss.

Der Schuldenstand belief sich auf 1,1 Millionen DM.

Das zuständige Landratsamt legte die Wahl des 1. Bürgermeisters auf den 5. Juni 1977 fest. Längst hatten sich die Fronten für den Wahlkampf geklärt. Ich kandidierte und wollte, dass frei gewählt wird. Der Wahlausschuss stellte Formfehler bei den eingereichten Wahlvorschlägen fest. Und so kam es, dass frei gewählt werden konnte.

Von 895 wahlberechtigten Bürgern gingen 85,7 Prozent zur Wahl. In Nordheim bekam ich 763 Stimmen und in Neustädtles 132 Stimmen. Das waren 76,8 Prozent. Ein überwältigender Vertrauensbeweis.

Mit diesem Rückhalt konnte ich frohen Mutes meinen Bürgermeisterdienst neu antreten.

Es stellte sich heraus, dass die Infrastrukturmaßnahmen, wie Wasserleitung und Kanal einschließlich Kläranlage grundlegend saniert werden müssen.

Die Behörden verlangten plötzlich Abhilfe, obwohl ihnen die Zustände, längst bekannt waren.

Die vollbiologische Kläranlage hatte einen zu hohen Reparaturbedarf. Sie war nicht mehr in vollem Umfange funktionsfähig. Ein Drittel der Gemeinde war generell von Anfang an nicht an die Anlage angeschlossen. Dieses ungeklärte Drittel war der Siedlungsbereich. Er lief unterhalb der Kläranlage in die Streu.

Eine Anekdote am Rande: Ich bestellte bei einem Angler, das war der Kaminkehrer Meister von Ostheim ein Paar Forellen. Er fragte mich, „willst du die Forelle von oberhalb oder unterhalb der Kläranlage. Die von unterhalb der Kläranlage sind dicker."

Mit Fronarbeit und von Hand wurden die Kanalleitungen nach dem zweiten Weltkrieg verlegt. Sie lagen nicht tief genug. Selbst in den höher gelegenen Liegenschaften drückte das Klärwasser in die Keller der Anwesen. Der Gemeinderat beschloss keine Sanierung, sondern den Anschluss an einen Abwasserzweckverband.

Der Abwasserzweckverband Obere Streu wurde am 31.10. 1979 in Nordheim gegründet. Ich wurde 1. Vorsitzender und das bin ich bis zu meinem Rücktritt 1994 geblieben.

Das Quellwasser, aus Hausen, die Leitungen sind 1919 nach Nordheim verlegt worden, und das Wasser aus der Quelle in der Sondheimer Straße reichten in Nordheim nicht mehr aus. Zu Pfingsten 1977 brach die Wasserversorgung in Nordheim und Neustädtles zusammen. Die Löschfahrzeuge der Freiwilligen Feuerwehren von Ostheim und Fladungen versorgten die Haushalte. Abhilfe musste geschaffen werden.

Eine Feststellung, wie wertvoll in der damaligen Zeit um 1919 ein Apfelbaum war: Bürgermeister Leiber, in Hs. Nr. 1 wohnend, erklärt bei seiner Niederschrift zum Beispiel, dass die Leitungsführung von Hausen, in der Gemarkung Heufurt, in Richtung Norden, um einen Apfelbaum herum verlegt werden musste, um diesen Baum zu erhalten. Zitat Ende.

Zunächst galt es, das neue Pfarrhaus zu bauen. Pfarrer Heinrich Weth, in meiner Amtszeit als Vorsitzender des Pfarrgemeinderates, in Nordheim aufgezogen, musste in eine Mietwohnung einziehen. Damit endlich die Pfarrhausfrage geregelt wird, habe ich das alte Pfarrhaus im Herbst

1977 abreißen lassen, ohne Genehmigung des Bauamtes im Landratsamt. Dann ging alles schnell. Das neue Pfarrhaus wurde 1978/79 gebaut. Die Gemeinde bezahlte, die Kirchenverwaltung schaffte an.

Das Baugebiet Renzelberg, noch nicht fertig erschlossen, verschlang viel Geld. Für die Städtebauförderung waren die Beschlüsse gefasst. Das Torhaus war saniert und noch nicht abgerechnet.

Der Saal des Fränkischen Hofes, in einem abgewirtschafteten Zustand, sah fürchterlich aus. Die Vereine wollten in diesem Saal keine Veranstaltungen mehr abhalten. Die Gemeinde finanzierte den Fußboden des Saales und die Rother Bräu strich die Wände.

Damit war das Leben der örtlichen Vereine wiedergegeben. Landrat Dr. Fritz Steigerwald genehmigte die Maßnahme rechtsaufsichtlich. Harte Kritik musste ich bereits 1978 dafür einstecken. Zum ersten Mal spürte ich, dass die Bürgerinnen und Bürger nicht mit allem zufrieden sind.

Dazu kam die Tatsache, dass sich fast 30 Jahre lang niemand getraut hatte, dem Bürgermeiste Alex Hösl zu widersprechen.

Mit den Worten im Wasserwirtschaftsamt Schweinfurt von mir ausgesprochen: „Meine Herren, die Gemeinde Nordheim braucht nicht nur Wasser, wenn die Sonne scheint, sondern auch wenn es regnet", gelang mir der Durchbruch zur Förderung. Die Neuverlegung der Wasserleitungen in

Nordheim und Neustädtles verschlang mit den Kanalbaumaßnahmen und den zahlreichen Maßnahmen der Städtebauförderung Millionen von DM.

Dazu kamen Denkmal- pflegerische Aktionen, wie die Sanierung der Bildstöcke, die Schaffung des neuen Bildstockes St. Petrus, die Sanierung des Brückenheiligen Nepomuk auf der Johannisbrücke, der Schaffung der neuen Kreuzwegstationen und der Sanierung des Hochkreuzes am Kindergarten. Einrichtung eines Archivraumes am Dachboden im Rathaus und Einordnung des Archivmaterials bis zu meinem Ausscheiden. Der Neubau eines Kinderspielplatzes in Nordheim und Neustädtles, dort mit Grillplatz.

Alles Bemühen war ausgerichtet auf das Jahr 1989, wo die Gemeinde ihr 1200jähriges Bestehen feiern wollte. Deshalb war als Abschluss die Wiederherstellung der Ortsstraßen vordringlich. Das alles ist gelungen, trotz siebenjährigem Verwaltungsgerichtsstreit in Sachen Erschließungskostenabrechnung im Baugebiet Renzelberg - Sparwasser.

Der Freiwilligen Feuerwehr konnte ich kein neues Auto kaufen und kein neues Gerätehaus bauen. Die Sanierung des Kindergartens mit mehreren hunderttausend DM Beteiligung für die Gemeinde war aus meiner persönlichen Sicht wichtiger. Der Gemeinderat ist auf meinen Vorschlag eingegangen und hat die entsprechenden Beschlüsse gefasst. Die Gemeinde zahlte bei der Sanierung, die Kirchenverwaltung schaffte an.

Das Gemeindezentrum im Schlossgarten, fertig geplant, gelang nicht, denn die Regierung glaubte der Gemeinde ginge die finanzielle Luft aus.

Ähnlich war es bei meinem Vorgänger. Er wollte ein Schwimmbad am Renzelberg bauen, die Pläne waren fertig, gebaut wurde nicht. Dann kam der Gedanke, ein Gemeindezentrum im alten Brauhaus zu errichten, auch dafür waren die Pläne fertig, gebaut wurde nicht. Die Verantwortlichkeit über die Finanzen wegen der Folgekosten war größer.

Trotz Millioneninvestitionen in den Jahren meiner Amtszeit von 1977 bis September 1994 wurde kontinuierlich der Schuldenstand abgebaut. Am 31. Dezember 1993 hatte die Gemeinde 506.609 DM Schulden. Bis zu diesem Zeitpunkt wurden für den Erwerb von Grundstücken für das Gewerbegebiet „Stettener Straße" und für das Baugebiet „Sparwasser" 687.000 DM ausgegeben.

410.000 DM wurden 1994 für die Grobsche-Stiftung überwiesen und nochmals 43.000 DM für die Außenanlage.

In den Jahren bis 1977/78 verlor die Gemeinde an die 300 Arbeitsplätze. Konkurs der Ziegelei und des Basaltwerkes, Konkurs der Firma Jaud, Konkurs der Firma Bauersachs 1978 und später dann der Firma Wöltje.

Ein kleiner Ausgleich ist mit Hilfe von Landrat Dr. Steigerwald 1978 gelungen. Die Firma BM Massivholz wurde auf dem Gelände des Basaltwerkes angesiedelt und leistet heute beachtliche Steuer-Zahlungen an die Gemeinde.

ZUR SITUATION IM GEMEINDETEIL NEUSTÄDTLES

Der freiwillige Zusammenschluss der Gemeinde Neustädtles mit der Gemeinde Nordheim zum 1. Januar 1972 teilte die Bürgerinnen und Bürger der ehemaligen Gemeinde Neustädtles in zwei Lager. Der damalige Bürgermeister, war mit seinem Anhang für den Beitritt zur Gemeinde Willmars. Diese zwei Lager konnte Bürgermeister Hösl in seiner Amtszeit nicht vereinen.

Mir gelang dieses Bemühen zunächst. Wie sich herausstellte war das aber brüchig. Ich arbeitete bei allen Ortsvereinen von Neustädtles mit, organisierte das Fest der Freiwilligen Feuerwehr, war aktiv bei den Festen des Gesangvereins Concordia und besuchte gerne die Faschingsveranstaltungen des NCV, der kräftig die Gemeinde und den Bürgermeister auf die Schippe nahm. Ich bekam Ehrungen und Auszeichnungen als Mitglied der Vereine von Neustädtles

PLÖTZLICH WAR DAS, WAS GUT WAR, NICHT MEHR GUT

Der Vorwurf wurde laut, die Gemeinde Nordheim habe sich an der Eingemeindung bereichert. Dem war nicht so. Schon in der Sitzung des Gemeinderates am 17. August 1972 listete mein Vorgänger im Beschlussbuch einen Betrag von

106.022,83 DM als Eingemeindungsverpflichtungen auf. Die Verwaltungsgemeinschaft Fladungen bezifferte die Sonderschlüsselzuweisungen für die Eingemeindung Neustädtles mit 104.648,00 DM.

Vom 01. August 1972 bis 21. Dezember 1976 gab die Gemeinde Nordheim für Neustädtles 50.444,59 DM aus. Die Staatliche Rechnungsprüfung stellte am 23. August 1984 einen Kredit für Neustädtles zum 31. Dezember 1971 in Höhe von 74.851,57 DM fest. An Rücklagen waren zu diesem Zeitpunkt 8.590,33 DM festgestellt. Der Gemeinderat hatte am 04. Dezember 1983 beschlossen, 57.000,00 DM als Rest aus den Sonderzuweisungen auf Rücklage zu stellen, wobei die Neustädtleser selbst bestimmen konnten, wie der Betrag verwendet werden sollte. Auch diese Maßnahme deckte Landrat Dr. Steigerwald rechtsaufsichtlich.

Unterstützt von Nordheimer Gemeinderäten wurde ich von einigen Bürgern aus Neustädtles mit unwahren Aussagen angegriffen. Demnach hätte ich nie etwas für Neustädtles getan. Diese Meinung, die insbesondere durch den Berichterstatter des Rhön- und Streuboten, öffentlich gemacht wurde, kränkte mich. Eine Frau aus Neustädtles sagte damals zu mir: „Rudi, wenn der noch 14 Tage schreibt, hast du noch nie etwas gemacht."

In mühevoller Kleinarbeit listete ich die Maßnahmen während meiner Amtszeit auf und sandte diese an die besagten Bürger von Neustädtles. Der Betrag von 594.521,36 DM Verfügungsmittel für Neustädtles kam während meiner

Amtszeit von März 1977 bis 30. September 1994 zusammen. Er blieb von den Empfängern meiner Auflistung unwidersprochen. In diesem Betrag sind nicht enthalten: die Umlagebeiträge für Neustädtles im Schulverband, die Verwaltungskostenumlage für die Verwaltungsgemeinschaft Fladungen, die für den Kindergarten, für den ehemaligen Forstbetriebsverband, für den Wasserzweckverband Willmarser Gruppe und kleinere Zuschüsse für die Kirchen und Vereine, die ich von meinem Jahresdeputat bestritt. Meine privaten Spenden an die Vereine beziffere ich nicht.

Die „Treibjagd", die von Neustädtlesern unter Mithilfe von einigen Nordheimer Gemeinderäten seit 1990 auf mich veranstaltet wurde, veranlasste mich, aus den Ortsvereinen in Neustädtles auszutreten. Für die Zweihundertjahrfeiern in Neustädtles 1994 gab ich über die Gemeindebediensteten alle erdenkliche Unterstützung. Am Fest nahm ich nicht teil.

Das Hin und Her über die Abwasserentsorgung in Neustädtles ist dokumentiert. Unglaublich die Verdrehungen der Wahrheit und der Uneinsichtigkeit der Ortssprecher von Neustädtles. Mit der von mir auf 73 Seiten dokumentierten Schrift: „Entsorgung Neustädtles" vom 11. August 1993, die ich selbst bezahlte, trat ich den Diffamierungen entgegen. Die Schrift blieb unwidersprochen.

Am 26. Oktober 1993 beschloss der Gemeinderat mit 9:0 Stimmen den Auftrag zur Erstellung der Eingabeplanung für die Wurzelraumkläranlage Neustädtles an Frau Dr. Winter,

Kassel, zu vergeben. Am 13. Dezember 1993 stimmte der Gemeinderat mit 10:0 Stimmen dem Ingenieurvertrag Dr. Winter zu. Die Pläne für die Wurzelraumkläranlage kamen am 14. August 1994 in der Gemeinde an. Kosten: 679.039 DM. Davon zuwendungsfähig: 601.302 DM.

Unverzüglich habe ich die Pläne zur Genehmigung weitergeleitet. Auch die Akteure in Neustädtles erhielten einen Plansatz. Am 30. September 1994 bin ich als ehrenamtlicher erster Bürgermeister der Gemeinde Nordheim v. d. Rhön zurückgetreten.

Vom 05. Dezember 1995 bis 19. Dezember 1995 wurden die Pläne in der Verwaltungsgemeinschaft Fladungen öffentlich so ausgelegt, wie ich sie zur Genehmigung im August 1994 eingereicht hatte.

Am 27. September 1997 wurde die Wurzelraumkläranlage in Neustädtles eingeweiht. Mein Name sei dabei nicht gefallen, wurde mir berichtet.

Nur eine Handvoll Bürger waren die „Scharfmacher" in Neustädtles. Die meisten Bürgerinnen und Bürger begegneten und begegnen mir so, als sei nichts gewesen. Darüber freue ich mich. Viele grüßen mich immer noch als ihren Bürgermeister, so wie in Nordheim auch.

Meine Kontakte zu der Verwaltungsgemeinschaft, dort war ich zweiter Vorsitzender von 1978 bis 1992, zu den Nachbarbürgermeistern, zu Landrat Dr. Fritz Steigerwald, seinen Mitarbeiterinnen und Mitarbeitern, den Regierungsbehörden und Abgeordneten, wie Hermann Dürbeck, Hans Böhm und Eduart Lindner, waren sehr gut. „Sie sind zwar nicht Alex Hösl, aber Sie können es auch." Diesen Satz konnte ich oft in den Ämtern hören und er machte mich stolz.

Meine vordringliche Aufgabe sah ich in der Betreuung der Bürgerinnen und Bürger und der örtlichen Vereine. Besonders die Jugend machte mir Freude. Dabei erinnere ich an die erste Jugendbürgerversammlung 1979, die von vielen Gemeinden nachgeahmt wurde.

DIE SCHATTENSEITEN DES AMTES

Niemand kann in Frieden leben, wenn es dem Nachbarn nicht gefällt. Dieses, von mir abgewandelte Sprichwort sollte ungeahnte Dimensionen offenbaren.

Großen Zuspruch fanden meine wöchentlichen Sprechstunden für die Bürgerinnen und Bürger in Nordheim und auch in Neustädtles, jeweils im Rathaus.

Mit großer Freude und zielstrebig konnte ich mit dem Gemeinderat arbeiten. Das ging sehr gut von 1977 bis Anfang 1981.

Doch seit 1981 garte es in der Gemeinde. Zunächst im Verborgenen. Einige Bürger taten sich besonders hervor.

Sie waren der Meinung, bei der Abrechnung der Bebauungsgebiete Renzelberg und Ziegeleiberg sei es nicht mit rechten Dingen zugegangen. Die Bewohner der betroffenen Gebiete legten auf Anraten der Berater Widerspruch ein, der abgelehnt wurde und klagten. Daneben brachten die Berater eine Schrift heraus, die mit kommunalpolitischen Inhalt bezeichnet wurde. Von 1981 bis 1985 habe ich diese Beschwerden gesammelt. Hier der Auszug einer Beschwerde an die Wehrbereichsverwaltung VI, München.

In dieser Beschwerde wollte „dieser selbsternannte Saubermann" glaubhaft machen, dass ich auf Protektion des früheren Bürgermeisters, in die Laufbahn des mittleren nichttechnischen Verwaltungsdienstes übernommen worden sei.

Wörtlich: „Die im Laufe der letzten Jahre gemachten Erfahrungen mit diesem Mann brachte das Ergebnis, dass er die längste Zeit krankfeiert und während seiner Krankheitstage den Geschäften als ehrenamtlicher Bürgermeister der Gemeinde Nordheim v.d. Rhön nachgeht, Fußball spielen kann, Schlachtfestorgien feiert, dass ihm die Brühe von den Mundwinkeln herunter trieft und den ganzen, lieben langen Tag dicke Zigarren rauchen kann. Es versteht sich von selbst, dass er beim Krankfeiern auch in den Wirtshäusern seinen Mann steht." Ende des Auszuges.

Mehrmals habe ich bei der Rechtsaufsicht im Landratsamt vorgesprochen. Jedes Mal sagte man mir, „das dürfen sie sich nicht gefallen lassen. Was denkt ihre Frau und was denken sich ihre Kinder, wenn sie sich nicht wehren."

Die Berater wollten Saubermann spielen und bedienten sich einer Sprache, die weit unter die Gürtellinie ging. Und das in einer kleinen Gemeinde.

Einer, konnte hervorragend schreiben. Grammatik und Formulierung, waren einwandfreies Deutsch. Das beeindruckte. Auch in den Behörden. Und es dauerte Jahre bis die Behörden dahinterkamen, dass der Schreiber ein arglistiger Querulant war. Diese Arglist äußerte sich auch darin, dass ein anderer die Streitschriften unterzeichnen musste. Gelegentlich sagte dann so bezeichneter Querulant, wer unterzeichnet hat, ist verantwortlich für den Inhalt. Damit ist auch der Unterschied vom Schreiber zu seinem Partner festgestellt.

Die Anfeindungen von 1979 bis 1981 habe ich nicht so ernst genommen. Deshalb sind diese nicht aufgeführt, weil ich nicht glauben wollte, dass das notwendig sei.

Ich hatte mich geirrt. Die Ausdrucksweise wurde beleidigender und mit unwahren Behauptungen gespickt. Insgesamt habe ich bis 1985, 26 Beschwerden festgehalten. Daraus resultierten 37 Gerichtsverfahren unterschiedlicher Natur. Zivilrechtsverfahren und Verwaltungsgerichtsverfahren, die sich bis 1992 hingezogen hatten.

Die Renzelsberg-Bewohner sollten nach rechtsaufsichtlicher Festsetzung am 27.12.1983, 7,0511 DM/qm bezahlen.

Die Eckgrundstücke wurden nicht besonders veranlagt. In keinem der Verfahren wurde ich verurteilt. Die Korruptionsvorwürfe, Untreue und Betrug wurden nicht bestätigt. Warum auch. Es war hinten und vorne nichts. „Heiße Luft," titelte eine Zeitung nach einer Gerichtsverhandlung.

Der bayerische Verwaltungsgerichtshof legte dann am am 02. Mai 1988, den Betrag auf 6,35 DM/qm fest.

Schmerzlich war dieses Urteil für die Eckgrundstücks-Besitzer. Sie mussten mehr bezahlen als vorher, und die anderen entsprechend weniger.

Die Gemeinde Nordheim hatte unter meinem Vorgänger und stellvertretenden Landrat, mit dem Landratsamt Rhön-Grabfeld am 23. August bzw. 1. September 1975 eine Vereinbarung abgeschlossen, wonach die Landkreisverwaltung die Planung, Ausschreibung, Bauleitung und Abrechnung für den Innerortsstraßenausbau übernommen hatte. Inn-begriffen war auch das Renzelberg- Ausbau- Gebiet.

Ich hatte weder die Auftragsvergabe, noch die Überwachung der Baumaßnahmen und die Überprüfung der Abrechnung der Baugebiete zu verantworten. Allein aus dieser Sicht konnte ich auch nicht haftbar gemacht werden. Das haben die selbst ernannten Bürgerberaterr übersehen.

In der „Hochzeit" der Beschwerden und Gerichtsverfahren wurde auch meine Familie terrorisiert. Nächtliche, anonyme Telefonanrufe waren an der Tagesordnung.

Zu Weihnachten 1982 ging ich mit meiner Frau zum jährlichen Jahresabschlussessen mit dem Gemeinderat. Meine Tochter Silvia, 9 Jahre alt, war mit den älteren Geschwistern zu Hause, nachts klingelte das Telefon. Silvia rannte hin und wurde mit Worten wie Zigeunersbrut, und asoziale Bagage beschimpft. Sie bekam einen Schock und Andreas, der auch wach wurde, holte uns per Telefon heim. Völlig apathisch haben wir unsere Tochter angetroffen.

Im Mai 1983 kam von der Quelle Fürth in Bayern, ein vollbeladener Lastzug mit Umleimern und Türzargen vor unser Haus gefahren. Der Fahrer wollte nicht einsehen, dass ich das nicht abnehmen konnte. „Das haben sie telefonisch bestellt," sagte er nach einem Anruf in Fürth. Es hat eine Weile gedauert bis ich die Hauptverwaltung überzeugte, dass ich kein Schreinergeschäft habe.

Parkte ich bei örtlichen Festen meinen PKW, musste ich mehrmals feststellen, dass mir Kot vor meiner Eingangstüre gesetzt wurde. Einige Male wurde die Windschutzscheibe auch damit beschmiert. Das Kapitel Beschwerden und Anzeigen schließe ich damit ab. Es ist nicht alles wiedergegeben, was gegen mich und meine Familie ausgedrückt wurde.

Der Gemeinderat setzte sich inzwischen aus drei Listen zusammen. Die Liste der CSU, die der Bürgergemeinschaft und die der Freien Wähler. Freie Wähler und die Bürgergemeinschaft arbeiteten Hand in Hand gegen die CSU-Mitglieder im Gemeinderat und gegen meine Person.

Trotzdem wurde sehr viel getan, und nicht nur gestritten in der Gemeinde. Schnell sind die Jahre vergangen. In friedlicher Eintracht konnte in den ersten Jahren meiner Amtszeit das jährliche Abschussessen um die Weihnachtszeit eingenommen werden. Die Ehefrauen und Freundinnen wurden eingeladen. Die Presse berichtete positiv und alle waren zufrieden.

Zum Faschingsende, am Aschermittwoch, lud ich zu einem Heringsessen auf meine Kosten ein, auch das war für das Miteinander eine gute Sache.

Meine Arbeit war voll und ganz darauf konzentriert, bis zum Festjahr 1989 die Verlegung der Kanal-und Wasserleitung im Ort und den Straßenausbau, fertig zu stellen. Das alles ist gelungen.

Die wichtigsten Maßnahmen 1982 bis 1988.

Die Ergänzung der Wasserleitung im Altortbereich mit Ringleitungen in den Neubaugebieten. 5143 Meter Rohrleitungen wurden verlegt. Kosten insgesamt 1.926.665,12 DM.

1988: Die neu verlegte Laufbrunnenleitung vom Brunnenhäuschen bis zum oberen Brunnen, kostete 98.962,12 DM.

Die Pflasterarbeiten am Marktplatz, Ausführung nach dem Städtebauförderungsgesetz. Kosten, Gehwege: 262.227,- DM. Zuschuss: 174.800,- DM, Eigenanteil der Gemeinde; 87.427,- DM. Die Fahrfläche, 329.032,- DM Kosten. Zuschuss: 240.000,- DM. Anteil der Gemeinde 89.032,- DM.

Östlichen Kellergaden, die Pflasterung des Dom-Dechant-Benkert Weges, Kosten: 404.835,- DM. Zuschuss: 213.470,- DM. Eigenleistung der Gemeinde: 164.833,- DM. In diesem Betrag sind auch die nicht zuschussfähigen Kosten enthalten. Die Sanierung des ehemaligen Kriegshauses, jetzt Von der Thann Straße 13, das die Zahnarztpraxis beherbergt. Kosten: 651062,- DM. Zuschuss: 256000,- DM. Eigenleistung der Gemeinde: 395.062,- DM.

Die Sanierung der Nepomuk Figur auf der Johannisbrücke, die durch eine großzügige Spende des Jagdpächters Herbert Messer aus Wiesbaden möglich wurde. Und die Sanierung der Bildstöcke mit der Neuanschaffung des Petrus-Bildstockes, „ehe der Hahn zweimal kräht, wirst du mich dreimal verleugnen," das waren weitere Schwerpunkte meiner Tätigkeit mit dem Gemeinderat.

Die Pflasterarbeiten im Unteren Torhausbereich, des Platzes um den Linsenbrunnen und der Bothengasse beliefen sich auf, 659.859 DM. Die Kosten für den Linsenbrunnen waren 23.000 DM. Nach der Fertigstellung des Platzes wird bis jetzt alljährlich ein Linsenbrunnenfest gefeiert. Der Gesang-und Musikverein ist der Ausrichter, weil einige Mitglieder des Vereins die Anregung auf Wiederaufstellung des Brunnens eingebracht haben.

VERBÄNDE UND VEREINE

DER ABWASSERZWECKVERBAND OBERE STREU

Mit Bürgermeister Raimund Goldbach Fladungen, Edwin Löhler Sondheim, und Nordheim wurde der Verband gegründet. Unverzüglich ging es los. Denn die Stadt Fladungen hatte eine Zuschussbewilligung an den Verband übertragen.

Bis zu meinem Ausscheiden kamen durch die Grenzöffnung 1989 nacheinander die thüringischen Gemeinden Melpers und Frankenheim dazu. Zahlreiche Gespräche waren mit den Behörden notwendig. Die Unterstützung von MDL Johann Böhm und Landrat Dr. Fritz Steigerwald war unserem Verband sicher.

14 Jahre war ich 1. Vorsitzender des Abwasserzweckverbandes Obere Streu. Von 35 Sitzungen konnte ich an zwei nicht teilnehmen. Die Verbandsräte haben verstanden, dass Nordheim, bedingt durch das Fest, 1200 Jahre Nordheim v.d. Rhön, für die Durchführung der Baumaßnahmen bevorzugt behandelt wurde. Dafür bin ich dankbar, denn es hat alles geklappt.

Für die Gemeinde Nordheim war der Betrag 2.552.394,73 DM an Investitionsumlage bis 29. April 1994 angefallen.

Davon entfielen 1.800.000 DM auf die Bürger, die sie als Bescheide bis dahin bezahlen mussten.

Im 1. Bauabschnitt, Auftragsvergaben 1-XII, wurden 20.018.081,00 DM verbau Zuschuss dazu 13 Millionen und 555.000,00 DM. Das waren knapp Prozent.

DER SCHULVERBAND NORDHEIM V.D. RHÖN

Zunächst sei angemerkt, dass ich Vorsitzender des Elternbeirates vom Schuljahr 1969/70 bis 1974 /1975 war. Den Verband lernte ich daher schon frühzeitig kennen, denn Alex Hösl der damalige Vorsitzende hatte mich immer für die Verbandssitzungen eingeladen.

Nach meiner Wahl zum ersten Bürgermeister wurde ich am 14. Juni 1977 zum 1. Vorsitzenden des Schulverbandes Nordheim gewählt. Die Gemeinden Sonheim mit Stetten, Heufurt als Stadtteil von Fladungen und Hausen, waren die Mitglieder. Etwas mehr als 400 Schülerinnen und Schüler waren in den Klassen verteilt.

Von 41 Sitzungen des Schulverbandes konnte ich zwei nicht leiten. In den 17 Jahren beherrschten, die vermögensrechtlichen Auseinandersetzungen, die Sanierung der Schulgebäude und die Neugliederungen, immer vom Staatlichen Schulamt ausgehend, die Entscheidungen. Gleich im 1. Jahr meiner Tätigkeit stürzten im Schulgebäude zwei Decken herab. Diese wären statisch nicht in Ordnung gewesen, sagte die Baubehörde. Gott sei Dank war das Malheur am

Nachmittag passiert. In den großen Ferien wurde die Angelegenheit als Sofortmaßnahme abgewickelt.

In meiner Amtszeit wurden in die Schule 1.319.876,65 DM investiert. 437.693,21 flossen in den Bauunterhalt und 386.789,47 DM in den Schuldenstand. Mit diesem Betrag waren die Schulden des Schulverbandes zum Ende meiner Dienstzeit getilgt.

Insgesamt brachten die Mitgliedsgemeinden 2.144.559,65 DM auf. Davon entfielen in den letzten 8 Jahren auf den Sportplatzneubau 728.860,00 DM, auf den Heizungsbau 226.989,00 DM und für die Flachdachsanierung 125.627,00 DM.

Den Schulverband in seiner Grundform zu halten, wurde immer schwieriger. Ab dem Schuljahr 1983/ 84 wurden 29 Kinder aus Heufurt in die Schule der Stadt Fladungen eingegliedert. Die Stadtkinder wollten auch in der Stadt unterrichtet werden, meinten die Eltern. 1989/90 wurde angeordnet, dass die siebente Klasse in Nordheim nach Fladungen musste. Das war kurz vor dem Festabend zur 1200 Jahrfeier. Diese Tatsache kostete die Duzfreundschaft zu Landrat Dr. Steigerwald. Denn aus meiner Sicht wurde die Anordnung dazu, wenige Tage vor dem Festabend, 1200 Jahre Nordheim v.d. Rhön 1989, getroffen. Gerne, sehr gerne habe ich für den Schulverband gearbeitet.

DER FORSTBETRIEBSVERBAND

Der Forstbetriebsverband wurde mit der Stadt Mellrichstadt, der Gemeinde Willmars und Nordheim 1970 gegründet.

Seit 1977 bis zur Auflösung des Verbandes zum 31. Dezember 1991 war ich der stellvertretende Vorsitzende. Die Auflösungsvereinbarung mit der Stadt Mellrichstadt folgte am 17. November 1992, nachdem die Gemeinde Willmars schon Jahre früher aus dem Verband ausgetreten war.

Mit der Verabschiedung von Forstamtmann Alfred Kirchner am 30. Juli 1991 und der folgenden vermögensrechtlichen Abwicklung löste sich auch der Verband, wie angemerkt, auf.

Über eine Zweckvereinbarung zwischen der Gemeinde Nordheim v/d Rhön und der Stadt Fladungen wurde ab 01. Januar 1992 Herrn Georg Grief, Forstamtmann der Stadt Fladungen, die Zuständigkeit übertragen. Die Zusammenarbeit ist fachlich und persönlich segensreich. Hier die Ergebnisse:

1977 Aufforstung Länge 2,6 ha,
Kosten DM 12.939,00   Zuschuss   DM 8.295,00

1984 Erst-Aufforstung Obere Baumschuleller Kirsche und Linde 2,0 ha
Kosten DM 15.487,00 Zuschuss DM 11.520,00

1985 Erstaufforstung mit Eichelsaat Messelrain Abteilung I b 6,2 ha
Kosten DM 54.500,00   Zuschuss DM 47.058,00

Die Fläche wurde im Rahmen einer Arbeitsbeschaffungsmaßnahme 1986 nach gesät.

1987 Aufforstung Messelrain, 0,8 ha, Pfingstgraben 0,8 ha und Hasenkopf 0,3 ha
Kosten DM 12.715,00   Zuschuss DM 12.661,00

1988 Wiederaufforstung Hohe Straße 1,0 ha
Kosten DM 15.000,00 Zuschuss DM 8.350,00

1989 Wiederaufforstung Hasenkopf 2,0 ha
Kosten DM 29.000,00 Zuschuss DM 16.700,00

Dann unter Forstamtmann Georg Grief :

1992 Wiederaufforstung Hasenkopf d3: 1,0 ha und Pfingstgraben a 1 0,5 ha
Die Kosten mussten nicht mehr nachgewiesen werden, die Zuschüsse wurden pauschaliert.
Zuschuss 12.325,00 DM

1992 Wiederaufforstiung Messelrain d2 0,9 ha
Zuschuss DM 5.454,00

1993 Wiederaufforstung Pfingstgraben a2 1,0 ha
Zuschuss DM 8.000,00

1993 Wiederaufforstung Sommerberg a1 0,8 ha
Zuschuss DM 6.400,00
1993 Erstaufforstung Laubholz mit Bodenbearbeitung Schäferwiese 1,3 ha
Zuschuss DM 13.780

Auf die Erstaufforstung der Schäferwiese 1993 bin ich sehr stolz, ebenso auf die 1985 ausgebrachte Eichelmast im Messelrain über 6,8 ha. Den jeweiligen Anstoß hatte ich gegeben. Der Herbst 1992 bescherte dem Gemeindewald eine Eichel-"Jahrhundert"-Mast. In die ehemalige Baumschule, Flurgemarkung - Hohe Straßen Ellern - wurden auf ca. 3,5 ha ca. 46 Ztr. und in der Abteilung Luchsenteich, b o auf ca. 3 ha ca 40 Ztr und auf verschiedene, kleinere Flächen auf ca. 1,4 ha 18 Ztr. ausgebracht. Die Arbeit war mühsam, denn sie wurde zum großen Teil von Hand getätigt. Leider war die Erstaufforstung der Ellern mit Eichelmast nicht von Erfolg. Die 3,5 ha große Fläche wurde von den Wildschweinen anschließend regelrecht umgepflügt. Die Eichelsaat ist nicht aufgelaufen.

Im Frühjahr 1992 setzten die Frauen im Gemeindewald, Sonja Hauck, Hildegard Hochgesang und Mathilde Köhler, 26.000 Pflanzen. 15.000 in Neukulturen und (3,2 ha Vorbau und 0,9 ha Wiederaufforstung in Abt. Messelrain) und 11.000 in Nachbesserung Flächen. An Zuschüssen für waldbauliche Maßnahmen nahm die Gemeinde 1992 39.657,00 DM ein.

1992 wurden der Sommerbergweg, der Sandgrubenweg, der obere Hasenkopfweg und die Gräben auf insgesamt 2.300 lfm neu profiliert und ab gesplittet. Kosten hierfür: 6.271,86 DM. 1993 gelangten 30.500 Jung Pflanzen in den Waldboden. Rotbuche, Ahorn und Kirsche war die Zusammensetzung. Die Zuschüsse für die Eichelaktion im November 1992 beliefen sich auf 80.000,00 DM.

An Wegen wurden 1993 der Männerholzweg, die Große Schleife - eine Teilstrecke - auf ca. 1.700 lfm ab gegrädet und ab gesplittet. Kosten hierfür: DM 11.500,00.

Läuterungs-Pflegemaßnahmen:

1986 Jungwuchs Hasenkopf 3.0 5,0 ha
Zuschuss DM 1.650,00
1988 Läuterung Messelrain 7,3 ha
Zuschuss DM 3.212,00
1989 Läuterung Luchsenteich 5,3 ha
Zuschuss DM 2.332,00

1994 Läuterung Pfingstgraben 0,37 1,1 ha
Zuschuss DM 550,00
1994 Jungbestandspflege Hohe Straße 1,9 ha
Zuschuss 950,00 DM

Summe.: 20,6 ha	DM 8.694,00

Die Windwürfe 1984/85 betrugen ca. 2.000 fm und 1989/90 ca. 3.800 fm. Geworfene Fläche ca. 4 ha, auf verschiedene Waldabteilungen verteilt.

Der Waldwirtschaftswegebau:

1977 Sommerberg -Weg
1.000 lfm   Kosten: DM 8.040,00   Zuschuss DM 5.220,00
1984 Pfingstgraben-Weg
1.350 lfm   Kosten: DM 47.063,78   Zuschuss DM 24.937,00
1986 Königsburg- Weg 1.
550 lfm   Kosten: DM 51.941,13 Zuschuss DM 31.893,00
1988 Baumschulen-Weg
490 lfm   Kosten DM 22.695,95 Zuschuss DM 12.244,00
1992 Nordheim- Weg
461 lfdm   Kosten DM 13.446,39 Zuschuss DM 6.733,19

2 4.851 lfm   Kosten DM 143.187,25 Zuschuss DM 81.027,19

Der Nordheimer Wald mit der Abteilung im Sommerberg ca. 390 ha groß, ist mit insgesamt 15,53 km Waldwirtschaftswegen ausgebaut.

Die Forsteinrichtungswerke waren angelegt von 1935 bis 1954, von 1957 bis 1977 und von 1983 bis 2002. Das Operat von 1983 wurde zu einhundert Prozent bezuschusst. Dafür sorgte Forstdirektor Brohmeyer, der Leiter des Staatlichen Forstamtes Mellrichstadt.

Während in den Nachkriegsjahren - bis Ende der sechziger Jahre - der gemeindliche Haushalt durch den Überschuss aus der Waldwirtschaft getragen wurde, kann dies zurzeit nicht mehr bejaht werden.

1977 verbuchte die Staatliche Rechnungsprüfungsstelle im Prüfbericht vom 18. September 1980, auf Seite 17, in der

Waldwirtschaft 20.248,33 DM Mehrausgaben. 1978 317,19 DM und 1979 79.292,97 DM Mehreinnahmen. Der Prüfbericht vom 23. August 1984 stellt, auf Seite 6, ein Minus von 42.000,00 DM für 1982, und ein Plus von 102.000,00 DM für 1983 fest.

Im Prüfbericht vom 28. März 1994 wird auf Seite 62 die Forstwirtschaft mit folgenden Abschlussergebnissen zitiert: 1988 + 54.860,17 DM, 1989 + 35.309,84 DM, 1990, - 16.987,15 DM. 1991 + 6.935,73 DM und für 1992 ein Minus von 79.713,89 DM.

Kontinuierlich führte ich seit 1977 den Ausbau der Wirtschaftswege in der Flur fort. Mit 8,3 km pro hundert ha hat die Gemeinde ein dichtes Wegenetz in der Flur. Bis 1987 wurden 5,5 km Wege ausgebaut. Für die Ausbaustrecken „Hinterm Dorf", dem Bahraweg, dem Steinhügelweg, dem Tragenden Weg und dem Reutweg wurden 768.804,90 DM verbaut.

Die Gemeinde verbuchte dafür 525.302,23 DM an Zuwendungen. Verbleibt ein Anteil der Gemeinde von 243.502,67 DM. Für den Grabenaushub in der Flur ca. 30 km und Wegereparaturen sind 65.498,33 DM ausgegeben worden, Zuschuss dafür: 56.498,33 DM.

Damit stehen den Gesamtausgaben von 834.303,33 DM Einnahmen von 300.000,00 DM gegenüber. Ab 1987 wurden keine sogenannten Schwarz- sprich Teerdecken zum Ausbau in der Flur genehmigt mehr genehmigt.

Die gemeindliche Wasserversorgung ist auf Jahre hinaus gesichert.

DIE ENTWICKLUNG DES SCHULDENSTANDES DER GEMEINDE NORDHEIM V.D. RHÖN VON 1976 BIS 1992

Stand zu Beginn	1976	1977	1978	1979
Beginn	1118264,28 DM	1188510,48 DM	1139312,45 DM	1046632,25 DM
Kreditaufnahme	180000,00 DM	38400,00 DM	21400 DM	0,00 DM
Zinsleistungen	90144,00 DM	80024,10 DM	64639,13 DM	66032,54 DM
Tilgung	109753,80 DM	87598,03 DM	114080,20 DM	78582,56 DM
Stand am Ende	1188510,48 DM	1139312,45 DM	1046632,25 DM	968049,69 DM

Stand zu	1980	1981	1982	1983
Beginn	968049,69 DM	812303,20 DM	739460,71 DM	762400,78 DM
Kreditaufnahme	53000,00 DM	30000,00 DM	90000,00 DM	87000,00 DM
Zinsleistungen	70534,42 DM	71134,42 DM	69642,73 DM	63863,81 DM
Tilgung	208746,49 DM	82842,49 DM	87059,93 DM	83196,58 DM
Stand am Ende	812303,20 DM	739460,71 DM	762400,78 DM	764204,20 DM

Stand zu	1984	1985	1986	1987
Beginn	764204,20 DM	959428,48 DM	883018,30 DM	1059533,77 DM
Kreditaufnahme	265500,00 DM	3500,00 DM	254000,00 DM	235000,00 DM
Zinsleistungen	38575,30 DM	49005,06 DM	41832,04 DM	60698,74 DM
Tilgung	70275,72 DM	79910,18 DM	77484,54 DM	169931,39 DM
Stand am Ende	959428,48 DM	883018,30 DM	1059533,77 DM	1124602,38 DM

Stand zu	1988	1989	1990	1991
Beginn	1124602,38 DM	1110428,53 DM	938291,04 DM	766536,54 DM
Kreditaufnahme	150000,00 DM	0,00 DM	0,00 DM	0,00 DM
Zinsleistungen				
Tilgung	164173,85 DM	172137,49 DM	171754,50 DM	161355,21 DM
Stand am Ende	1110428,53 DM	938291,04 DM	766536,54 DM	605180,73 DM

Stand zu	1992	1993
Beginn	605180,73 DM	543959,24 DM
Kreditaufnahme	0,00 DM	
Zinsleistungen		
Tilgung	61221,49 DM	
Stand am Ende	543959,24 DM	

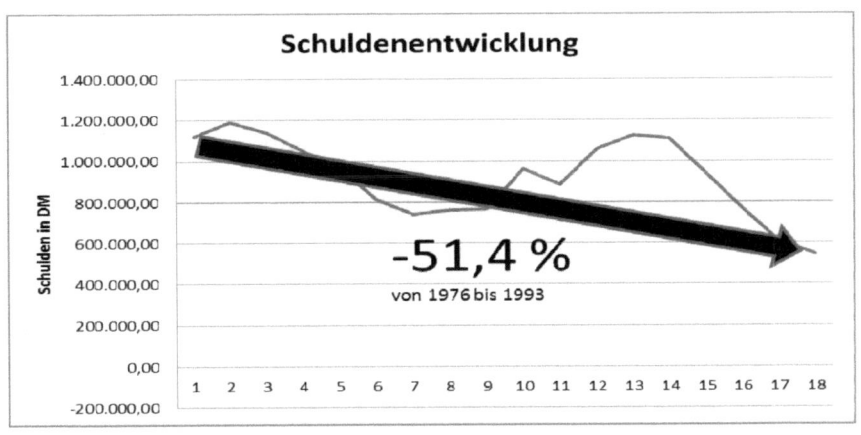

Stand am Ende 543.959,24 DM

Der Schuldenstand hatte zu Beginn des Jahres 1977 1188510,48 DM,- pro Kopf 947,02 DM betragen. Trotz erheblicher Investitionen in den Jahren 1977 bis 1992 ist es gelungen, die Verbindlichkeiten der Gemeinde spürbar zu reduzieren. Zum 31. Dezember 1992 war ein Tiefstand von 543.959,24DM- gleich 420,- DM pro Einwohner gegenüber dem Landesdurchschnitt von 972,- DM pro Einwohner erreicht.

Die Steuerkraft pro Einwohner hat sich erhöht. 1988 lag sie bei 382,21 DM pro Einwohner. Das sind 76 % im Vergleich mit dem Landesdurchschnitt von 501,65 DM. Absolut stieg die Steuerkraft von 1988 – 1993 um 16,6%, während im gleichen Zeitraum im Landesvegleich eine Steigerung von 13,3% zu verzeichnen war.

Die Entwicklung der Haushaltszahlen von 1979 an

Unter Alex Hösl beschloss der Gemeinderat am 09. August 1976, die Realsteuersätze zum 01. Januar 1977 wie folgt festzusetzen:

Die Grundsteuer A von 300% auf 330%
Die Grundsteuer B von 275% auf 300%
Die Gewerbesteuer von 300% auf 330%

Während meiner Amtsführung wurden keine Änderungen der Hebesätze beschlossen. Bei Walter Tratt bedanke ich mich. Er saß am Hebel der Zuschüsse im Landratsamt Rhön-Grabfeld und war ein sehr guter Berater.

VEREINE

Weitere ehrenamtliche Tätigkeiten! Ortswaisenrat war ich von 1978 bis 31.12. 1991. Danach führte und führe ich noch weitere ehrenamtliche Betreuungen durch.

Mitrichter beim Sozialgericht Würzburg vom 01. Dezember 1978 bis 30. Nov. 1986.

Kolpingfamilie Nordheim:
Mitglied seit 1951, jetzt bei der Kolpingfamilie Oberstreu. Senior der Kolpingfamilie von 1956 bis 1957. Vorträge organisiert. Kehraus am Faschingsdienstag gestaltet und Laientheater gespielt. Die Faschingsveranstaltungen fanden in der ehemaligen Synagoge, im Gasthaus zur Post und im Saal des Basaltwerkes statt.

Pfarrgemeinderat:
Mitglied des Pfarrgemeinderates von 1968 bis 1978. Erster Vorsitzender von 1974 bis 1978.

Mitglied beim Kirchenchor seit 1950 bis zur Auflösung 1957/58.

Kassier und Schriftführer der Jagdgenossenschaft Nordheim von 1977 bis Februar 1996.

TSV Nordheim v. d. Rhön.
An meinem zehnten Geburtstag, 24. März 1947, erstmals in der Turnstunde. (Synagoge, später im Saal des Basaltwerkes.) Kein Geld für die Mitgliedschaft, deshalb erst ab 1953 Mitglied. Vorstandsmitglied von 1974 bis 1980. Davon zweiter Vorsitzender von 1974 bis 1977. Aktiver Leichtathlet von 1951 an. Auch an Laientheateraufführungen mitgewirkt.
Aktiver Fußballer ab Schüler-Jugend, erste Mannschaft und Alte Herren bis 1986.
1978 mit erstem Vorsitzenden Heinrich Hauck das Gemeindesportfest ins Leben gerufen. Bis heute alle Gemeindesportfeste aktiv mitgemacht. Mehrfach das goldene Leistungsabzeichen im leichtathletischen Dreikampf errungen.

Gesang- und Musikverein Nordheim v. d. Rhön e.V.
Mitglied seit 1952.
Beim Laientheater gespielt. An vielen „bunten" Vereinsabenden bei lustigen Einaktern und Gesangsvorträgen mitgewirkt.

Erster Vorsitzender von 1970 bis 1985. Gründer der **Musikkapelle Nordheim** 1972.

Hier bedanke ich mich bei Walter Bortolotti, der 14 Jahre jung, von 1970 bis 1974 den gemischten Chor übernommen hatte. Groß war in dieser Zeit der Zuwachs von jungen Mitgliedern. Es folgte weiter die
Einführung des Konzertes zu Weihnachten 1974. Dieses Konzert wurde bisher ohne Unterbrechung in Nordheim jährlich aufgeführt. Gemeinsame Liederabende fanden auch in Neustädtles mit dem Männerchor Concordia unter den damaligen Vorsitzenden Dekant Benedikt und Rudolf Hahner statt.
Organisator folgender Vereinsfeste: 60 Jahre Gesangverein 1972, Gründungsfest der Musikkapelle 1975, Alex- Hösl- Gedächtnis-Singen 1978 und des Kreismusikfestes 1979. Die Geschichte des Vereins in Festschriften erfasst.
Ehrenvorsitzender.

Rhönklub - Zweigverein - Rother Kuppe e. V.

Aktive, handwerkliche Mitwirkung am Bau des ersten Aussichtturmes 1955, des zweiten Turmes und des Wanderheimes - Einweihung 1970. Zahlreiche, ungezählte Arbeitsstunden am Bauunterhalt. Schaffung des Archivraumes im Rahmen der Sanierung der östlichen Kellergaden - Städtebauförderung. Eichenholzspende zur Errichtung des Turmes auf der Königsburg. Mit dem damaligen Vorsitzenden Siegfried Karlein bei mehreren Versammlungen des Bezirks, das Bezirks-Heimat-Trachtenfest zum Festjahr 1989 nach Nord-

heim geholt. Das war anstrengend, denn niemand der Delegierten des Trachtenverbandes traute uns die Organisation des Festes zu.
Mitglied erst seit 1965. Warum so spät, kann ich nicht erklären. Ich dachte, durch meine aktive Mitarbeit beim Bau der Türme und der Durchführung des Rother-Kuppe Festes sei ich dabei.
Beisitzer von 1972 bis 1996. Schriftführer von 1975 bis 1978. Förderer und Mitbegründer der Trachtentanzgruppe 1979. Zahlreiche Ehrungen und Auszeichnungen.

Mitbegründer des JU Ortsverbandes und Kreisvorsitzender 1957/58

CSA Kreisvorsitzender 1968/ 69.

CSU Ortsverband Nordheim v. d. Rhön:
Gründungsmitglied 1964. Seither Mitglied der CSU.
Erster Vorsitzender von 1968 bis 1985 und von Februar 1989 bis März 1991. Beisitzer von 1995 bis 2001. Zahlreiche gesellschaftspolitische Veranstaltungen organisiert. Ehrenvorsitzender des Ortsverbandes.

Für 50 jährige Mitgliedschaft der CSU wurde ich am 15. November 2014 vom Generalsekretär Andreas Scheuer bei einer Veranstaltung in Nordheim v.d. Rhön geehrt. Ich konnte eine Dankesurkunde, und das Goldene CSU Abzeichen mit entsprechender Anerkennung in Empfang nehmen. Mein Dank gebührt Hans Peter Suckfüll für seinen jahrzehntelangen Beistand im Gemeinderat und nach meinem Rücktritt.

1970, Mitbegründer der Malteser Ortsgruppe Nordheim v.d. Rhön

Gründer der Vereinsgemeinschaft Nordheim von 1972 bis1974.
1974: Erste Terminplanung der Ortsvereine über die Jahresveranstaltungen.
1975: Zum Fasching, erster Büttenabend im Saale des Basaltwerkes.
1975: Auf Grund guter Kontakte zur Jugend, den alten Kirchweihbrauch wiedereingeführt. Wird bis heute aufrechterhalten.
1976 am 20. Januar Gründungsversammlung im Vereinsheim des TSV Nordheim.
Erster Vorsitzender von 1976 bis 1978.
Bei vielen Büttenabenden den politischen Teil der Vorträge übernommen. Danach Lehrer Werner Bieber und dann Hans Hauck.
Die Vereinsgemeinschaften wurden in der Umgebung und darüber hinaus nachgeahmt.

Modellsportclub Nordheim (MSC)
Mitglied seit 1971.

Anschaffung des Flugplatzes durch die Gemeinde am 23. Mai 1978 im Tauschverfahren mit Landwirt Bruno Kirchner, Heufurt. Durchsetzung der Genehmigung der Luftfahrtsbehörde Ansbach. Zum damaligen Zeitpunkt war ich Urlaubsvertreter des ersten Vorsitzenden Raimund Goldbach in der Verwaltungsgemeinschaft Fladungen. Unbürokratische Durchsetzung Baumaßnahme, Verlängerung der Startbahn. Unbürokratischer Ausbau des Wirtschaftsweges entlang des Flugfeldes der auf der Gemarkung von Fladungen liegt. Beide Maßnahmen waren die Voraussetzung für den Europa Cup.

V.d.K Ortsverband:
Mitglied seit 1979.
1. Vorsitzender von 1987 bis 1994. Inzwischen ausgetreten.

16.03. 1978: Veranlassung zur Wiedergründung des Obst- und Gartenbauvereins mit Landrat Dr. Fritz Steigerwald im „Fränkischen Hof". Seit dieser Zeit Mitglied.
Gleichzeitig Neugründung des Fremdenverkehrsvereins, der zurzeit ruht.

Kleintierzuchtverein B 12 08 Nordheim v. d. Rhön.
Mitglied seit 1974. Schriftführer 1977. Anschaffung des Vereinsheimes im Saal des Basaltwerkes und danach im Obstlagerkeller. Gleichzeitig Bastelheim für die Modellflieger (MSC). Aufarbeitung der Geschichte zum 75jährigen Jubiläum 1998. Ehrenmitglied.

1980., Mitbegründer der Soldatenkameradschaft Nordheim.
Seither Mitglied. Zahlreiche Auszeichnungen.

Angelverein:
Mitglied seit 1987. In einer einmaligen Aktion mit dem Abwasserzweckverband und der Gemeinde Nordheim als Eigentümerin der Fläche, wurde das vorsorgliche Absetzbecken des Verbandes an der Kläranlage als Fisch- und Angelteich umgestaltet. Durch eine anonyme Anzeige bekam ich Schwierigkeiten. Als Vorsitzender des Verbandes hatte ich den Klärschlamm in alte Steinbrüche gelagert, die schon unter Alex Hösl als Lagerflächen benutzt wurden. Der Schlamm war nach Überprüfung ungiftig, trotzdem musste ich persönlich eine Auflage für die Benutzung einer nicht genehmigten Deponie in Höhe von 2.000,- DM an die Staatsanwaltschaft bezahlen.

1990 Mitbegründer des Feuerwehr-Vereins Nordheim. Ehrenmitglied.

VERSETZUNG IN DEN RUHESTAND

Meine Kraft hatte nachgelassen. An der Mehrfachbelastung, Familie, Bürgermeister und Vereine habe ich weiter schwer getragen. Zu schwer! Insbesondere machten mir die Streitschriften zu schaffen. Das ganze Bündel habe ich an meinen Dienstherren weitergeleitet und um meine Versetzung in den Ruhestand gebeten.

Zum 31. August 1984 wurde ich wegen dauernder Dienstunfähigkeit in den Ruhestand versetzt. Mit ausdrücklicher Genehmigung der Wehrbereichsverwaltung VI in München, konnte und sollte ich meine Bürgermeistertätigkeit weiter betreiben.

Jetzt war meine Energie frei, meine ganzen Kraft für die Bürgermeistertätigkeit eizusetzen. Meine Familie kam dennoch weiterhin zu kurz. Zielstrebig verfolgte ich meine Ziele. Auch das Festjahr 1989- siehe nächstes Kapitel,- war ein voller Erfolg.

Die Verleumdungen und die Verbreiterung der Unwahrheiten nahmen nicht ab.

Allgemein gesehen, wollen die Mitglieder des Gemeinderates einen ruhigen Sitzungsverlauf, wenn auch gelegentlich unterschiedliche Meinungen vorherrschen. Das ist normal.

Normal ist es aber nicht, wenn in jeder Sitzung Androhungen und lautstarke Beleidigungen aufeinanderprallen. Kein Wunder, wenn sich dann eine gewisse Lustlosigkeit breitmacht.

Ich habe im Laufe der Jahre bemerkt mit welcher Laune die Ratsmitglieder „Guten Abend" sagten, wenn sie in das Sitzungszimmer kamen. Daraus konnte ich meine Schlüsse ziehen, ob die Sitzung gut verlaufen wird oder nicht.

Inzwischen waren nicht nur die örtlichen Freien Wähler, sondern auch die örtliche Bürgergemeinschaft im Kampf gegen meine Person und meiner Familie vereint, das Damoklesschwert Renzelberg war abgeschlossen. Es musste was Neues her.

Der erste Höhepunkt, den sich die örtliche Bürgergemeinschaft leistete, war folgender: In der Nacht vom 23.-auf den 24. Dezember 1992 - Heilig Abend - verteilten vier Gemeinderäte der Bürgergemeinschaft eine schriftliche Aufforderung an die Gemeindebürger, die bezahlten Beträge der Vorausbescheide von der Gemeinde bis 31. Dezember zurück zu fordern.

Diese Aktion ging voll in die Hose. Bereits am 4. Januar 1993 mussten die Pamphlet-Verteiler einen Schriftsatz auf Aussetzung ihres Antrages unter die Leute bringen

Der Agitator der örtlichen Bürgergemeinschaft war nicht der Fleißigste wenn es um die Teilnahme an den Gemeinderatssitzungen ging. Seit 1990, bis zu meinem Rücktritt

1994 fehlte er bei 16 Sitzungen, und von 8 Sitzungen 1994, an drei unentschuldigt. Ein Kollege von ihm war nicht viel besser.

In der Sitzung am 7. Juni 1994 wurde der Haushalt beraten. Ich hätte 150.000,00 DM verschoben, tobte ein Freier Wähler los. Und er gäbe keine Ruhe bis ich ins Gefängnis käme. Ich konnte diese Unterstellung klären. Der Haushalt konnte trotzdem nicht beschlossen werden.

Am 5. Juli 1994 wiederholte sich das Schauspiel. Die Freien Wähler verteilten vor der Sitzung wieder Briefe. In der Sitzung verlangte einer der Gruppe das Wort. Er bekam es. Seine Einlassung hatte nichts mit dem vorgelegten Haushalt zu tun und ich entzog ihm seine Ausführungen. Darauf verließen die Fraktionen der Freien Wähler und der Bürgergemeinschaft das Sitzungszimmer. Die Zeitung Rhön-und Streubote titelte „In fünf Minuten war alles vorbei." Der Name für meine Niederschrift, war geboren.

Ich fragte mich, warum? Warum gehen gestandene Männer und Frauen solche Wege? War es Hass? Nein! Das glaube ich nicht. War es politische Dummheit? Könnte schon sein. Jedenfalls war es eine vasallenähnliche Abhängigkeit vom Vorsitzenden der Bürgergemeinschaft.

Warum diese kritiklose Abhängigkeit? Ich konnte das nicht verstehen. Man war doch in einem Boot. Und jeder wollte eigentlich dasselbe, für die Gemeinde etwas tun und natürlich auch Anerkennung erfahren.

Bei den örtlichen Freien Wählern war es etwas ganz anderes. Sie kämpften mit offenem Visier.

Einer von ihnen versuchte ständig, in Wirtshäusern und bei öffentlichen Anlässen, Festen und im privaten Bereich, über meine Person zu loszuziehen.

Seine, über ein Jahrzehnt hinweg ausgesprochene Weissagung, „bis kommender Woche fliegt er aus dem Amt." griff nicht.

Die Vereinswelt blühte, es war ein buntes Leben in fröhlicher Gesellschaft zu spüren. Eine Veranstaltung folgte der anderen.

Während des Festjahres 1989 kam überraschend die Wiedervereinigung. Ich versuchte mit Nordheim im Grabfeld, der thüringischen Gemeinde, Kontakt aufzunehmen. Das ist gelungen. Die Nordheim-Grabfelder Bürgerinnen und Bürger kamen in großer Zahl mit ihrem Bürgermeister zu uns. Sie wurden bewirtet, so, als ob wir schon ewig Freunde gewesen sind. Gegenseitige Besuche folgten auf beiden Seiten, Freundschaften bahnten sich an. Manche bestehen heute noch.

Die Jahre 1991,1992, insbesondere auch die Geschehnisse um den Haushalt 1994 machten mir klar, dass ich es nicht mehr packen werde, der geballten Ladung an unsachlicher Kritik, Intrigen und Verleumdungen, Herr zu werden.

Ich fragte mich, „bin ich selbst daran schuld, dass es so weit gekommen ist? Wo waren meine Fehler, habe ich das selbst herausgefordert, was da abgeht?" Ich habe immer reagiert und versucht, Antworten zu geben auf die Vorwürfe, war dabei nicht immer zimperlich und habe ausgeteilt. Aber agiert habe ich nicht. Eine Antwort konnte ich unter diesem Aspekt nicht finden.

Ja! Jahrelang bin ich auf einer Erfolgswelle in der Gemeinde geschwommen. Habe ich dadurch etwas übersehen? Ich weiß es nicht, wenn ja, dann steht doch wieder die Frage im Raum, warum diese Reaktionen der örtlichen Mitglieder der Freien Wähler und der Bürgergemeinschaft, die ausschließlich nur gegen meine Person gerichtet waren. Niemand hat mir etwas geflüstert, etwas gesagt oder mich auf eine notwendige Veränderung meiner Haltung hingewiesen.

Der Unterschriftsleistende der Freien Wähler agierte nicht nur von sich aus. Er wurde geschürt, angestachelt," zeig es ihm, den machst du fertig!" Das waren Leute, die nie begriffen haben, dass ein Bürgermeister nicht unbedingt der reichste Bauer oder Geschäftsmann im Ort sein muss.

Es hatte den Anschein, dass viele Bürgerinnen und Bürger einen Menschen im Gemeinderat haben wollten, „der es dem Bürgermeister zeigt." Warum sonst, wurde dieser Mann wieder gewählt? Ich weiß die genaue Antwort darauf nicht.

Hatte ich eine Rede zu halten, ging ich tagelang mit dem Thema schwanger. Je kürzer die Rede, je länger war die Vorbereitung. Jede Rede oder Ansprache, die ich als Vereinsvorstand oder als Bürgermeister gehalten habe, gab ich meiner Frau zum Lesen. Auch die Trauerreden am Grab. Sie sollte feststellen, ob ich zu dick aufgetragen habe. Fremdwörter wurden bei ihr immer gestrichen und meine Frau war eine scharfe Kritikerin. Diese Kritik habe ich hingenommen und befolgt.

Natürlich spürte ich Genugtuung über die Erfolge. Ich spürte auch, wie leicht man sich daran gewöhnt, mit der Macht spielen zu können. Überlegen zu sein mit dem Machtgefühl im Bauch. Habe ich davon etwas merken lassen, nach außen getragen? Ich weiß es nicht.

Die Auseinandersetzungen mit dem Sprecher der Freien Wähler in den Sitzungen des Gemeinderates waren nicht nur verbal. Es war auch die Stunde des Abschätzens des Gegners, wie weit er gehen würde. Dabei habe ich besonders die Augen meines Gegners kontrolliert. Verengte Pupillen waren das Signal, besser nichts mehr zu sagen.

Einmal habe ich das in einer Sitzung übersehen. Der Sprecher flippte aus, nahm einen schweren Vollglasaschenbecher - ein Geschenk der örtlichen Raiffeisenkasse an die Gemeinde - und haute diesen mit einer Wucht auf den Ratstisch, dass man glaubte es ei alles aus.

Im Laufe der Zeit war ich in der Führung der Sitzungen nicht mehr sicher. Meine Nerven gaben mir keinen Halt mehr. Hatte ich dienstags Sitzungen um 20.00 Uhr, ging ich um 19.00 Uhr in die Abendmesse. Setzte mich in die hinterste Bank und versuchte mich zu beruhigen, klare Gedanken zu fassen.

Bei mir setzte sich langsam die Erkenntnis durch, ich schaffe es nicht mehr so, wie ich es gewohnt war zu parieren, und ich werde es nicht mehr schaffen, noch einmal unter diesen Umständen für 1996, zu kandidieren.

Bei Gelegenheit bedankte ich mich bei dem Gemeinderat und Steinmetzmeister Benno Stäblein, der während meiner Bürgermeistertätigkeit mit seinem Sohn Alexander für den Friedhof alleinverantwortlich war. Dafür hat er nie eine Vergütung verlangt.

Meine Hausärztin legte mir nach einem langen Gespräch nahe, meiner Familie und meiner Gesundheit zuliebe das Handtuch zu werfen. Das war Ende des Jahres 1993.

Im Juni 1994 habe ich den Rücktritt mit meiner Frau besprochen und die Familie informiert. Ich wurde ungläubig angeschaut. Niemand glaubte, dass ich das wahrmachen würde. Am 6. August 1994 verteilte ich meinen Entschluss an die Ortsbevölkerung.

MEINE RÜCKTRITTSERKLÄRUNG

Die Rücktrittserklärung hatte folgenden Wortlaut:

Sehr geehrte Bürgerinnen und Bürger der Gemeinde Nordheim/Neustädtles!

Sie haben erfahren, dass ich zum 30. September 1994 meinen Rücktritt aus dem Bürgermeisteramt erklärte. Der Gemeinderat hat am 02. August 1994 meinem Antrag mehrheitlich zugestimmt.

Ich wende mich nun letztmalig an Sie mit ein paar erklärenden Sätzen, mit der Hoffnung, dass diese Art der Bürgerinformation in Zukunft ihr Ende finden wird. Aus vielen Gesprächen weiß ich, dass Sie als Bürgerinnen und Bürger es leid sind, mit Schriften aller Art eingedeckt zu werden.

Nach mehr als 22-jähriger Amtszeit und mehr als 17-jähriger Tätigkeit als erster Bürgermeister muss ich feststellen, dass ich den Belastungen nicht mehr gewachsen bin. Aus demokratischer Sicht entsteht kein Anlass zum Rücktritt. Schließlich bin ich 1977 mit 76,8 %, 1978 mit 90 %, 1984 mit 78,2 % gewählt und letztmalig 1990 erneut mit 79,8 % der Stimmen im Amt bestätigt worden. Diese Ergebnisse lassen den Schluss zu, dass, bei aller geäußerten Kritik in der Öffentlichkeit, ich als Bürgermeister in der Bevölkerung unumstritten akzeptiert war.

Ein Bürgermeister muss mehr als eine Privatperson mit Kritik und Anfeindungen leben können. Zunehmend seit

1980 habe ich die Fähigkeit verloren, dieser Belastung standzuhalten. Einen Einblick haben Sie selbst durch die Schriften meiner Gegner erhalten. Ich kann anmerken, dass ich schon lange aus dem Amt hätte scheiden müssen, wenn nur ein Bruchteil der Behauptungen wahr gewesen wäre. Natürlich kann man sich mit sachlicher Kritik auseinandersetzen, nur zu persönlichen Anfeindungen ist es schwer, Stellung zu beziehen. Auf eine Wiederholung dieser Anfeindungen möchte ich hier verzichten.

Selbstverständlich gehören zu einer Demokratie Oppositionsparteien. Ihre Funktion besteht darin, Kontrolle über die Regierenden zu üben, Missstände aufzuklären und eigene Vorschläge einzubringen. In Nordheim scheinen sich die Oppositionsparteien aber so zu verstehen, Missstände zu verursachen, um diese dann anzuprangern. Die Gemeinde Nordheim wird insbesondere von der Freien Wähler Gemeinschaft mit einer Flut von Klagen überhäuft. Die meisten dieser Klagen blieben ohne Ergebnis, ein weiterer Teil wurde durch einen Vergleich abgeschlossen. Die Verwaltung wird durch diese Klagen überbelastet, was zur Folge hat, dass wichtige Angelegenheiten liegen bleiben müssen. Dies nutzen die Oppositionsparteien wiederum dazu, die Behauptung aufzustellen, dass in Nordheim wichtige Themen nicht erledigt werden. Wie soll man sich bei dieser Vorgehensweise zur Wehr setzen?

Es ist auch nichts Ungewöhnliches, dass von Zeit zu Zeit in einem Gemeinderat bei der Erörterung von Sachfragen deutlichere Worte gesprochen werden. Schließlich handelt es sich dabei nicht immer um einfache Fragen. Inwieweit muss sich dabei ein Gemeinderat und ein Bürgermeister den verbalen Ausuferungen und Intrigen einzelner Personen ausliefern? Bei dieser Art von Auseinandersetzung bleibt es nicht aus, dass Gerichte bemüht werden. Es ist eine der wenigen Möglichkeiten, sich zu wehren. Im Allgemeinen jedoch musste ich mit der Zeit feststellen, dass diese Vorgehensweise politische Widersacher nicht davon abhält, ihre Methode und Haltung zu ändern. Angestrebte Gerichtsverfahren haben die Erkenntnis gebracht, dass es für eine in der Öffentlichkeit stehende Person keine geeignete Rechtfertigung gibt.

Was bleibt übrig? Im Laufe der Zeit hat sich durch die Vorkommnisse in der Gemeinde mein gesundheitlicher Zustand verschlechtert. Den nervlichen Anspannungen bin ich nicht mehr gewachsen und den Anfeindungen kann ich nur begegnen, indem ich deutliche Worte spreche. Dabei wird aber an meine Person ein anderer Maßstab angelegt als bei meinen Widersachern, so dass meine Handlungen in der Öffentlichkeit auf Unverständnis stoßen. Die Arbeit in der Gemeinde bleibt liegen, weil der Gemeinderat mehr mit sich selbst als mit Sachfragen beschäftigt ist - die Schuld wird mir zugeschoben. Ich selbst habe nicht mehr die Kraft, dieser Entwicklung zu begegnen und entgegenzuwirken. Die Gemeinde braucht aber für die bevorstehenden Aufgaben einen Bürgermeister, der der Gemeinde voll zur Verfügung stehen kann. Es fiel mir nicht leicht, mir einzugestehen, dass meine gesundheitliche Entwicklung dies nicht mehr zulässt. Was blieb, war der Rücktritt aus dem Amt. Allemal stellt sich die Sachlage in der Einschätzung der Ortsbevölkerung anders dar als durch die Medien verbreitet. Sehr geehrte

Bürgerinnen und Bürger, hätte ich Ihre Unterstützung in der Gemeinde nicht gehabt, hätte ich schon lange diesen Schritt vollzogen. Für diese Unterstützung und das Vertrauen, das mir von Ihnen während meiner Zeit als zweiter und erster Bürgermeister entgegengebracht worden ist, möchte ich mich herzlich bei Ihnen bedanken.

Mit freundlichen Grüßen

Rudi Dietz

1. Bürgermeister

DIE 1200 JAHRFEIER 1989

Bereits am 29. Juni 1977 habe ich dem Gemeinderat vorgetragen, dass der Kreisheimatpfleger, Rektor Max Mölter die Chronik von Nordheim v.d. Rhön bis zum Festjahr 1989 fortschreiben sollte., was er nicht verneinte. Nach Vorgesprächen mit ihm war mir klar, dass das Festjahr, 1200-Jahre Nordheim v.d. Rhön, 1989 stattfinden kann. Die Vorkehrungen waren rechtzeitig zu treffen.

Am 25. Juni 1986 bittet Rektor i.R. Max Mölter um alte Fotos, und teilt mit, dass am 27.02.789 Nordheim v.d. Rhön erstmals erwähnt sei. Es wurden seitens des Gemeinderates Zweifel angesagt und eine Urkunde von 774 erwähnt. Ich erklärte mich bereit alte Fotos und sonstiges Material für Herrn Mölter zu besorgen. Das mit den Fotos war recht zäh vonstattengegangen. Die Leute befürchteten, dass diese Fotos nicht mehr zurückgegeben werden. Sie hätten ihre

Erfahrungen schon gemacht. Ich verbürgte mich und es gelang.

Bei der Sammlung der Fotos kam mir der Gedanke, mit den Bildern eine Ausstellung zum Festjahr vorzubereiten. Gleichzeitig musste auch die Finanzierung des Buches geregelt werden. Auch dieser Gedanke wurde vom Gemeinderat einstimmig anerkannt.

Bei der Regierung von Unterfranken hatte ich vorgesprochen und gebeten, die Vorhaben im Rahmen der Städtebauförderung mit zu finanzieren. Anfangs ging das gar nicht, zum Schluss aber doch. Die Auflage, ein Teil der Bilderausstellung muss mit der Städtebauförderung dargestellt werden, ebenso im Buch Heimat an der Streu, 1200 Jahre Nordheim vd Rhön.

Eine Überprüfung der Sachlage bezüglich der erstmaligen Erwähnung der Gemeinde hat ergeben, dass ich in der Sitzung des Gemeinderates am 13. November 1986 folgendes vortragen konnte:

Nach einer Urkunde des Klosters Fulda schenkten Neriperath und seine Gemahlin Ratburg dem Kloster unter Abt Sturminus am 6. März 774 auf Todesfall ihre Güter in Villa Nordheim im Gau Grabfeld samt Leibeigenen. Welches Nordheim in dieser Urkunde gemeint ist, ist strittig. Die Mehrzahl der Experten ist jedoch der Meinung, dass bereits die Urkunde aus dem Jahre 774 Nordheim v.d. Rhön gemeint ist. Auch Dr. Wenisch vom Staatsarchiv Würzburg vertritt diese Meinung, gibt aber auch zu, dass noch Zweifel zurückbleiben.

Mit Sicherheit kann man eben nur die Nennung des Jahres 789 auf Nordheim v.d. Rhön beziehen „in Pago Paringe" während 774 allgemein nur von „in Pago Grabfeld" die Rede ist.

In dieser Urkunde, Pago Paringe, überließen Frikko und seine Gemahlin Itmut alle ihre Besitzungen, die sie in den Orten Nordheim, Fladungen und Sondheim im Baringau hatten, dem Kloster Fulda als frommes Vermächtnis.

Somit kann Nordheim v.d. Rhön seine 1200-Jahrfeier mit letzter Gewissheit erst im Jahre 1989 feiern.

Die Jahre von 1977 bis 1987 blieben nicht ungenutzt in der Vorbereitung des Festes. Der Rhönklub-Zweigverein Rother Kuppe Nordheim v.d. Rhön, plante das Bezirkstrachtenfest nach Nordheim im Festjahr zu holen. Mit dem Vorsitzenden Siegfried Karlein machte ich mich drei Jahre lang auf den Weg in die Bezirksversammlungen des Trachtenverbandes von Unterfranken. Diese waren immer am Kirchweihsonntag.

Das war nicht einfach bis zur Zusage, dass der Rhönklub das Fest ausrichten könne. Denn wir beide hatten zunächst keine Tracht und waren deshalb auch gar nicht geachtet bei den Mitgliedern der Bezirksversammlung.

Eine Anmerkung am Rande: Eines Tages kaufte ich mir einen sogenannten Raiffeisenanzug. Damit wollte ich bei der nächsten Versammlung imponieren. Das war ein grüner Anzug, der nicht so richtig in die Vorstellungswelt der echten Trachtler passte. Obwohl damals die Kassenchefs der Raiffeisen Kassen und Banken fasst alle einen derartigen Anzug getragen haben. Ich hatte auch keine Trachtenschuhe an. Die Hose war wie jede Anzugshose und die Jacke hatte einen Revers, wo man meinen könnte, das sollte eine Tracht sein.

Eine Trachtlerin aus Gochsheim, groß von Wuchs und kräftig wie ein Schmied, baute sich plötzlich in der Pause der Versammlung vor mir auf, sie giftete mich an: „Was, das soll eine Tracht sein", dabei fummelte sie an meinem schönen Jäckchen mit ihren wulstigen Fingern herum. Ich schaute zu ihr auf mit meinem treuen Hundeblick, konnte sie beruhigen, denn unser Rhönklub-Zweigverein Rother Kuppe, hatte neue Trachten angeschafft. Ich war nur zu faul, meine Tracht mit den Trachtenschuhen zu der Versammlung anzuziehen. Den Zuschlag hatten wir am Schluss dieser Sitzung erhalten und der Rhönklub konnte jetzt auch planen.

Am 19. Februar 1987 beschießt der Gemeinderat, das Fest 1989 durchzuführen. Bis dahin stand fest:

Der Festakt soll am Urkundentag, 27.02.1989, stattfinden. An diesem Tag soll auch die neue Chronik öffentlich gemacht werden.

Folgende überörtliche Veranstaltungen standen fest: Das Bezirkstrachtenfest, die Jahresversammlung des Rhönclub-Hauptvorstandes, der Feldgeschworenentag des Altlandkreises Mellrichstadt, die Kreisfeuerwehrversammlung. Mit anderen Nordheimer Gemeinden wurde bereits Kontakt aufgenommen und Friedrich Kardinal Wetter hatte zugesagt,

Generell wollten wir ein Festjahr von Februar 1989 bis Februar 1990. Der Bürgersaal brauchte ein neues Gesicht. Der ehemalige Schlossgarten bot sich an, einen Festplatz zu gestalten, wobei noch genügend Platz blieb, damit die Kinder beim Festbetrieb herumtollen konnten.

Der Festumzug sollte die Historie der Gemeinde zeigen, das Motto: „Nordheim einst und jetzt." Die historischen Kostüme wurden in Dortmund, in dem Westdeutschen Kostümverleih bestellt. Extra musste Maß genommen werden. Entsprechende Listen mit Namen und den Maßen wurden angelegt.

Auch ein Sonderpostamt war erwünscht. Der Festausschuss arbeitete auf Hochtouren.

Da ich die Gesamtverantwortung übernommen hatte, hielt ich mich an wenige Personen meines Vertrauens und machte diese für die Vorbereitungen mit verantwortlich. Frei nach dem Motto aus dem Römischen Reich, „ teile und herrsche."

Das waren: Meine Sekretärin Rolande Karlein, unterstützt von der Sekretärin des Schulverbandes Heidi Dietz. Mein Taufpate Rudi Spiegel, Vorsitzender der Vereinsgemeinschaft, und dessen Sohn Lothar, gleich Schriftführer des Sitzungsprotokolls des Gemeinderates. Zweiter Bürgermeister Alfred Hohmann, 3. Bürgermeister Hans Keller, Karl Hippeli 2. Vorsitzender der Vereinsgemeinschaft, alle mit ihren Frauen, und Renate Mültner Eckert, mit Ehemann Willibald Mültner. Ingbert Fischer, 1. Vorsitzender des Gesang- und Musikvereins Nordheim v.d .Rhön, und Frau Birgit.

Die Wasserleitungen, der Abwasserkanal und der Straßenausbau zum Festjahr 1989 waren fertiggestellt. Der Bürgersaal wurde neu restauriert, die Bewohner hatten mitgemacht und ihre Häuser neu herausgeputzt.

Seine Eminenz, Friedrich Kardinal Wetter, Erzbischof von München und Freising, hatte seinen Besuch für den 29.und 30. April 1989 angesagt, dem 100. Geburtstag seiner Mutter, Frau Agathe Wetter, geborene Böttinger, geb. am 30. April 1889 in Nordheim vd Rhön.

Die katholische Kirchengemeinde Nordheim unter Ortspfarrer Dekan Heinrich Weth hatte zum Ende des Jahres 1988 eine Schallplatte herausgegeben. Darin sind die Ortsglocken von Nordheim und Neustädtles sowie Orgelstücke von den evangelischen und katholischen Kirchenorgeln beider Ortsteile zu hören. An der Orgel spielte der Absolvent der Regensburger Domspatzen, Wolfgang Hörlin.

Die Raiffeisenbank Nordheim v.d. Rhön brachte einen Silberbarren von der Fa. Intercoin- 1 Unze Feinsilber 999, Gewicht ca. 15g, Preis 46,50 DM, heraus. Motiv: Vorderseite, Kirchenaufgang mit Randbeschriftung 1200 Jahre Nordheim V.D. Rhön, 789-1989. Rückseite das alte Prägesiegel von 1683 mit der Deutung, WASSER, BRVCK (Bruck) LINN (Linde) WIRTSHAUS:BRUNNEN.M:DRIN: In polierte Platte. (PP).

Ebenso die Kreissparkasse Bad Neustadt ad Saale von der Fa. Heraeus, Edelmetalle Hanau, GMBH. Rechteck mit abgerundeten Ecken. 42mm x 22 mm. Motiv: Johannisbrücke mit Rathaus, Feuerwehrturm und Kirche St. Johannes der Täufer im Hintergrund. Rückseite, 1 Unze Feinsilber mit Firmenbenennung. Preis, 33,50 DM.

Anfang des Festjahre 1989 stand folgendes Festjahresprogramm fest.

Montag, 27. Februar um 18.00 Uhr Ökumenischer Gottesdienst mit Dekan Heinrich Weth und Pfarrer Konrad Schellenberger. Um 19.00 Uhr Festabend in der DreifachTurnhalle der Volks-Verbandsschule Nordheim v.d. Rhön

03. März 10.00 Uhr Eröffnung der Fotoausstellung im Kindergarten.

06.03. bis 17.03. Religiöse Veranstaltungen. Katholische Pfarrei.

23.04. Feldgeschworenentag des Altlandkreises Mellrichstadt.

29.-und 30. 04. Besuch seiner Eminenz Friedrich Kardinal Wetter, mit Festgottesdienst am Sonntag, 30.04. um 10.00 Uhr.

04.06. Gaukinderturnfest.

09.-11.06. Bezirksheimattrachtenfest im Festzelt ehemaliger Schlossgarten.

14.06. Dekanats-Seniorinnen und Seniorennachmittag.

15.06. Landbauerntag.

17.06. Eröffnung des Sonderpostamtes.

Und Veranstaltung des „Kuratoriums unteilbares Deutschland," in der Dreifachturnhalle des Schulverbandes.

17.06. Nordheimer Abend im Festzelt des ehemaligen Schlossgartens.

18.06. Festumzug, Nordheim einst und jetzt. 2. Tag des Sonderpostamtes.

19.06. Kindernachmittag auf dem Festplatz, abends im Zelt, Kesselfleischessen.

20.06. Geschicklichkeitswettbewerb der Bayerischen Landesbausparkasse.

21.06. Helferfest.

24.06. Kirchenpatronatsfest. Kirchenpatron Johannes der Täufer.

25.06. 1. Johannimarkt mit Basar, Kleintierzuchtverein B 1208

08.-10.09. Deutsche Meisterschaft im Motorsegeln. Flugplatz Katzenroth. Ausrichter Modell-Sport-Club Nordheim v.d. Rhön e.V.

16.-17.09. Europameisterschaft im Pylon Racing Klasse F 3D, Modell- Sport-Club, (MSC) Nordheim v.d. Rhön e.V.

16.-17. und 26. 12. 1989, Nurdemer Laienbühne: Stress für Bürgermeister Pechleitner, im Festjahr. Den Pechleitner, spielte ich selbst.

Und am **25. 02. 1990** Festlicher Schlussgottesdienst im Festjahr.

Der Tag des Festaktes am Montag, dem 27. Februar 1989:

18.00 Uhr Ökumenischer Gottesdienst
Dekan Heinrich Weth, Nordheim,
Pfarrer Konrad Schellenberger, Fladungen
Turnhalle der Volks-Verbandsschule Nordheim v.d. Rhön

19.00 Uhr Festakt Montag, 27. Februar 1989
Marsch: Laridah von Max Hempei
Eröffnung und Begrüßung 1. Bürgermeister Rudolf Dietz

Feuerwerksmusik

„Ouvertüre" von Georg Friedrich Händel (1685 - 1759) Bearbeitet von Edmund Löffler

Totengedenken

Choral „Über den Sternen"
von Friedrich F. Flemming (1778 - 1813)

Gedicht „Mein Heimatdörflein"
von Georg Wolfsteiner, vorgetragen von Silvia Dietz, Tanja Fischer, Bianca Krieg

Freudenklänge
Festgesänge von Christoph W. Gluck (1775), Text: Viktor Garns

„Nordheim v. d. Rhön - Siedlung und Pfarrei"
Dipl. Theologe Soder Erik von Güldenstubbe, Diozesanarchivar, Würzburg

Brüder reicht die Hand zum Bunde
von Wolfgang Amadeus Mozart (1791), Text: F. G. Wegerer

Festrede
Dr. Franz Vogt, Regierungspräsident der Regierung von Unterfranken, in Vertretung der Bayer. Staatsregierung

Feuerwerksmusik
"Der Friede" von Georg Friedrich Händel (1685 - 1759), bearbeitet von Edmund Löffler

„Heimat an der Streu - 1200 Jahre Nordheim v. d. Rhön"
Vorstellung des Buches von Max Mölter

Grußworte
der politischen Mandatsträger
und der Vertreter der Verwaltungen

Schlusswort
1. Bürgermeister Rudolf Dietz

Bayernhymne
„Gott mit dir du Land der Bayern" von Max Kunz, Text: Michael Ochsner (1816 - 1893)

Deutschlandlied
3. Strophe von Josef Haydn,
Text: Hoffmann von Fallersleben (1841)

Eintragung in das Gästebuch und Empfang der Gemeinde

Musikalische und gesangliche Umrahmung:
Musikkapelle und gemischter Chor des Gesang- und Musikvereins Nordheim v. d. Rhön e. V;

Leitung: Edwin Dietz, Heufurt

Am Festtag brachte die Heimatzeitung Rhön-und Streubote drei Aufmacher: „Die Herren von der Thann." „Inserierende Geschäftsleute," dann „Eine Schenkung aus Furcht vor der Hölle."

Der Auftakt für eine sehr umfangreiche Berichterstattung Festjahr war gemacht.

Die Einladungen mit dem Jahresprogramm und dem Programm des Festaktes wurden an die Bewohner von Nordheim und Neustädtles Tage vorher verteilt.

Der ökumenische Festgottesdienst in der Kirche St. Johannes der Täufer in Nordheim, mit Dekan Heinrich Weth und Pfarrer Konrad Schellenberger Fladungen, war sehr gut besucht.

Danach waren es nur wenige Meter über den Friedhof in die Turnhalle der Volks-Verbandsschule zu gehen. Es waren ca. 150 Gäste eingeladen, sie waren auch da, die restlichen Plätze waren für die Nordheimer Mitbürgerinnen und Mitbürger. Die aktiven Sängerinnen und Sänger nahmen in den Seitenräumen entlang der Turnhalle Platz. Die Musikkapelle war auf der Bühne postiert. Leitung des Chores und der Kapelle: Edwin Dietz aus Heufurt.

Angeführt von Dr. Franz Vogt, Regierungspräsident von Unterfranken, auch in Vertretung des Schirmherren Staatsminister Dr. Edmund Stoiber, begrüßte ich weiter:

Das Mitglied des Europäischen Parlaments, Frau Lore Neugebauer, Mellrichstadt. Das Mitglied des Deutschen Bundestages Eduard Lintner, das Mitglied des bayerischen Landtages, Johann Böhm, den Senator Karl Grönen Mellrichstadt, Bezirksrat Adolf Büttner, Ostheim, Landrat Dr.

Fritz Steigerwald, Kreisrätin Hildegart Kirchner, Rüdenschwinden, und Kreisrätin Marliese Landgraf, Sands.

Den Diplom -Theologen Soder Erik von Güldenstubbe, Diözesanarchivar Würzburg, Dekan Heinrich Weth, unseren Ortsprfarrer, den evangelischen Amtsbruder Pfarrer Konrad Schellenberger, Fladungen, Pfarrer Erwin Ziegler, ehemals Nordheimer Pfarrer, Pfarrer Karl Hauck, Ostheim, den evangelischer Pfarrer Günther Eckert, Willmars, den Dekanats- Ratsvorsitzenden Norbert Handel, Ostheim, und Kreisheimatpfleger Rektor a. D. Max Mölter mit Gattin.

Weiter: 1. Bürgermeister (Bgm) Oskar Herbig Mellrichstadt, 1. Bgm Fridolin Link, Hausen Rhön/Roth, 3. Bgm Burkard Wohlmacher, Ostheim/ Urspringen, 1. Bgm Gerhard Schätzlein Willmars/Filke, und 2. Bgm Antorn Kirchner Fladungen, mit weiteren Bürgermeistern aus dem ehemaligen Landkreis Mellrichstadt.

Ein ganz besonderer Gruß galt der Abordnung aus Northeim/Rhume, der Stadt, mit der besonders die Alte Herren Fußballmannschaft, der ich auch angehörte, Jahre zuvor Kontakte geknüpft hatten. Darunter ganz besonders, 1. Bürgermeister Wolfgang Tölle und Hauptamtsleiter Jürgen Nicol, Stadt Northeim/ Rhume

1. Bürgermeister Romann Christ Nordheim a. Main, 1. Bürgermeister Enders und 2. Bürgermeister Riedberger Markt Nordheim Neustadt/Aisch, mit einer Abordnung. Altbürgermeister Rudolf Hack mit seinen ehemaligen Gemeinde-

räten aus Neustädtles, und Willy Benkert, stellvertretend für alle ehemaligen Gemeinderäte von Nordheim mit Ehefrauen.

Mein besonderer Gruß galt Frau Hildegard Hösl, der Witwe meines Vorgängers, Alex Hösl.

Weiter: Rolf Richter, den Präsidenten der Flurbereinigungsdirektion Würzburg, Dipl. Agrar-Ing. Walter Bock, Leiter der Bayerischen Landessiedlung, Würzburg, Wolfgang Hach, Baudirektor Wasserwirtschaftsamt Schweinfurt, Fritz Wagner Baudirektor Straßenbauamt Schweinfurt, Adam Dürr, Landwirtschaftsdirektor Amt für Landwirtschaft, Bad Neustadt ad Saale, Geschäftsführer Hein Bad Neustadt a.d. Saale, Jochen Wilke, Baudirektor Reg. v. Ufr, Würzburg, zuständig für die Städtebauförderung,

Schulamtsdirektor Volker Hufnagel, Bad Neustadt a.d. Saale, Forstdirektor Volker Neuhäuser, Forstamt Mellrichstadt, Forstamtmann Alfred Kirschner, für den Gemeindewald zuständig, Vermessungsdirektor Dieter Hanshans, Bad Neustadt ad Saale, Amtsärztin Dr. Luise Schottky, Staatliches Gesundheitsamt Bad Neustadt ad Saale, Notar Peter Schüssler, Mellrichstadt, Oberstleutnant Jörg Schulze, PzGrenBtl. Mellrichstadt, und Horst Schreier, den Leiter der Standortverwaltung Mellrichstadt.

Polizei-Hauptkommisar Walter Bauer und Polizei- Oberkommisar Hilmar Landgraf, Mellrichstadt, Kreishandwerkermeister Josef Brändle, Bad Neustadt ad Saale.

Freiherr und Freifrau Kilian von der Thann-Rathsamhausen, Freiherr und Freifrau Irene von Stein, Viktoria Gräfin von Soden, Neustädtles, Dr. Hans Körner und Gattin aus Abenberg, der einen Artikel in der Festschrift über die Herren von der Thann zu Nordheim vd Rhön geschrieben hat.

Für die Ortsvereine begrüßte ich den Vorsitzenden der Verein-Gemeinschaft Rudi Spiegel mit seinem zweiten Vorsitzenden Karl Hippeli, die Rektoren der Verbandsschule Nordheim und Fladungen, Hermann Spiegel und Karl Mühlbauer,

Amtsrat Theo Herbert, Verwaltungsgemeinschaft Fladungen mit Mitarbeiterinnen und Mitarbeitern, Herbert Messer mit Ehefrau Änne, Jagdpächter und Gönner der Gemeinde aus Wiesbaden.

Zu guter Letzt, die Pressevertreter und die Bürgerinnen und Bürger die den Saal bis auf den letzten Platz besetzten. (Ende der Einzelbegrüßung).

Nach der Begrüßungsrede von Dr. Franz Vogt, stellte Kreisheimatpfleger Max Mölter als Autor das Buch "Heimat an der Streu - 1200 Jahre Nordheim v.d. Rhön" vor.

Von 1977 an hatte ich Herrn Mölter zugearbeitet und Material für das Buch geliefert. Erst unter Zeitdruck wurde das Buch gerade noch zum Festakt fertig. Wegen meiner laufenden Vorbereitungsarbeiten fand ich keine Zeit, in diesem Buch einen Artikel zu schreiben. Es blieb beim Grußwort.

Alleine habe ich die Festschrift: „789-1989 Nordheim v.d. Rhön," vorbereitet und zusammengestellt. Dazu auch die Inserate persönlich eingeholt. Gespräche mit Dr. Hans Körner waren nötig und Hans Hauck, Nordheim, hatte ich dazu bewegt, einige Beiträge in der Festschrift zu leisten. Dafür danke ich sehr, auch dem Hausmeister der Verbandsschule, Klaus Hess, für die vielen Handreichungen und Botengänge. Die Festschrift mit 103 Seiten wurde mit dem Buch an alle gängigen Archive versandt. Auch von USA wurde je ein Exemplar angefordert.

Neben allen Grußworten, die gesprochen wurden, war der Festvortrag „Nordheim v.d. Rhön- Siedlung und Pfarrei," von Soder Erik von Güldenstubbe, der Höhepunkt des Abends. Es herrschte absolute Ruhe im Saal. Niemand merkte wie die Zeit verging.

Die erste Bewährungsprobe war bestanden.

Es war ein würdiger Festakt. Die Anwesenden haben sich nach der Veranstaltung in das Goldene Buch der Gemeinde eingetragen.

Die Speisen und Getränke für den Empfang wurden unter Anleitung von der Lehrerin Bernadette Staub mit zahlreichen Hausfrauen in gewohnter Manier vorbereitet und gereicht. Es gab viel zu erzählen, die letzten Gäste verließen gegen Morgen des nächsten Tages den Raum.

Eine Anmerkung: Aus Repräsentationsgründen musste ich für das Festjahr rechtzeitig Wein einkaufen. Das habe ich bei Roman Christ in Nordheim a. Main getan. Die Rechnung war nicht klein, ich musste sie dem Gemeinderat vorlegen.

Gewohntermaßen wurde wie immer von derselben Seite kritisiert. Ich stellte eine Flasche Wein und für jedes anwesende Mitglied des Gemeinderates ein Glas auf den Ratstisch. „Bitte versucht den Wein," sagte ich.

Und siehe da! Meine Herren Gemeinderäte hatten großes Gefallen an den Geschmack des Weines gefunden. Sie verputzten einige Flaschen. Fasst eine Flasche pro Gemeinderat. Von Sparsamkeit war danach keine Rede mehr. Die Ausgaben waren genehmigt.

Pflanzung einer Linde

Am Dienstag, dem 28. Februar 1989 pflanzte ich mit Bürgermeister Wolfgang Tölle und Hauptamtsleiter Jürgen Nicol Northeim /Rhume, eine Linde auf Fl. Nr.: 1298 gegenüber der Praxis Dr. Weber. Geliefert wurde die Linde von der Fa. Hainisch aus Heustreu. Deren Mitarbeiter musste dann die Pflanzung vollenden. Die Kindergartenkinder und die Kinder der ersten Klassen der Volksschule schauten zu. Sie freuten sich anschließend auf die Bratwurst.

Leider wuchs die Linde nicht an. Am 14. November 1989 pflanzte ich mit den Gemeindearbeitern Erich Assmann und

Harald Ewald eine neue Linde aus dem gemeindeeigenen Wald. Diese gedeiht bis dt. prächtig.

Die Ausstellung, Bauten, Entwicklung, Gesellschaft und Vereine

Am 03.03. 1989 eröffnete ich um 10.00 Uhr die Ausstellung mit 807 Motiven.

Als Eröffnungsgäste konnte ich Viktoria Gräfin von Soden, Dekan Heinrich Weth, den Bezirksheimatpfleger Dr. Reinhard Worschech, Regierung von Unterfranken Würzburg, und Walter Bock, Bayerische Landessiedlung (BLS) Würzburg und 3. Bürgermeister Hans Keller, begrüßen.

Die Vorgaben der Regierung von Unterfranken bezüglich der Städtebauförderung wurden erfüllt. 64 Aufnahmen in schwarz/weiß von Nordheim v.d. Rhön aus der Zeit vor 1971, siehe Leitfaden von Landeskonservator Dr. Anton Reß von 1971, wurden von der BLS zur Verfügung gestellt, und in die Ausstellung eingebunden. 12.000,-DM genehmigte Baudirektor Jochen Wilke, Reg. v. Ufr. Würzburg, für das Heimatbuch und für die Fotoausstellung. 335 Bilderrahmen zeigten 807 Motive von der Baustruktur der Gemeinde, vom gesellschaftlichen Leben der Vereine und des Handwerkes in der Gemeinde. Dabei war auch eine Galerie der Herren von der Thann aus dem Rhönstädtchen Tann. Das gräfliche Schloss der Herren von Soden Neustädtles, mit den Tropfhäuschen, ebenfalls mit Bildern belegt.

Drei Räume im ersten Stock des Kindergartens der Grobschen Stiftung und der Treppenaufgang waren mit Bildern bestückt.

Leider werden diese Bilder zurzeit nicht mehr urheberrechtlich geschützt. Und leider habe ich festgestellt, dass diese Fotoausstellung zerlegt wurde und nicht mehr vollkommen ist. Schade!

Mein Dank galt der Bayerischen Landessiedlung Würzburg, insbesondere dem Sacharbeiter Josef Düchs, für die fachliche Beratung, seinem Chef Walter Bock, und den örtlichen Helfern, Rudi Spiegel, Harald Ewald und Alfred Sopp. Harald Ewald für seine unendliche Geduld mit Fotograf Eduard Kern, Ostheim.

Meine Anmerkung:

Die Regierung von Unterfranken verlangte für die Fotogestaltungen und Arbeiten wie Repros usw. eine Ausschreibung, weil sie mitfinanzieren sollte. Tatsächlich genehmigte die Abteilung Städtebauförderung 12.000,00 DM für die Herausgabe des Buches und für die Fotoausstellung.

Foto Eduard Kern, Ostheim vd Rhön, bekam den Auftrag als billigster Anbieter. Wir vereinbarten mit Eduard Kern, dass wir die Bilder und Motive bringen, dann im Turnus die fertigen Repros für die Ausstellung erhalten, und die geliehenen Bilder wieder an die Besitzer zurückgeben. Das ging nicht gut. Eduard bekam von Zeit zu Zeit großen Durst.

Immer wenn ich oder Gemeindearbeiter Harald am Haus Kern in Ostheim vorgefahren sind und kein Licht im Verkaufsladen gesehen haben, mussten wir feststellen, dass ein Zettel an die Türe genagelt war mit dem Hinweis, komme gleich wieder.

Diese drei Worte wurden das Sinnbild für eine nervliche Prozedur. Denn immer, wenn dieser Zettel angenagelt war, dauerte es zwei bis drei Tage bis Eduard wieder arbeiten konnte. Das letzte Bild kam zehn Minuten vor der Eröffnung um 10.00 Uhr am 03.03.1989 an. Ende.

Da im Festjahr auch ein Treffen der Jahrgänge 1932, 1935 bis 1939 organisiert wurde, haben sich viele ehemalige Nordheimer und Neustädtleser an der Ausstellung erfreut. Immer wieder wurde mir herzlich gedankt.

Am 29.04.1989 wurde Friedrich Kardinal Wetter, Erzbischof von München und Freising in dem Heimat-und Geburtsort seiner Mutter, Nordheim v/d Rhön, erwartet.

Das Jahrhundertereignis

Pünktlich um 18.00 Uhr traf er am Pfarrhof ein. Herzlich war die Begrüßung und auf die Frage, wie er das gemacht habe, so pünktlich zu sein, sagte er, in Münnerstadt habe er den Tilmann Riemenschneider- Altar besucht. Herzlich war auch die Begrüßung für die Verwandtschaft und sofort suchte Wetter die anwesenden Mütter mit ihren Kindern auf und segnete sie. Der Abend des 29. April war der Verwandtschaft geschultert.

Während der Begrüßung klingelte das Telefon. Der zweite Bürgermeister Alfred Hohmann rief mich an, es wäre wichtig. Was war wichtig? Das sagte er nicht. Ich wusste, dass bei ihm das Essen für den Kardinal vorbereitet wurde. Verantwortlich für die Klöße waren Christa Hohmann, die Ehefrau von Alfred, Renate Mültner Eckert und Evi Heinrich. Für die Suppe meine Frau Paula, für den Braten Karl Heinz Rothkopf, für den Rotkohl Renate Mültner, für die Salate Elfie Hippeli, Gabi Sopp und Inge Suckfüll. Für die Nudeln Paula Riedel und Erika Keller, Das Dessert wurde vom Cafe Weber gespendet. Eis mit Früchten angerichtet auf kleinen Tellern. So war der Plan.

Ich kam also abgehetzt bei Hohmanns an. Wollte mich eigentlich umziehen für den Abend mit dem Kirchenfürsten, wo ich eingeladen war. Was ist los, brüllte ich schon im Hof. „Gä erscht ä mol rei, geh erst einmal rein rief Alfred. „Was ist los?", rief ich von außen. Und was war los? Nichts! Ich sollte die 150 Kartoffelklöße besichtigen, die schon zum Festessen mit dem Kardinal vorgefertigt waren. Da thronten sie nun. 150 goldgelbe Kartoffelklöße für den Kirchenfürsten und seine Gäste. Gleichmäßig groß und rund. Akkurat wie der zweite Bürgermeister. Ich lachte vor Freude mit und beeilte mich, wieder zurück zu meinem Abend mit Kardinal Wetter zu kommen.

Der Sonntag war dann der Höhepunkt des Besuches. Die hl. Messe in der vollbesetzten Kirche war ein Erlebnis. Besonders die Predigt von Kardinal Wetter, bei der er von seinen Wurzeln sprach.

Nach der Messe und vor dem Mittagessen kam wieder das Bad in der Menge. Und wieder segnete er die Kinder und Eltern am Straßenrand. Auf der Johannisbrücke hielt er mit Dekan Weth und mir inne. Er schaute in die Streu, die damals noch nicht eingemauert war und sprach in glücklicher Erinnerung, dass er als Junge in den Ferien gerne barfuß durch die Streu gewatet sei. Er sei immer wieder gerne nach Nordheim gekommen. Ich fragte ihn, ob er auch Dickköpfe gefangen habe. Das verneinte er.

Anmerkung: Dickköpfe sind kleine Fische, die wir in unserer Kindheit gefangen haben und diese den Hühnern vorwarfen. „Diese würden dann prompt mehr Eier legten," so meine Mutter.

Das Mittagessen Im Bürgersaal mit rund 75 Gästen war schnell vorbeigegangen, alles hatte geklappt. Die Frauen vom Gemeinderat mit Mutter Inge Suckfüll, die das Festessen selbst gestalteten und auch die Bedienung innehatten, saßen nach getaner Arbeit im Sitzungszimmer des Rathauses, das nur durch ein Paar Schritte vom Bürgersaal entfernt war. Sie lachten und scherzten. Eine erzählte, dass sie dem Kardinal ein richtiges fettes Stück Rinderbraten auf den Teller vorlegte, es sei das letzte Stück auf ihrem Vorlegetablett gewesen. Just in diesem Moment besuchte der

Kardinal mit mir die Frauen im Sitzungszimmer und bedankte sich, dass alles sehr gut gewesen sei. Auch das Stück Fleisch. So schnell waren die Damen in ihrem ganzen Leben, noch nicht verstummt. Eine Stecknadel hätte man fallen gehört. Aber dann kam das große und herzhafte Gelächter.

Der Kardinal drängte. Er wollte noch in die Ausstellung und sich dann von seinen Verwandten und von uns verabschieden. Mit Staunen sah er in der Ausstellung die alten Gemäuer und die neue Entwicklung, dank der Städtebauförderung. Noch einmal erinnerte er sich an das eine oder andere Haus, an manche enge Gasse.

Er werde diese zwei Tage in der Gemeinde, wo er als Ferienkind herumgetollt sei, in Erinnerung behalten, sagte er im Pfarrhof. Sein Abschied war sehr herzlich, er bedankte sich und entschwand mit seinem Mercedes. Die Musikkapelle begleitete ihn mit einem Ständchen.

Wieder einmal ging ich zufrieden und glücklich nach Hause zu meiner Frau. Friedrich Wetter wurde als drittes Kind der Eheleute Peter und Agathe Wetter, geb. Böttinger, in Landau geboren. Seine Eltern heirateten in Nordheim vd Rhön am 29.10. 1912. Sie hatten sich in der Rhön bei einem Manöver kennengelernt.

Bereits im Herbst 1986 hatten wir, Pfarrer Weth und ich, Kontakt geknüpft. Gerade noch rechtzeitig, wie der Kardinal bei einem Besuch in München sagte. Ein Jahr später wäre der Tag verplant gewesen.

Ich war an diesem Tag nicht in der Lage, den Besuch des hohen Herrn bei mir einzuordnen. Es war einfach schön, eine derartige Persönlichkeit kennen gelernt zu haben.

Die Daten der Familie Wetter soweit hier geschrieben, sind aus dem Pfarrecho der katholischen Kirchengemeinde Nordheim vd Rhön, Heufurt und Sondheim vd Rhön, vom 16. April bis 7. Mai 1989, entnommen.

Trauer und Bestürzung

Die ehrwürdigen Schwestern des Göttlichen Erlösers aus der Ebracher Gasse in Würzburg, alle tätig in der Gemeinde und wohnhaft in der Grob'schen Stiftung, waren in Nordheim anerkannt und sehr beliebt. Leider wurde die Schwesterstation in Nordheim mit anderen in Unterfranken zum 1. Juli 1985 aufgelöst.

Um den noch lebenden Schwestern, die in Nordheim aufopfernd tätig waren eine Freude zu bereiten, habe ich diese zum Besuch von Kardinal Wetter nach Nordheim eingeladen. Schwester Ophelis kam aus Eltmann. Schwester Waltrada brachte als Fahrerin die ehemalige Leiterin des Kindergartens, Lindina Hock, in Nordheim vom 04.09.1967 bis 30.06.1985, aus Heimbuchental im Spessart mit nach Nordheim.

Schwester Lindina Hock und Schwester Hilsindis Klug, in Nordheim vom 27.10.1960 bis 30.06.1985, wurden am 27.06.1985 zu Ehrenbürgerinnen der Gemeinde Nordheim v.d. Rhön ernannt. Für mich war das eine ehrenvolle und dankbare Aufgabe.

Morgens um 7.00 Uhr am 30.04.1989 holte ich Schwester Hilsindis im Heidenfeld bei Schweinfurt ab. Da ihre Mitschwestern schon am 29.04. in Nordheim waren, musste ich auf den Weg das Neueste erzählen und ich durfte sogar schnell fahren.

Erst eine Rundreise durch den Ort, brachte Gleichstand an Wissen mit ihren Mitschwesternn. Am späten Nachmittag brachte der Küster, Klaus Böttinger, die Schwester wieder nach Heidenfeld, dem Altenheim und Ökonomie des Klosters, zurück.

Winkend und strahlend hatte sich auch Schwester Maria Lindina Hock von ihrer Wirkungsstätte Heimbuchental verabschiedet. Als sie die Haustreppe in Heimbuchental hinaufgehen wollte, überfiel sie Kopfweh. Die Schmerzen waren so schlimm, dass sie nach Würzburg in ein Krankenhaus eingeliefert werden musste. Dort holte sie Gott der Herr am 08. Mai 1989 heim. So die Auskunft des Führungskonvents in der Ebracher Gasse in Würzburg

Mit einem voll besetzten Bus fuhren wir nach Würzburg zur Beerdigung, um dieses alte Wort zu gebrauchen. Bei meiner Trauerrede am Grab umgaben mich alle schönen und erhebenden Begegnungen mit dieser Frau. Ich hatte große Mühe meine Grabrede gefasst zu Ende zu bringen. „Gott segne mein liebes Nordheim," hatte sie in das Gästebuch der Gemeinde geschrieben, als sie zur Ehrenbürgerin ernannt wurde. Unvergessen wird Schwester Maria Lindina Hock, die in Offenbach geboren wurde, in Nordheim v.d. Rhön bleiben.

Dem Führungskonvent des Ordens hatte ich angeboten, die Kosten der Beerdigung zu übernehmen, wie es bei Ehrenbürgern üblich ist. Der Orden lehnte ab mit der Begründung, dass dies noch keine Gemeinde angeboten habe. Ich konnte erreichen, dass die Gemeinde die Hälfte der Kosten, das waren 1.100,00 DM, übernehmen durfte.

Der Beginn der zentralen Festwochen

Nach dem Gaukinderturnfest am 04.06.1989 begannen neue Höhepunkte.

Am Freitag, dem 9.6. bis 11.6. folgte das 37. Unterfränkische Bezirkstrachtenfest, welches der Rhönklub-Zweigverein-Rother Kuppe Nordheim vd Rhön, ausrichtete.

Den Bieranstich schaffte Schirmherr Landrat Dr. Fritz Steigerwald mit zwei Schlägen und ohne Spritzer. Ein Bierabend folgte.

Herzlich begrüßt wurden die Gäste aus England The Country Dance Society of Norwich England. Als Begrüßung tanzten sie auf den Marktplatz vor dem Festakt. Herrlich anzusehen wie leichtfüßig und voller Freude die Gruppe ihre alten Tänze zelebrierte.

Am 10.06. Samstag gab die Gemeinde Nordheim einen Empfang. Der Männerchor Concordia Neustädtles, Leitung Manfred Friedrich, gestaltete den Festakt mit. Anschließend fand die Totenehrung am Kriegerdenkmal statt. Unter den Klängen der Musikkapelle Nordheim, Leitung Edwin Dietz, Heufurt, zog der Tross weiter zum Festplatz und dem Festzelt.

Das Festzelt, immerhin für 2000 Sitzplätze ausgelegt, war überfüllt. Dort entwickelte sich ein wunderbar gestalteter Heimatabend. Da waren die Rhönmäher aus Seiferts, der gemischte Chor des Gesang-und Musikvereins sang, „Frisch auf zur lieben Rhön hinauf" und „Du herrliches Franken," und am späten Abend noch einmal „Meine Heimat- Land der Rhön," und „Lass doch der Jugend ihren Lauf." Die „Singenden Maulaffen aus Fladungen," stimmten das „Höfnacherlied" und „Scho wider e Liedle aus der Rhüe" an. Die 12 Tänzerinnen und Tänzer aus England zeigten: Black Nag, das heißt schwarzer Hengst, oder Piking of Sticks, Reisig sammeln, The Old Mohle, - der alte Maulwurf, Jenny pluck pears - Jenny pflückt Beeren.

Die Nordheimer Trachtentanzgruppe unter der Leitung von Irmgard Seifert, sie hatte die Gruppe 1978 gegründet, feierte ebenso wie alle anderen Teilnehmer große Erfolge bei dem Publikum. Die Auftritte der einzelnen Programmpunkte sind längst nicht alle aufgeführt. Zur Eröffnung des Heimatabends spielten die Unterwälder Dorfmusikanten unter der Leitung von Michael Schneider. Michael Schneider begleitet die Trachtentanzgruppe Nordheim schon seit vielen Jahren. Durch das Programm führte Anette Karlein. Mit viel Humor und einer frohgelaunten Ausstrahlung gewann sie die Zuschauer für sich.

Der Schirmherr, der Vorsitzende des Rhönklub Zweigvereins Rother Kuppe, Quido Kompe und ich waren sehr zufrieden mit der Stimmung im Zelt. Bei meinem Grußwort erinnerte ich an die Zeit mit Siegfried Karlein und an unsere jahrelangen, erfolgreichen Bemühungen, das Bezirks-Heimat-Trachtenfest nach Nordheim zu holen.

Am Sonntag, 11. Juni 1989 fand der Trachtenumzug statt. Es niebelte, (der Nebel kam herunter) und es fiel leichter Regen. Das tat der Stimmung keinen Abbruch, als der Trachtenzug mit rund 2.500 Trachtlerinnen und Trachtlern mit mehreren Kinder-Trachten Tanzgruppen an zahlreichen Zuschauern am Wegesrand durch Nordheim zogen. Ein herrliches Bild. Auch das wird nicht so schnell wieder zu sehen sein und dieser Höhepunkt war gelungen.

Ich sah auch meine kräftige Trachtlerin aus Gochsheim wieder. Wir unterhielten uns recht froh gelaunt. Denn es gab keinen Grund zu jammern. Lobende Worte fanden auch die Größen des Bezirks. Erich Lohnert, der Bezirksvorsitzende der Vereinigung der Volkstrachtenvereine links der Donau, der uns immer zu beruhigen wusste, wenn Siegfried Karlein und ich die Zusage für das Bezirksfest haben wollten. Dann Franz Kohlmann, der Vorsitzende der Gesamtvereinigung und Bezirksrat Adolf Büttner schlossen sich den lobenden Worten an.

Der lange Motze

Auf Empfehlung von Erich Lohnert hatte ich mir für den Festumzug am 18. Juni einen sogenannten Lange Motze nähen lassen. Der kostete 600,- DM. Die Näherin einer eingemeindeten Gemeinde der Stadt Ochsenfurt hat ihn genäht. Sie war dabei, gerade für die Mitglieder des Stadtrates Würzburg Trachten zu nähen. Auf Fürsprache von Erich Lohnert, der die Näherin persönlich kannte, habe ich meinen lange Motze doch noch erhalten.

„Lange Motze," was bedeutet das? Erstens ist der lange Motze auch sehr lang und reicht weit über die Knie, fast bis auf die Schuhe. Zweitens war das früher ein sonntägliches Kleidungsstück. Und drittens, es war praktisch. Ging der Vater sonntags in die Kirche hielten sich die Kinder an den Lange Motze fest. Dabei ist es auch passiert, so wurde mir erzählt, dass die Kinder ihre Rotznase an dem Lange Motze putzten, wenn der Vater sonntags in die Kirche und anschließend in das Wirtshaus gegangen ist. Beim Festumzug am 18. Juni 1989, habe ich den Lange Motze getragen. Es gibt Bilder davon.

Am 13.06. fand im Bürgersaal der Gemeinde die Dienstbesprechung der Bürgermeister des Landkreises statt. Dabei teilte Landrat Dr. Fritz Steigerwald mit, dass der Landkreisverband geschlossen gegen die Ziele der Raumordnung und Landesplanung im Bauplanungsrecht sei, die die Gemeinden in ihrer Planungshoheit ins Abseits geschossen haben.

Am 14.06. folgte um 14.00 Uhr im Festzelt der Dekanats-Seniorinnen und Seniorennachmittag. Wieder hat die dörfliche Gemeinschaft funktioniert. Die Bewirtung klappte vorzüglich.

Am 15.06. Der Kreisbauerntag im Festzelt war nächster Programmpunkt. Staatssekretär Dr. Walter Kittel vom Landwirtschaftsministerium in Bonn war Hauptreferent.

Doch vorher eröffnete Senator Karl Grönen, Mellrichstadt, diesen Rhöner Bauerntag. Er konnte nicht nur seine Berufskollegen begrüßen, sondern eine ganze Reihe Vertreter der öffentlichen Hand, von Handel, Banken und Gewerbe.

Der Hauptreferent sprach von einem Europa, das immer mehr zusammenrückt und stellte die Frage, welche Chancen hat die deutsche Landwirtschaft in diesem Europa.

In meinem Grußwort bedankte ich mich, dass aus dem fernen Bonn auch in der Rhön die Sorgen der Landwirte gehört werden.

Der Referent versprach nichts. Es ging insgesamt um das Erbe und die Herausforderung dazu. Das Hauptproblem sei das Einkommen, eine Anpassung sei notwendig, verbesserte Chancen, Klasse statt Masse, weitere EG-weite Richtlinien, Sicherheit für die Bauern, und, sich selbst behaupten.

Das Postamt

Der 17. Juni, Tag der deutschen Einheit hatte es in sich. Zunächst eröffnete ich um 10.00 Uhr das historische Postamt im Bürgersaal im Rathaus. Eine ganz gelungene Sache, angeregt vom Gemeinderat Matthias Suppmann, der selbst Sammler von Briefmarken und Poststempeln mit Briefkuverts mit historischem Aufdruck ist Er vermittelte auch den Grafiker Hausladen. Mit dem Postamt Bad Neustadt a/d. Saale hatte ich eng zusammengearbeitet. Das Postamt schlug einen Poststempel vor. Diese Vorhaben wurden schon 1986 festgelegt.

Der Poststempel hatte als Vorlage das Prägesiegel der Gemeinde Nordheim von 1683, Wasser Bruck und Linn, Wirtshaus Brunnen mittendrinn. Der Außenrand des Stempels ist beschriftet mit Festveranstaltung 9741, 17.und 18. Juni 1989 Nordheim vd Rhön in der Mitte rechts, das jeweilige Datum, 17.06.1989 oder 18.06.1989. Die Kuverts hatten Bilder von der Gemeinde, wie das neue Siegel mit dem Fuldaer Kreuz dem Lensegöger, dem Zehnthaus, dem Kirchaufgang und dem Rathaus, dem neuen Sigel und 1200 Jahrfeier der Gemeinde Nordheim vd Rhön mit Datum.

Der Stempel und die Entwürfe für die Kuverts entstammen der Feder des Grafikers Johann Hausladen, aus Alberndorf bei Wackersdorf.

Ein trauriges Ereignis

Herr Johann Hausladen, geb. 07.01. 1932 In Schwandorf, wurde beauftragt, die Grafiken für den Poststempel und für die Briefkuverts zu übernehmen.

Zu diesem Zweck machte ich mit meinem Sohn Walter einen Besuch in Alberndorf/ Wackersdorf, dem Wohnsitz von H. Johann Hausladen am 19. November 1988.

Wir besichtigten seine bereits andernorts gelieferten und gesammelten, grafischen Werke, sprachen den Zeitplan der Lieferung durch und besuchten Wackersdorf, das vorgesehene Gelände des Wiederaufbereitungslagers.

Walter und ich kamen auf das Gelände, welches mit einem sehr hohen Zaun versehen war. Im unteren Drittel war eine glatte Zementwand und der Zaun stand auf dem Zementsockel. Ich wollte in das Gelände schauen. Nahm Anlauf, rannte über den Betonsockel und hielt mich am Zaun fest. Dann war es schon geschehen. Zwei schwer bewaffnete Polizisten mit Polizeihunden kamen angerannt und stellten mich, denn ich war inzwischen herunter geplumpst. Nach langem hin und her konnten wir gehen. Nicht ohne unsere Personalien anzugeben.

Der Dezember 1988 kam und von Hausladen war nichts zu hören. Die letzten Absprachen für die Gestaltung blieben aus. Die Druckerei Eisenreich in Pfreimd machte keine genauen Angaben, warum die Absprachen fehlen. Am 24. Dezember morgens habe ich bei Hausladen angerufen. Die Tochter nahm den Hörer ab. Ich wollte frohe Weihnachten und ein gesundes neues Jahr wünschen. Völlig aufgelöst redete die Tochter und teilte mir mit, dass ihr Vater am 23. Dezember Apfelsinen kaufen wollte. Er legte diese auf der Heimfahrt auf den Beifahrersitz und bekam einen Allergieanfall an dem er erstickte.

Ich konnte vor Schreck kaum mein Beileid aussprechen. Die Bestattung von Herrn Hausladen fand am 28. 12 1988 in Schwandorf statt. Ich nahm teil und hatte vorher schon mit der Druckerei in Pfreimd alles geregelt. Rechtzeitig wurde geliefert. Freud und Leid, liegen nahe beisammen. Immer wenn ich ein Kuvert vom Festjahr sehe, halte ich inne und gedenke dem Manne Johann Hausladen, der eine hervorragende Arbeit leistete.

Eine politische Veranstaltung

Um 10.15 war der Vortrag von Staatsminister Dr. Gebhard Glück, MdL, Bayerischer Staatsminister für Arbeit und Sozialordnung, München, in seiner Eigenschaft als Vorsitzender des Landeskuratoriums Bayern, Unteilbares Deutschland. Was für eine Ansage. Es waren sehr viele Leute eingeladen und es kam eine ansehnliche Schar zusammen. Wieder war die Turmhalle der Verbandsschule Nordheim der

Versammlungsort. Die Musikkapelle des Gesang-und Musikvereins Nordheim unter der Leitung von Edwin Dietz, Heufurt, gestaltete die Veranstaltung mit. Ich eilte zur Begrüßung den Kirchberg hinauf.

Mein Wunsch war es von Anfang an der Planung, diese Versammlung zum Tag der Deutschen Einheit nach Nordheim im Festjahr 1989 zu holen, machte ich bei meiner Begrüßung klar. Und ich verwies auf ein Schreiben der Bundesministerin für innerdeutsche Angelegenheiten, Frau Dorothe Wilms an mich persönlich. Der Text: Symbol für Einheit und Freiheit, sind heute noch aktuell. So wie hier, haben die Menschen „drüben" ein Recht auf Freiheit, und sie hofft, dass sich dieses Recht eines Tages in einem Europäischen Haus durchsetzen möge.

Landrat Dr. Steigerwald gab sein Genugtun über den zahlreichen Besuch zum Ausdruck.

Über das Grundgesetz kam Glück zu der Freiheit, die auch den Menschen in der DDR zukommen müsse. Er bat darum, nicht nur die Menschen aus der DDR aufzunehmen, sondern auch diejenigen die etwa aus Polen, der UdSSR oder Rumänien aussiedeln, uneingeschränkt zu akzeptieren. Dr. Glück forderte unter anderem dazu auf, den obersten Auftrag, die Einheit Deutschlands in Frieden und Freiheit nicht aus den Augen zu verlieren und zu vollenden.

Mit der Bayernhymne, gespielt von der Musikkapelle Nordheim, endete der Vortrag.

Anmerkung: Niemand, aber niemand in dieser Versammlung hatte daran gedacht, dass sich die Staatsgrenze der DDR, wie von Zauberhand im Herbst 1989 selbst öffnete.

Nach der Veranstaltung eröffnete ich die Ausstellung im Pfarrheim, „wo Deutschland geteilt ist."

Danach eilten die Damen und Herren in den Kindergarten zur Foto-Ausstellung. Ein Empfang mit Partygebäck der Bäckerei Gebhard Weber stand bereit. Der Landkreis übernahm die Hälfte der Kosten.

Der Nordheimer Abend am Ende des Tages, Samstag, 17. Juni

Brütende und drückende Hitze

war im Festzelt im Schlossgarten zu spüren. Die Seitenverkleidungen am Festzelt waren geöffnet. Der bereitstehende Rettungswagen musste dreimal eingesetzt werden, so machte die Hitze zu schaffen. Viele Besucher saßen neben dem Zelt auf den Rasen.

Mein Willkommensgruß galt: Gisela Lichtel, zweite Bürgermeisterin aus Northeim / Rhume, mit ihrem Gatten Hans, dem Stadtdirektor Werner Hesse mit Gattin Christa, dem Beigeordneten der Stadt, Dr. Tilo Rumann, gleich 1. Vorsitzender des Kulturausschusses und dem Ratsmitglied Franz Lips, der Folkloregruppe der Turngemeinde 1848, Marliese Stamm als Leiterin der Gruppe und dem Spielmannszug der

1910 Schützen, an der Spitze der Stabsführer Horst Behrens.

Dem Bürgermeisterkollegen aus Nordheim a. Main, Roman Christ mit Gattin, dem Winzerchor, Leitung Roman Schneider und der Weinprinzessin, Petra Roßdeutscher, ebenfalls Nordheim a. Main

dem Musikzug aus Eschenstruth, mit Dirigent Karl Herbert, ein gebürtiger Nordheimer, und dem Männerchor aus Neustädtles, Leitung Manfred Friedrich

als Gäste aus Nordheim /Ried, Gemeinde Biblis, die Abordnung der Freiwilligen Feuerwehr und des Turn-und Sportvereins.

Oberstleutnant Fritz Wintermann, Stabsführer des Ausbildungsmusikkorps der Bundeswehr mit seinen Musikern

Lorenz Breier Schweinfurt, der sich der Gemeinde dankbar verbunden fühlte. Mit seiner Schulklasse aus Schweinfurt wurde er in Nordheim einquartiert, um vor den Bomben des zweiten Weltkrieges geschützt zu sein. Er wohnte damals bei Frau Rosa Willner, jetzt Gensler und in Fladungen verheiratet, die ich ebenfalls eingeladen hatte. Herr Breier druckte das Programm „Die Aufstellung des Festzuges - „Nordheim einst und jetzt" kostenfrei. Herzlichen Dank dafür.

den Mitgliedern des gastgebenden Gemeinderates mit Ehefrauen, den Damen und Herren Mitgliedern der Verwaltungsgemeinschaft Fladungen und deren Leiter, Verwaltungsamtsrat Michael Schweiger.

Herzlichen Dank an Herrn Schweiger vorab, denn die Bediensteten der Verwaltungsgemeinschaft mussten das Wahllokal in Nordheim am 18.06. 2015, für die Europawahl besetzen.

Weiter konnte ich begrüßen: Die Trachtentanzgruppe des Rhönklub-Zweigvereins-Rother Kuppe- Nordheim, Leiterin und Gründerin der Gruppe, Irmgart Seifert. Den 1. Vorsitzenden des TSV Nordheim, Karl Heinz Heinrich mit all seinen anwesenden Sparten, Kinder-Schüler-Rhönrad- Tanz- und Gymnastikgruppe.

Dann, mit besonderem Hallo, meinen früheren Volksschullehrer Anton Kuchar und seine Frau Gisela, die der Einladung von Amerika gerne gefolgt sind. Dazu die ehemaligen Schülerinnen und Schüler der Jahrgänge 1932 bis 1939.

Meine Anmerkung: Lehrer Anton Kuchar gab in Amerika seinen Lehrberuf auf. Er wurde Direktor eines Schlachthofes, wie er erzählte. In meiner Schulzeit war Lehrer Kuchar der beliebteste Lehrer in Nordheim v.d. Rhön. Zum Beispiel hat er seinen Naturkunde-Unterricht immer im Freien abgehalten. Er konnte Zusammenhänge erklären wie kein zweiter.

Und weiter mit der Begrüßung: Den 1. Vorsitzenden der Vereinsgemeinschaft Rudi Spiegel und seinen Stellvertreter Karl Hippeli. Der gemischte Chor des Gesangvereins Nordheim und die Musikkapelle. Natürlich waren alle Ortsvereine präsent. Denn auch an diesem Abend musste eine ganze Mannschaft für die Bewirtung und Betreuung der Gäste aufgewandt werden. Den zahlreichen Helferinnen und Helfern dankte ich besonders.

Nach meiner Begrüßung übergab ich an Egon Bauß, der durch das Programm führte. Mit seinem feinen Witz und dankbaren Zuhörern gelang übergangslos der Start für einen unvergesslichen Abend.

Ich zitiere aus der Mainpost vom 20.06. 1989:

„Im Festzelt im Schlossgarten fröhliche Stunden beim: Nurdemer Abend mit Überraschungen," so die 4 Balkenüberschrift der Mainpost.

Nordheim v.d. Rhön (sto) Kein Buch mit sieben Siegeln, sondern eine gelungene Geburtstagsüberraschung in acht putzmunteren Bildern präsentierten die Gäste aus Nordheim Ried/Biblis. Gegen Mitternacht wurde im Festzelt im Schlossgarten Geschichte sprichwörtlich lebendig. vd Rhön mit der von Nordheim-Ried verknüpft. So spannte sich der Bogen von der Römer-Zeit über die Biedermeierepoche bis ins aktive Geschehen der Rhöngemeinde aktuell.

Der Nordheimer Abend, vom Ortsgendarm mit der Glocke und einem dreifachen „hoi, hoi, hoi" eingeläutet, hielt was er versprach, es wurde ein schönes „Nurdemer Stück."

Das vierstündige Non-stop-Programm hatte für jeden etwas zu bieten, etwas für das Ohr, etwas für das Auge, etwas für das Herz. Ein Programm im Festzelt, was das bedeutet, der weiß die Darbietungen der Mitwirkenden noch höher einzuschätzen. Fröhlichkeit war beim Nurdemer Abend jedenfalls Trumpf. Und Egon Bauß war der Mann, der übers Mikrofon gekonnt Saalregie führte.

„Musik erfüllt die Welt"- unter diesem Motto eröffnete der Gesang-und Musikverein unter seinem Dirigenten Edwin Dietz den Nurdemer Abend. Was früher für jeden Volksschüler Pflicht war, das trugen Steffen, Kathrin und Judith vor: „Mein Heimatdorf" als Gruß an Nordheim, dem Dörflein im Tale der Streu. Lieder zum Lobe der Heimat, gesungen vom gemischten Chor, leiteten dann über zum bunten Unterhaltungsteil.

Lieder aus dem Frankenweinland, „Aus der Traube in die Tonne" brachte der Winzerchor aus Nordheim /Main zu Gehör. Wie es sich gehört, allesamt echte Winzer, die charmante Unterstützung von ihrer Weinprinzessin Petra Roßdeutscher erhielten. In Begleitung von Roman Christ gratulierte sie herzlich zur 1200- Jahr-Feier in der Rhön.

Nachdem Annelore Schondelmaier „echte fränkische Hausmannskost serviert" hatte, brachte die Internationale Folklore-Tanzgruppe aus Nordheim-Hannover Farbe, Schwung und Fröhlichkeit auf die Bühne. Die 18 Damen, allesamt in Tracht ihrer Gegend, übertrugen mit drei historischen Tänzen - der Sternpolka, dem Volkslied Rosamunde und dem Northeimer - wahre Lebensfreude. Meine Anmerkung: Northeim/ Rhume.

Schließlich ist diese Folkloregruppe keine unbekannte: Vor zwei Jahren war sie als Vertreter des Landes Niedersachsen beim Fremdenverkehrstag in München dabei und heuer tanzte die Gruppe zum deutschen Verfassungstag am 24. Mai als Vertreter von Niedersachsen vor dem Bonner Rathaus. Damit war der Beitrag aus Northeim-Hannover aber nicht erschöpft: Der Fanfarenzug der Stadt, der Spielmannszug des Schützenvereins 1910 gab mehrere Kostproben seines Könnens.

In Nordheim/ Ried feierte man 1979 das Jubiläum 850 Jahre. Damals zeigte die Feuerwehr diesen Streifzug durch die Geschichte in den Bildern von der Römerzeit bis zur Biedermeierepoche. Und mit dieser Überraschung wartete nun der Heimat-und Trachtenverein Nordheim / Ried in der Rhöngemeinde auf, und landete damit einen Volltreffer.

Im Übrigen war vor Jahren der Kontakt über den Sport in die Rathäuser geknüpft worden, als die Alt-Herrenfußballer beider Gemeinden freundschaftliche Bande entwickelt haben. Rudi Dietz hatte sicher recht, wenn er meinte: „Ob wir das gutmachen können, wage ich zu bezweifeln."

Das Buch „1200 Jahre an der Streu, Nordheim v.d. Rhön" überreichte das Ortsoberhaupt Rudi Dietz an die erste stellvertretende Bürgermeisterin, Northeim-Hannover, Gisela Lichtel, an Stadtdirektor Werner Hesse, sowie an Lorenz Breier aus Schweinfurt. Für den Ausklang nach Noten sorgte der Eschenstruhter Musikzug. Soweit dieser Bericht.

Und an anderer Stelle, mit der einzeiligen Überschrift, ebenfalls aus der „Mainpost":

Begrüßung auf Nurdemer Art

Nordheim v.d. Rhön (sto)-Was macht die Begrüßung leichter, die in Nordheim alle Bürger erreichen soll? Beim Nordheimer Abend im Reigen zur 1200-Jahr-Feier hatte Egon Bauß, der durch das Programm führte, ein Rezept parat. Man begrüßt die Familie Hippeli, dann sind schon mal 70 bis 100 Leute angesprochen; dann die Familie Karlein, dort sind`s 40 bis 50 auf einen Schlag und – drittens - die Familie Stäblein mit mindestens 30 Leuten. Und wer da nicht dabei ist, der geht dann in dem großen Rest auf.

Beim Nurdemer Abend wirkten neben dem Gesang-und Musikverein Nordheim natürlich auch der Turn-und Sportverein mit seinen verschiedenen Sparten mit. So waren die Kleinsten mit einer Tanzeinlage wie auch die Acht- bis 13jährigen auf der Bühne zu bewundern.

Die TSV Rhönradgruppe sorgte für den sportlichen Wert, denn Synchronlauf und Pyramide waren lautstarken Beifall wert. Die TSV Tanzgymnastik-Seniorinnen und die TSV Tanzgymnastik-Gruppe- Damen boten dem „vollen Haus" Augenschmaus bei flotter Musik.

Und last not least reihte sich die Trachtentanzgruppe des Rhönklub- Zweigvereins Rother Kuppe mit flotten Tänzen in die bunte Schar der Bühnenakteure ein. Ende des Berichtes. Natürlich waren die Berichte mit Schwarz/weiß-Bildern belegt.

Bis spät in die Nacht hinein dauerte der Abend. Besonders die angereisten ehemaligen Schüler hatten sich viel zu erzählen. Meine Frau und ich gingen auch früh in den Morgen hinein nach Hause. Glücklich und müde. Wir konnten hören, dass Musikanten Ständchen spielten. Es waren die Eschenstruther. Der Finaltag, der 18. Juni war angebrochen.

Der Festumzug: „Nordheim v.d. Rhön- einst und jetzt"

Bereits in der Sitzung am 25. August 1988 wurde der vorläufige historische Teil des Festzuges festgelegt. Das war auch Zeit, denn die historischen Kostüme mussten beschafft werden. Die Westdeutschen Kostümwerkstätten in Dortmund haben brauchbare Vorschläge gemacht. Das einzelne Kostüm würde 85 DM kosten. Reinigungskosten und eventuell kleine Reparaturen nach der Rücklieferung sind darin enthalten. Es wurden die Maßtabellen zugesandt, die Personen namentlich genannt, vermessen und die Maßtabellen gingen zurück nach Dortmund.

Das alles verlief reibungslos. Am Dienstag, 13. 06. 1989 startete ich den Schulbus und bin mit Rudi Spiegel und 2. Bürgermeister Alfred Hohmann morgens um 4 Uhr nach Dortmund gefahren. Um 8.00 Uhr waren wir da, haben verladen und um 12.45 waren wir wieder auf dem Schulhof in Nordheim zur Verteilung der Kostüme. Die Akteure standen bereit und die Verteilung begann. Plötzlich wurde festgestellt, dass die Kopfbedeckungen fehlten. Beim ersten Telefonanruf in Dortmund wurde das Fehlen verneint, es sei alles mitgenommen worden was bereitstand. Langsam verlor ich die Geduld, denn das stimmte ja, dass alles was bereitstand mitgenommen wurde. Aber dabei fehlten die Kopfbedeckungen, die eben nicht bereitstanden. Nach ewigen hin-und her, gab die Firma zu, dass dem so gewesen sei. Die Kopfbedeckung werde per Bahnfracht versandt. Am Freitag, dem 16. 06. 1989 kam die Kopfbedeckung in Mellrichstadt am Bahnhof an. Das war noch einmal gut gegangen.

Endgültig war folgende Aufstellung festgelegt.

I. Historischer Teil

1. Bild: Ortsgendarm als Bote

2. Bild: Herold zu Pferd mit Standarte

3. Bild: Fahrgestell mit Prägesiegel von 1683, (Wasser Bruck,? Lind, Wirtshaus Brunnen mitten drin) Siegel von 1972 mit dem Fuldaer Kreuz aus dem Wappen der Her-

ren von der Tann, im roten Feld eine silberne Forelle) - Wagen

4. Bild: Spielmannzug von 1910 Northeim/ Rhume

5. Bild: Frikko und seine Gemahlin Itmut schenken am 27. Februar 789 ihre Besitzungen in Nordheim an das Kloster Fulda.- Wagen

6. Bild: König Otto weilt zur Jagd auf der Königsburg, 941- Wagen

7. Bild: Die Herren von der Tann um 1500. Die Herren von der Tann hatten vom 1. Februar 1386 bis 1810 Besitzungen in Nordheim v/d Rhön- Wagen je Gelbes und Weißes Schloss

8. Bild: Musikkapelle Eußenhausen

9. Bild: Reformationszeit um 1554- Fußgruppe- Wagen

10. Bild: Torhaus und Dorfmauer um 1550 werden fertiggestellt. -Wagen.

11. Bild: 1635, die Pest bricht aus. Pest Tod zu Pferd,- Totengräber mit Pestkarren. Die Nordheimer geloben, die Sebastiankapelle zu errichten. Wagen Sebastian- Kapelle und Fußgruppe.

12. Bild: 1640, der schwärzeste Tag von Nordheim. Tannscher Jäger erschießt Parlamentär. Nordheim wird in Schutt und Asche gelegt. Zu Pferd und Wagen

13. Bild: KOLPING-Kapelle aus Unterwaldbehrungen.

14. Bild: Bau des Rathauses 1670. Wagen

15. Bild: Markttag in Nordheim um 1684. Mit dem Mauerrecht wurde auch das Marktrecht verliehen. Fürstbischof Konrad Wilhelm von Wernau bestätigt das Marktrecht 1684 neu. Fußgruppe.

16. Bild: Das Zehnthaus um 1681. Nordheim hatte kurze Zeit ein Zehntgericht. Das Zehnt wird abgegeben, - Wagen und Fußgruppe

17. Bild: Musikkapelle Fladungen

18. Bild: Domdechant Franz Georg Benkert, 1838, ein großer Sohn der Gemeinde. Katholische Kirche von 1974- Wagen der Katholischen Kirche und der evangelischen. Kirche. Fußgruppe

19. Bild: Gründung des Spar-und Darlehenskassen- Vereins, 1891- Wagen

20. Bild: Das ehemalige Basaltwerk 1898. Es wurde 1975 gesprengt. Wagen.

II. Neuzeit

21. Bild: Stadtkapelle Ostheim vd Rhön

22. Bild: Ehrengäste

23. Bild: Ehrenzug der BSG-Northeim/ Rhume- Schützengilde

24. Bild: Folkloregruppe der TGN Nordheim/ Rhume

25. Bild: Abordnung des Gemeindeteils Nordheim/ Biblis

26. Bild: Kindergarten der Grob`schen Stiftung Fußgruppe

27. Bild: Die Volksschule Nordheim stellt sich dar. Schule einst und jetzt mit einer großen Schülergruppe.

28. Bild: Jugendmusikkapelle Sondheim-Stetten v.d. Rhön

Der Ortsteil Neustädtles stellt sich vor.

29. bis 31. Bild: Graf Alfred von Soden, der Held von Peking, 1900- Fußgruppe.

30. Bild: Schloss Neustädtles mit Tropfhäuschen von 1794 - Wagen und Fußgruppe.

31. Bild: Freiwillige Feuerwehr Neustädtles mit Spritze-Pferdegespann und Fußgruppe, Beerenweiber, Brennholz-und Reißig-Sammlerinnen

33 a. Bild: Pilgergruppe aus Simmershausen /Hessen. Die Vierzehnheiligen-Wallfahrer. Nordheim ist die erste Übernachtungsstation auf dem Pilgerweg nach Vierzehnheiligen seit 1635. Die Zahlenangaben schwanken. Es war eine sehr große Wallfahrergruppe.

III. Landwirtschaftlicher Teil

34. Bild: Musikkapelle Heufurt

35. Bild: Jahreszeit Frühjahr- größere Gruppe, Sämann, Sommer- größere Gruppe, Kuhgespann mit Heufuhre, Fußgruppe mit Sense, Rechen und Dengelstock vor einem Haus, alte Mähmaschine, Getreide-Ernte, Erntekrone, Fußgruppe mit Sense, Sichel und selbst geknoteten Strohseilen, Brotzeit und Plootz- und Beerweiber.(Frauen die Kuchen backen und Heldelbeeren pflücken).

37. Bild: Musikzug des Ausbildungsmusikkorps der Bundeswehr 1974/75 Hilden. Anmerkung: Das Treffen wurde von Hans Fischer organisiert, ebenso die Teilnehmer der Wallfahrer aus Simmershausen am Festumzug.

38. Bild: Jahreszeit Herbst- größere Gruppe. Erntewagen, Fußgruppe mit Laubrechen, Wiesenmesser, Schubkarren mit Saukorb, Getiere zum Markt, die Kirchweihjugend, Jagdgeschehen und die Bläsergruppe der Jäger.

39. Bild: Jahreszeit Winter- Gruppe und Wagen. Hausschlachtung- Licht-und Spinnstube mit Wagen, Besenbinder – Holzwagen der Waldarbeiter mit einem teuren Eichenstamm, Feldgeschworene.

40. Bild: Musikzug Eschenstruth.

IV. Handwerk und Gewerbe in der Gemeinde

41. Bild: Schmiede-und Landmaschinenhandwerk- Wagen

42. Bild: Schreinerhandwerk- Wagen

43. Bild: Steinmetzhandwerk-Wagen

44. Bild: Bäckerhandwerk- Wagen

45. Bild: Musikkapelle Willmars.

46. Bild: Elektrohandwerk- Wagen

47. Bild: Maurerhandwerk- Wagen

48. Bild: Friseur und Bader- Wagen

49. Bild: Musikwagen

50. Bild: Müllerhandwerk- Wagen

51. Bild: Holzbearbeitung und Holzerzeugnisse. Fa. BM Massivholz Nordheim- Wagen

52. Bild: Darstellung des Metzgerhandwerkes- Wagen

53. Bild: Musikkapelle Stockheim

V. Teil, Vereine und ihre Darstellung

54. Bild: Modell-Sportclub Nordheim (MSC) Große Gruppe, zeigt Modelle der Flugkörper

55. Bild: Rhönklub-Zweigverein Rother Kuppe, die Turmbauer, Motivwagen.

56. Bild: Der Ost-und Gartenbauverein- Gruppe mit Marktfrauen

57. Bild: TSV Nordheim, Darstellung der Sparten, sehr viele Mitwirkende

58. Bild: Kleintierzuchtverein B 1208 und die Frauengruppe klein b, 1208 zeigen Tiere und Nähprodukte aus Tierfellen. Gruppe

59. Bild: Gesang-und Musikverein, große Gruppe mit verschiedenen Epochen, verschieden Gruppen der Bekleidung und des Gesanges

60. Bild: Freiwillige Feuerwehr- alte Spritze und Ausrüstung.

61. Bild: Angelsportverein- Wagen mit Johannisbrücke und Ausrüstung der Angler. Gruppe

62. Bild: Kart-Freunde e.V. Gruppe mit Wagen, Spielzeug einst und jetzt.

63. Bild: Imker-Verein mit Fußgruppe

64. Bild: Soldaten-Kameradschaft- Fußgruppe

65. Bild: Malteser Hilfsdienst, Fußgruppe

Die Wagen mit den Motiven der historischen Bauten, wie Kirche, Sebastian-Kapelle, Schloss und Zehnthaus usw. wurden maßstabsgetreu gebaut. Das Baumaterial lieferte die Kunert- Wellpappenfabrik von Bad Neustadt ad Saale. Robert Dietz, mein Cousin, war bei der Fa. Beschäftigt. Er organisierte die Lieferungen. Herzlichen Dank dafür. Die Gemeinde stellte die Latten für die Befestigungen auf den Motivwagen.

Es war vereinbart, dass die Soldatenkameradschaft 2 DM Eintritt für die Festzugsbesucher kassiert. Das ging gar nicht gut, denn die überwiegend älteren Mitglieder kamen nicht oder nur sehr schwer durch die dicht getränkten Zuschauerreihen.

Nach Angaben der Polizei waren es ca 10.000 Zuschauer, die sich am Straßenrand durch Nordheim drängten.

Dennoch haben die tapferen Kassiererinnen und Kassierer, 7.000,00 DM zusammengebracht. Über drei Stunden zog der Festzug durch Nordheim. Er stockte öfters. Es war brütend heiß. Meine Hände taten weh, vor lauter Händeschüttel von gratulierenden Zuschauern beim Umzug.

Mehr als 1.000 Aktive, von ca. 1.200 Einwohnern waren am Festumzug und an der Organisation am Festtag beteiligt. Die Gemeindebürgerinnen und -bürger haben zusammengeholfen, dass der Helferdienst erfüllt werden konnte. Meine Frau hat zum Beispiel mit anderen von Mittag um 12.00 Uhr bis um 17.00 Uhr hinter der Theke gespült und aufgeräumt. Vom Festumzug hat diese Gruppe nichts gesehen.

Der Tag begann mit dem Festgottesdienst, den die Hildener Musiker mit hervorragender Interpretation unvergessen machten. Das war ein Hochgenuss.

Auch das Sonderpostamt hatte den zweiten und letzten Tag geöffnet.

Da Europawahl war, ging ich noch mit meiner Frau zur Wahl, um mich bei den Bediensteten der VG Fladungen zu bedanken, die die Wahlorganisation übernommen hatten.

Hervorzuheben ist die Tatsache, dass die Ortsbevölkerung alle Gäste privat aufgenommen und versorgt hat. Auch diese Organisation hatte viel Arbeit gemacht. Allen, die die Herbergsaufgabe übernommen haben, sei besonders gedankt. Auch diese Leistung ist dokumentiert und archiviert.

Der Montag, 19.06. war den Kindern gewidmet. Am Nachmittag herrschte lebendiges Treiben mit Spielen und Wettbewerben.

Am Abend des gleichen Tages begann das Helferfest. Es war ein herrliches Miteinander und ein gegenseitiges „Auf die Schulter klopfen." Die Stadt Northeim/ Rhume, spendete einen hl Bier, verschiedene Firmen beteiligten sich an den Kosten und so konnte ohne Ausgabe von Gutscheinen kräftig gefeiert werden. Alle Helfer waren eingeladen.

Natürlich kamen auch sogenannte Schnorrer, die nicht geholfen hatten. Das spielte keine Rolle. Die Tatsache, dass mancher, der es nicht nötig hatte, dreimal den Weg nach Hause mit einem vollen Pappteller mit Wurst und Brot genommen hatte, spielte ebenfalls keine Rolle. Die Helfer erzählten sich was alles während des Festablaufes passiert sei, „während der Rudi sein Fest machte," hörte ich beim Vorbeigehen eine Frau sagen.

Dreimal fuhr ich an diesem Abend nach Fladungen zur Metzgerei Gensler und fasste Nachschub. Die Reihen des Lagers im Kühlhaus, hatten sich gelichtet. Ein krönender Abschluss von zwei anstrengenden Festwochen war geschafft.

Am 20. 06. war der Geschicklichkeitswettbewerb der LBS angesagt. Es war ein sportlicher Fahrradwettkampf. Bei dem ich kräftig strampeln musste, um Sieger zu sein.

Der dritte Trauerfall in Verbindung mit der 1200-Jahrfeier

Am 21. Juni in den frühen Morgenstunden bin ich mit meiner Tochter Silvia nach Dortmund gefahren und habe die historischen Kostüme wieder abgeliefert. Von Dortmund ging es weiter nach Mönchengladbach um unseren Sohn Burkhard zu besuchen.

Dabei habe ich den Anruf meiner Frau erhalten, dass Frau Gerlach Janny, in der Nacht vom 20. Juni zum 21.Juni 1989, gestorben sei. Ein Schock für mich, der mich eine Zeitlang lähmte. Denn Frau Gerlach hatte den ganzen Abend vorher hinter dem Tresen im Festzelt gestanden, und auch beim Helferfest mitgeholfen. Nicht ganz 33 Jahre alt, musste sie ihre Familie mit ihrem Mann und zwei Kindern verlassen. Die Beerdigung wurde in aller Stille vollzogen. Frau Gerlach gehörte keiner Religion an. Pfarrer Heinrich Weth kam in Zivil, sprach die Gebete. Worte des Mitgefühls für die Familie, des Dankes und der Anerkennung drückte ich bei meiner Grabrede aus. Das war nicht einfach. Es war neben Johannes Hausladen, Schwester Maria Lindina Hock, der 3. Trauerfall in Verbindung mit der 1200-Jahrfeier der Gemeinde Nordheim vd Rhön.

Am 24. Juni feierte die Kirchengemeinde das Patronatsfest Johannes der Täufer. Die hl. Messe zelebrierte Domkapitular Leinweber Fulda.

Der Kindergarten der Grobschen Stiftung feierte am 09.07. sein 90jähriges Jubiläum. Dekanats-Caritas-Pfarrer Möhler aus Herbstadt las die hl. Messe.

Vom 28.- 30. 08. Folgte die Pfarreiwallfahrt nach Germershausen bei Göttingen. Auch ein Besuch in Northeim / Rhume war dabei. Erinnerungen zum Festjahr wurden ausgetauscht. Verbunden damit war eine Harzrundfahrt und der Besuch der Rhumequelle. Die Heimfahrt erfolgte über Duderstadt.

Vom 08. Bis 10. 09. fand am Katzenrot, dem Flugplatz des MSC die Deutsche Meisterschaft im Motorsegeln statt. In der folgenden Woche, vom 16.-17.09. die Europameisterschaft Pylon Racing Klasse F3 D, MSC Nordheim e.V. Natürlich mit gemeindlichem Empfang. Groß war die Besucherzahl, denn die Nordheimer Modellflieger haben nicht nur in Deutschland einen guten Ruf. Wobei besonders die Organisation herausgestellt wird.

Ein großes kirchliches Fest feierte der Gemeindeteil Neustädtles am 23. und 24. September, 125 Jahre katholische Kirche. Das Fest begann am Samstag mit einem gemeindlichen Empfang im Gasthaus Hubertus. Die Organisatoren in Neustadt hatten alle noch lebenden Priester und Lehrer eingeladen, die in Neustädtles ihren Dienst verrichteten. Viele waren gekommen, einige konnten das nicht. Ein sehr gutes Fest und ich dankte bei meiner gemeindlichen Begrüßung allen Verantwortlichen herzlich. „Aus Liebe zum Kirchlein auf den Weg gemacht." titelte der Rhön-und Streubote.

Am 07. Und 08. Oktober gab es den vorläufig letzten Höhepunkt im Gemeindebereich Nordheim vd Rhön.

Die Gründung des Pfadfinderstammes St. Georg.

Pastoralreferent Rainer Behr und einige Nordheimer Eltern bereiteten die Gründung vor. Über diese Gründung freute ich mich sehr, denn es wurde damit eine Lücke in der Nordheimer Jugendarbeit geschlossen

Doch zunächst war ich Gast in Neustädtles. Dort feierte Weihbischof Alfons Kempf als Festprediger das 125jährige Kirchenfest. Während des Mittagessens fragte ich Bischof Kempf, ob er mit nach Nordheim kommen würde. Dort werde der Pfadfinderstamm St. Georg aus der Taufe gehoben. Der Bischof sagte zu.

Und so kamen wir als Überraschung in Nordheim an. Der Festplatz gleich einer indianischen Zeltstadt.

Ein Teil der anwesenden Pfadfinder spielte Fußball. Der Bischof spielte plötzlich mit. Kuratus Dietrich Seidel und Norbert Handel, beide Ostheim, freuten sich mit allen über den überaschenden Besuch. Von den Eltern bekam ich nach der Veranstaltung ein schönes Bild geschenkt. Es zeigte Weihbischof Alfons Kempf in Bildmitte, links, Kuratus Seidel und rechts, meine Wenigkeit.

Großes, und Unfassbares war in diesem Herbst geschehen. Die Grenze zur DDR öffnete sich wie von Geisterhand geführt. Schnell habe ich versucht, Nordheim im Grabfeld noch in das Fest einzubeziehen. Das war keine Frage, denn es war gegenseitiges Interesse vorhanden. Wir trafen uns mal in Nordheim Grabfeld mal in unserer Gemeinde. Natürlich standen viele, viele Gespräche im Vordergrund aber auch die Geselligkeit und das Feste feiern. Mit meinem Amtskollegen aus Nordheim/Grabfeld, Ernst Hein, pflegte ich ein sehr freundschaftliches Verhältnis. Das Jahre lang angehalten hat.

Die Nurdemer Theatergruppe plante zum Ende des Jahres ein Theaterstück aufzuführen."Pechleitner im Stress," hieß das Stück. Es erzählte Schickliches und Unschickliches über die Vorbereitung und Durchführung eines Festjahres. Diese Komödie wurde am 16., 17.und 26. Dezember 1989 aufgeführt. Als alter Theaternarr spielte ich den gestressten Bürgermeister natürlich selbst. Das war eine Gaudi. So eben, wie im richtigen Leben.

Das Festjahr neigte sich dem Ende zu. Im neuen Jahr, 1990 schickten sich die Vereine an, ihre Generalversammlungen abzuhalten. Natürlich kam dabei auch die Erinnerung an das Festjahr auf die Tagesordnung und natürlich bedankte ich mich noch einmal für den gewaltigen Zusammenhalt der Gemeinde im Namen des Gemeinderates.

Der Abschluss des Festjahres war am 25. Februar 1990. Mit einem Gottesdienst hatten wir das Jahr am Montag. dem 27. Februar 1989 begonnen, mit einem Gottesdienst wollten wir es auch beenden.

Bischof Scheele, Würzburg der zugesagt hatte, konnte sein Versprechen nicht halten.

Er entsandte seinen Weihbischof Helmut Bauer. Zum Empfang am Sonntag folgte das gleiche Procedere wie am 29. April 1989 mit Kardinal Wetter.

In seiner Predigt betonte Bischof Bauer, „Gott verlässt uns nicht und wir wollen ihn auch nicht verlassen". Auch er suchte nach dem Gottesdienst das Bad in der Menge. Und wieder hatten die Frauen in gleicher Besetzung- bis auf zwei- das Mittagessen gekocht und serviert. Und wieder hat alles sehr gut geklappt. Der Bischof und ich, wir bedankten uns wieder im Sitzungszimmer. Das Fest war nun endgültig zu Ende.

Ein fader Beigeschmack.

Mit Beschluss des Gemeinderates hatte ein Mitglied desselben die Film- und Fotoarbeiten für das Festjahr 1989 übernommen. Er war von allen anderen Aufgaben dafür im Festjahr freigestellt. Er filmte und fotografierte auch. Am Sonntag, 25. Februar 1990, dem Schlusstag des Festjahres mit Bischof Helmut Bauer, sollten Filme und Fotos für die Bevölkerung gezeigt werden. Als freudige Erinnerung und Danksagung für das gelungene Festjahr 1989. So mancher würde sich auf den Fotos finden und sich freuen. Das Vorhaben ist ausgefallen Filme und Fotos wurden leider nicht zur Verfügung gestellt. Ohne die Urheberrechte zu beachten, wurden aber Filme vom Festumzug „Nordheim einst und jetzt," schon beim Helferfest am 19. Juni 1989 angeboten.

Die Abrechnung des Festjahres

Meine Kritiker im Gemeinderat haben sich bei der Arbeit für das Festjahr nicht hervorgetan. Und plötzlich im Oktober 1989 kamen wieder unhaltbare Vorwürfe, ich hätte die

Abrechnung über das Festjahr gelinkt und getürkt. Kurzerhand beauftragte ich die Verwaltungsgemeinschaft, das Festjahr finanzmäßig aufzulisten. Am 13. 11. 1989 habe ich das Ergebnis zusammengefasst und an die Haushalte beider Ortsteile verteilen lassen.

Festschrift:

Einnahmen;	13.569,00 DM
Ausgaben:	9.883,80 DM
Gewinn:	3.685,20 DM

Weitere Posten:

Einnahmen sonstige Spenden:	4.190,00 DM
Sonderpostamt: Einnahmen;	8.320,20 DM
Ausgaben:	6.954,58 DM
Gewinn:	1.365,62 DM

Einnahmen aus dem Festbetrieb, einschließlich 7.000,00 Eintritt für den Festumzug; plus Überschuss Festschrift, Sonderpostamt, und Spenden 91.407,65 DM

Ausgaben für den Festbetrieb, Festumzug, Fahnen, Empfänge Helferfest, Druckkosten, Fahnen und Installation am Festplatz- 85.820,93 DM. Verbleibt ein Gewinn von 5.586,72 DM.

Natürlich sind die Kosten für den Festplatz nicht anzurechnen, weil ja damit eine Verbesserung des Vermögens erreicht wurde. In den 26 Jahren Amortisierungszeit nach dem Festjahr sind diese Ausgaben längst gedeckt.

Herzlich habe ich allen Frauen, Mädchen, Männern und Jugendlichen für die Unterstützung in meinen Bürgermeisterjahren zu danken. Besonders für die Unterstützung bei der Vorbereitung und Durchführung des Festprogrammes im Jahre 1989 und bei sonstigen Anlässen der Gemeinde. Einbezogen sind auch meine Vorgenannten Verantwortlichen und Walter Suckfüll, für seine fachliche Beratung und Installierung der Elektroanschlüsse im ehemaligen Schlossgarten.

Mit diesem Erfolg im Ablauf es Festjahres hat niemand gerechnet. Auch ich nicht. Im Übrigen wurde das Fest nicht organisiert, um einen großen Gewinn im Festjahr 1989 zu machen. Nein, es sollte das werden, was es war, ein Fest der Bürgerinnen und der Bürger, die einen unglaublichen Zusammenhalt bewiesen haben. Bis auf wenige Ausnahmen, den Außenseitern. Und deshalb bin ich mein Leben lang stolz auf diese Gemeinde.

EINE WEIHNACHTSGESCHICHTE

Elf Wochen, vom ersten August bis sechzehnten Oktober 2001, musste ich in der Neuro-Klink der Kreisstadt wegen eines Hirnstamminfarktes verbringen. Mein Gedächtnis hatte ich für acht Stunden ganz verloren, und diese acht Stunden, so die Aussagen der Ärzte, kehren auch nie wieder zurück. Mein Gesichtsfeld war eingeschränkt, mein Kurzzeitgedächtnis, die Reaktion und das Sprechvermögen mussten neu aufgebaut und entsprechend trainiert werden. Elf Wochen, zwischen Bangen und Hoffen, dass alles wieder gut werden würde.

Täglich am Computer sitzen, Geschichten lesen und anschließend wiedergeben. Zahlen sehen und auswendig aufsagen. Am Computer, Autos durch simulierten Straßenverkehr steuern und dabei kritische Situationen meistern. Reaktionstest: mal schneller, mal langsamer fahrende Züge mit ebenso wechselhaft vorbeihuschenden Landschaftsbildern im Auge behalten und auf Gefahren reagieren. Mit Händen auf der Tastatur und mit beiden Füßen auf den Fußpedalen am Computer künstlich erzeugte Verwirrungen auflösen. Das war überwiegend die Beschäftigung an dem Gerät, mit dem gleichzeitig, unbestechlich genau, alle Fehler, aber auch alle Fortschritte aufgezeigt wurden.

Elf Wochen, die einen anderen Menschen aus mir gemacht haben. Einen Menschen, der plötzlich sehen konnte, was er sonst nicht gesehen hatte. Der fühlen konnte, was er sonst nicht mehr zu fühlen vermochte und der plötzlich einen anderen Sinn im Leben sah. Nämlich, dem Herrgott dankbar zu sein und Freude darüber zu empfinden, dass er noch gut leben konnte. Mit dieser Einsicht änderte sich auch mein psychisches Empfinden.

Endlich kam ich nach Hause. Langsam gewöhnte ich mich wieder an den Alltag im Kreise meiner Familie. Die Fürsorge um mein Wohlergehen war gutgemeint und rührend. Zu rührend, denn ich fühlte mich nach und nach in meiner Bewegungsfreiheit eingeschränkt. „Bist du undankbar?" fragte ich mich. Meine Frau winkte ab und sagte, ich würde schon wieder werden.

Da fiel mir meine alte Redeweise wieder ein: Vogel friss oder stirb.

Mein Tatendrang erwachte. Ich wanderte, meine Augen gewöhnten sich wieder an die Weite der Landschaft, ich probierte heimlich das Fahrradfahren und musste, wie schon so oft, Rückschläge einstecken. Das was meinem Körper gutgetan hätte, konnte ich noch nicht richtig dosieren. Trotz der Fürsorge meiner Frau und meiner Kinder zeigte ich mich ungeduldig und unzufrieden.

Beim Frühstück fiel mein Blick in die Zeitungswerbung, das Inserat für den Bad Kissinger Winter weckte mein Interesse. Ich studierte die Angebote und fasste den Entschluss, einen Urlaub in Bad Kissingen zu verbringen. Das vielgepriesene Heilfasten wollte ich ausprobieren.

„Heilfasten erfrischt Körper und Geist", so der Slogan im Prospekt.

Dieses Vorhaben wurde mir jedoch von der Ärztin des Hotels strikt ausgeredet. „Heilfasten sei zu stressig für den gerade überstandenen Hirnstamminfarkt," sagte sie nachdrücklich deutlich.

Ich ließ mich überzeugen, denn gutem Essen und gutem Wein war ich noch nie abgeneigt gewesen. Und so habe ich selbstverständlich die lukullischen Köstlichkeiten des Hotels genossen.

Alles stimmte in diesem Haus. Das Personal war freundlich, der Masseur, das Ozon-Bad und der Whirlpool schafften gute Laune und Wohlbefinden.

Meine Spaziergänge im Park und in den nahen Stadtwald wurden länger. Die Kraft kehrte in die Beine zurück und der Sauerstoff machte meine Hirnzellen wieder aktiver. Meinen Mitmenschen begegnete ich ausgeglichen, und die Freude auf das bevorstehende Weihnachtsfest nahm kindliche Züge an.

Nach jedem Spaziergang führte mich mein Weg in dasselbe Cafe in der Fußgängerzone, der Empfehlung einer älteren Dame folgend, die den Käsekuchen des Kaffees als den besten von Bad Kissingen gepriesen hatte. Dort setzte ich mich direkt vor das Schaufenster, im Innern des Raumes. Konnte hinausblicken auf die Straße, konnte die Menschen betrachten, die unterwegs waren, ihre Einkäufe für das Weihnachtsfest oder andere Besorgungen zu erledigen.

Heute, den 22. Dezember 2001, war es wieder so. Von meinem letzten Spaziergang vor der Heimreise kam ich am späten Nachmittag zurück. Eine Schneedecke, dünn und durchsichtig wie Staubzucker, bedeckte den Stadtwald, die winterliche Kälte hob meine Stimmung. Morgen würde ich nach Hause kommen, ich freute mich darauf.

Das hektische Treiben draußen in der Fußgängerzone berührte mich an diesem späten Nachmittag besonders. Ich sah abgehetzte Mütter, Omas und Opas, nur wenige Ehepaare mit ihren Kindern, die kleine und größere Pakete schleppten und ihrem Ziel, dem Omnibus, oder ihrem Personenkraftwagen zustrebten, um aus dem Trubel der Innenstadt und dem Geldausgeben zu entrinnen. Habe ich gesagt: „Besorgungen erledigen?" Erledigen? Ein allzu geschäftliches Wort, und gar nicht geeignet, weihnachtliche Stimmung zu fördern. Aber zum Glück sah ich wenige, doch frohe Gesichter, mit Augen in freudiger Erwartung.

Meine Gedanken gingen um Jahrzehnte zurück, in meine Kindheit. Die Weihnachtszeit brachte, jährlich neu, St. Nikolaus und Knecht Ruprecht in Erinnerung. Im Kindergarten übten die Schwestern die Weihnachtslieder mit uns, manchmal durfte ich auch beim Theaterspielen mitmachen. Aber nur dann, wenn ich nach Meinung der Schwestern auch brav war. Ruhig sitzen bleiben und malen konnte ich halt nicht, und das hatte zur Folge, dass ich Dauergast im dunklen Kohlenkeller des Kindergartens war. Die Dunkelheit dort machte mir Angst. Obwohl ich selbst nie Schuldgefühle hatte, immer glaubte, ich sei ein braver Junge, hatten das die Schwestern offensichtlich anders gesehen.

Die Abende in der Adventszeit waren lang. Basteln lag mir nicht, und so habe ich die Zeitung gelesen, manchmal bei Mensch-Ärgere-Dich-Nicht, Mühle oder Dame mitgespielt. Meine Mutter spielte sehr gut, und mein Ehrgeiz spornte mich an, sie im Spiel zu schlagen.

Das dauerte aber noch ein paar Jahre.

Wir Kinder sehnten uns nach dem ersten Schnee. Manchmal kam er wie erwartet, manchmal auch nicht. Meine Mutter kündigte mehrmals an, dass sie Plätzchen backen müsse, bis dann endlich kurz vor Weihnachten der wohl ersehnte frische Duft der gebackenen Plätzchen die Küche erfüllte. Auch das späte Backen hatte seinen tieferen Grund. Zu jeder Zeit war ich in der Lage, die versteckten Köstlichkeiten im Hause zu finden und ihre Anzahl zu reduzieren.

Es war Krieg, und die Fenster mussten abends verdunkelt werden. Mein Vater drehte aus dem Verdunkelungspapier heimlich Zigaretten, konnte ich beobachten. Ging ein Lichtstrahl durch das Fenster, pochte der Aufseher der NSDAP von außen an die Fensterläden und eine Stimme sagte eindringlich: *„Macht Eure Fenster dicht, die feindlichen Flugzeuge sehen das."* Mein Vater lachte, erwiderte aber nichts.

1943 kam ich in die Volksschule. Der Unterricht fiel mehrmals aus. Dafür gab es die Fox Tönende Wochenschau, in der unsere Soldaten immer als Sieger gezeigt wurden. Im Schützen- und Panzergraben sangen die Soldaten Weihnachtslieder, für uns Kinder war diese Welt in Ordnung. Das wurde uns auch in der Schule so vermittelt. Das Totenglöckchen, auch das „Gautserle" genannt, läutete immer öfter. Wieder war ein Vater, Ehemann oder Sohn gefallen, für Volk und Vaterland. Diese Tatsache stand im Widerspruch zu der heilen Welt, die uns vermittelt wurde.

Endlich kamen die Nachrichten von der Kapitulation und vom Ende des Krieges. In den Häusern waren Notunterkünfte eingerichtet, für die Heimat-Vertriebenen und ausgebombten Menschen der Großstädte. Die vorweihnachtliche Stimmung änderte sich nicht.

Mit dem Älterwerden stieg die Hoffnung auf ein größeres Geschenk. Die Hoffnung wuchs von Jahr zu Jahr - und von Jahr zu Jahr erfüllte sie sich nicht.

Am Heiligen Abend in der Früh schrubbte Mutter den Fußboden des guten Zimmers. Niemand durfte hinein. Dann trat Vater in Aktion. Der Weihnachtsbaum wurde geschmückt. Mit den selbstgestrickten Haussocken, auf die als Fußsohle ein Stück Barchent. (Bettenbarchent) aufgenäht war, durften wir die Stube betreten und beim Schmücken helfen. Vater schimpfte, weil schon wieder ein Paar Kugeln kaputt waren, bei anderen der Draht zum Aufhängen fehlte und das Lametta nicht ausreichte. Der Stall mit Strohdach für unsere Krippe sah arm aus.

Abgegriffen waren auch die Figuren, die aus einer Gipsmischung gefertigt und angestrichen waren. Die Krippe mit dem Jesuskind sah man kaum. Dem Gips-Esel fehlte das rechte Beinchen vorne, dem Ochs fehlte das hintere Bein links. Beide wurden so hingestellt, dass die fehlenden Teile nicht auffallen konnten. Standen endlich der Baum und die Krippe, tränkte Mutter den Fußboden im Zimmer mit Öl. Die Hitze im Kanonenofen brachte das Öl zum Verdunsten und es roch fürchterlich.

Ein besonderes Essen gab es bei uns am Heiligen Abend nicht. Jeder bekam ein Stückchen Wurst zum Brot zugeteilt. Nach dem Essen ging es hinüber in die sogenannte gute Stube. Vater las die frohe Botschaft von der Geburt Christi. Mein Bruder Albin hatte gelernt, Geige zu spielen und wir sangen die Weihnachtslieder mit. Der Hund, der im Wohnzimmer sein durfte, jaulte bei den hohen Tönen, wir lachten sehr, zum Ärger unserer Eltern. Es gab die handgestrickten Ohrenschützer, Handschuhe und Strümpfe: Eben das, was notwendig gebraucht wurde. Das Pferdchen mit dem Wagen wurde jedes Jahr weitergereicht, von meinem Bruder zu mir, von mir zu meinem jüngeren Bruder und dann weiter zu meiner Schwester.

Jedes Jahr in einer anderen Farbe angemalt. Manchmal mal bekam meine Schwester eine Puppe, gebraucht und abgelegt, von jemand aus der Verwandtschaft. Das Gleiche geschah mit abgelegten Lesebüchern und anderem Spielzeug, das unter uns Geschwistern aufgeteilt wurde.

Jedes Jahr gab es mindestens zwei Äpfel am Heiligen Abend und mindestens für jeden fünf Plätzchen, die uns besonders erfreuten. Die Äpfel legten wir auf den Kanonenofen und nach kurzer Zeit erfüllte der Bratapfelduft das Zimmer. Er verdrängte den beißenden Öl-Geruch.

Gegen 20.00 Uhr mussten wir auch am Heiligen Abend ins Bett. Der Bettwärmer, ein Stein aus Basalt, vorher in der Backröhre des Küchenofens erhitzt, wurde in ein Handtuch eingeschlagen und ins Bett gelegt. Erst wärmte der Stein die Kuhle für den Hintern, dann wärmte er die Füße. Einschlafen konnte ich noch nicht. Ich wartete auf das Läuten zur Mette, die um 23.00 Uhr begann. Nach der Mette, so gegen Mitternacht, folgte der zweite Höhepunkt des Heiligen Abends. Die Blaskapelle spielte vom Kirchturm „O, Du Fröhliche", und „Stille Nacht, Heilige Nacht". Das war auch in den anderen Ortschaften so. Das ganze Land war erfüllt von dem nächtlichen Gruß und der musikalischen Botschaft über die Geburt des Herrn. Und wieder jaulten die Hunde.

1948 wurde die Deutsche Mark eingeführt. Mit meinen elf Jahren bekam ich das ganz gut mit. Ministrant bin ich geworden in diesem Jahr und hoffte, in der Mette am Heiligen Abend ministrieren zu dürfen. Und wieder stieg die Hoffnung auf ein größeres Weihnachtsgeschenk, je näher der Heilige Abend rückte. In der Adventszeit wurden stille Heilige Messen (Roraten) gelesen. Meistens im Kindergarten früh um sechs Uhr. Diese stillen Messen erzeugten bei mir ein besonderes Gefühl, welches ich mir nicht erklären konnte. Durfte ich ministrieren, freute ich mich sehr. Denn danach gab es bei den Schwestern Kaffee und ein Brot mit Fett bestrichen und Pfeffer und Salz aufgestreut. Manchmal auch Kuchen.

Mein Bruder kam zum Schuljahresbeginn 1947 nach Würzburg ins dortige Kilianeum und Internat. Eigentlich wollte ich dorthin. Aber ich sei zu frech, befand der damalige Pfarrer, in meinem Bruder würde was Edles und Feines stecken. Fortan plagte mich Neid, den ich gegenüber meinem Bruder nicht verbergen konnte.

Immerzu jammerten mein Vater und meine Mutter, dass das Internat so teuer sei. Eine sehr gute Apfelernte brachte der Herbst 1948 und meine Eltern beschlossen, die Ernte zu verkaufen, um die Internatskosten zu bezahlen. Meinen Eltern gegenüber wurde ich rebellisch und schimpfte. Die Vorstellung, keinen Apfel mehr essen zu können, war schrecklich. Mein unzufriedenes Gehabe hatte nichts geholfen. Im Gegenteil, ein paar saftige Ohrfeigen meines Vaters erinnerten mich an meine wahre Bedeutung.

Tatsächlich fuhr eines Tages ein großer LKW, der noch einen Holzvergaser als Antrieb hatte, ins Dorf, von Haus zu Haus. Mein Vater schleppte, wie andere auch, die Körbe voller Obst heran und stellte sie vor das Hoftor auf die Straße. Der LKW kam näher. Korb um Korb schöner, herrlicher Winteräpfel verschwand auf der Ladefläche. Wütend schaute ich zu. Mutter kam heraus und sagte, für Weihnachten müsse noch ein Korb voll zurückgehalten werden.

Diesen Auftrag bekam, Gott sei es gedankt, ich. Die Äpfel brachte ich auf den Dachboden in das Getreidelager. Dort versteckte ich sie unter den Weizenkörnern und unter das Korn, damit sie nicht erfrieren.

Die Internatskosten seien bezahlt, und es wäre noch etwas Geld übrig, war von Mutter zu hören. Diese Mitteilung hat mich hoffen lassen, in diesem Jahr etwas Besonderes zu Weihnachten zu bekommen.

Die Zeit im Advent verstrich. Das Fest rückte näher und täglich holte ich mir heimlich vom Getreideversteck einen oder zwei Äpfel.

Das Schaufenster von Hermann Mölter am Linsenbrunnen war plötzlich von Innen verhangen. Nur noch wenige Tage bis Weihnachten, „Was ging da vor?", fragte ich mich. Nach zwei Tagen verschwand der Vorhang wieder. Das Schaufenster zeigte gefrorene Blumenmuster.

Nur schattenhaft: konnte ich Spielzeug sehen. Durch die Atmungswärme taute das Eis und ich bestaunte eine noch nie gesehene Spielzeugpracht. Jahrelang hatte es nichts Neues gegeben. Jetzt, mit neuem Geld, gab es auch neue Spiele. Die Hoffnung, zu Weihnachten einen Kran, einen Baukasten aus Metall, oder etwas Anderes von den schönen Sachen zu erhalten, verursachte Kopfweh, weil die Angst, wieder leer auszugehen, mitmischte.

Der Heilige Abend des Jahres 1948 kam. Der Ablauf des Tages lief wie jahrelang gewohnt, ab. Vater verteilte wie immer ein Stückchen Wurst zum Abendessen, die Mutter verschwand im guten Zimmer, mit der Anmerkung, dass wir nicht lauern sollten. Wir wurden gerufen. Schnell rannten wir, jeder wollte der Erste sein und sehen, was es gab. Der erste Eindruck stimmte fröhlich. Mehr Päckchen, und größere als sonst, lagen auf dem Tisch. Vater kam. Wir sangen nach der Lesung die Weihnachtslieder, mein Bruder geigte wieder und der Hund jaulte, alles war wie sonst. Vater hatte wie immer seine frisch gewaschene blaue Schürze um und sagte, er gehe jetzt auf den Boden und hole die Äpfel. Mit seiner krummen Pfeife im Mund schraubte er hustend und keuchend die Bodentreppen hoch. Er blieb lange. Für meine Begriffe zu lange und eine dunkle Ahnung machte sich in mir breit.

Endlich. Nach langem Warten kam mein Vater die Treppe herunter. Seine Haltung und sein Gesicht hatten sich verändert. Die Backenknochen arbeiteten, die Augen standen tiefer, er schaute mich an und sagte: „Wir haben keine Äpfel mehr." Die Augen trafen mich härter als die Worte. Ich zitterte am ganzen Körper, machte vor Angst fast in die Hose, als mir klar wurde, dass ich die ganzen Äpfel aufgegessen hatte.

Weihnachten ohne Äpfel, das hatte es bei uns noch nie gegeben. Und ich war schuld. Meine Gier und mein Neid auf meinen Bruder hatten mich verblendet. Ich floh hinaus in den Viehstall, setzte mich auf den Melkschemel und die

Wärme im Stall ließ mich zur Ruhe kommen. Mein Vater und meine Mutter wussten, dass nur ich für diese Tat in Frage kommen konnte. Jedoch sie sagten ausnahmsweise nichts. Das war schlimm. Wie lange ich im Stall war, merkte ich nicht. Meine Geschenke waren mir egal. Ich wollte nichts mehr hören und sehen an diesem Heiligen Abend.

Meine kleine Schwester suchte mich, nahm mich an die Hand und führte mich in die Stube. Mein Päckchen war noch zu. Ich zerriss das Packpapier und staunte. Es war ein Baukasten aus Metall, den ich im Schaufenster von Hermann Mölter gesehen hatte. Dazu noch ein Lesebuch und auch die obligatorischen Strümpfe. Erheblich mehr als sonst. Freuen konnte ich mich dennoch nicht.

Meine Mutter erinnerte mich daran, dass ich ministrieren durfte. Traurig ging ich in die Kirche. In der Christmette ertönte mit Streichorchester und Kirchenchor das Transeamus usque Bethlehem - Auf nach Bethlehem. Ein Erlebnis für mich, das nachhaltig in Erinnerung geblieben ist. Nach der Mette spielte wieder die Musikkapelle auf dem Turm die Weihnachtslieder. Wieder zogen die Klänge hinaus in die Heilige Nacht. Wieder jaulten einige Hunde. Unter anderen Umständen hätte ich mich sehr gefreut. Der Schock über mein Vergehen saß tief. Bis heute habe ich diesen nicht vergessen. Denn ein Apfel bedeutete damals noch sehr viel.

„Sie," hörte ich eine Stimme aus der Ferne und ich spürte, wie mich jemand an der Schulter rüttelte. „Wir haben Feierabend, ich möchte abkassieren." Erschrocken drehte ich mich um. Es war die Kellnerin des Cafe. Ich stammelte eine Entschuldigung, denn ich hatte Zeit und Raum vergessen. Draußen erhellte die weihnachtliche Beleuchtung die Dunkelheit. Alles geschäftliche Leben war gewichen. „Ich beobachte Sie schon lange, Sie müssen weit weg gewesen sein", sagte die Kellnerin. Ich nickte und wünschte ein gesegnetes Weihnachtsfest.

Inzwischen haben meine Frau und ich unser 40-jähriges und 50-jähriges Ehejubiläum groß gefeiert. Mit Kindern, Enkeln und Bekannten. das war immer auch ein Anlass uns gegenseitig ganz tief in die Augen zu schauen und ein schlichtes danke schön zu sagen. Mit einem Händedruck, mit einem Kuss, einfach mit einer Liebesbezeugung.

Beim Keglerball – damals fanden die Tanzveranstaltungen noch am Sonntag statt - am 30. Januar 1955 haben wir uns kennengelernt. Aus Dankbarkeit habe ich folgendes Gedicht verfasst.

Dank an meine Frau Paula

„MEINE LIEBE PAULA!
HEUTE WILL ICH DIR DANKE SAGEN,
FÜR DEINE LIEBE ZU MIR, ZU UNSEREN KINDERN, UND
FÜR DEINEN BEISTAND,
IN GUTEN WIE IN SCHLECHTEN TAGEN.

*DIR WAR DAS EINE SELBSTVERSTÄNDLICHKEIT,
NICHT JEDE FRAU IST DAZU BEREIT.
DU HAST IMMER ZU MIR GEHALTEN,
TROTZ MEINER ECKEN UND MEINER KANTEN.
DEINE GEHEIMEN TRÄUME,
DEINE WÜNSCHE KONNTE ICH DIR NICHT ERFÜLLEN,
IMMER WOLLTE ICH ERST MEINEN HUNGER NACH ANER-
KENNUNG STILLEN.
OHNE ZU MURREN UND OHNE ZU KLAGEN
HAST DU SIEBEN KINDER IN DIR GETRAGEN.
SIE GEBOREN UND ZU GUTEN MENSCHEN ERZOGEN,
WÄHREND ICH SO MANCHES MAL BIN ABGEBOGEN,
UNBEHERRSCHT UND WIDERWÄRTIG.
ALLE UNGEREIMTHEITEN DES LEBENS HAST DU ERTRAGEN,
OB IN GLAUBENS ODER GESELLSCHAFTSFRAGEN.
LAUTLOS, STILL IN SICH GEKEHRT UND STUMM,
DEINE WACHEN AUGEN HABEN ALLES GESEHEN,
DESHALB KONNTEST DU AUCH ALLES VERSTEHEN.
DOCH MIT DEINER KÖRPERSPRACHE EINDRINGLICH UND
LAUT,
HAST DU IMMER AUF GOTT GEBAUT.
ICH DANKE DIR FÜR DEINE LIEBE,
DIE MICH GEFANGEN HÄLT BIS ZUM HEUTIGEN TAG.
ES IST DEINE HERZENSWÄRME,
DIE MIR DAS ZU SAGEN VERMAG.
AM 30.JANUAR VOR 60 JAHREN,
DA HAT DER BLITZ BEI UNS EINGESCHLAGEN,
UND EINEN BRAND ENTFACHT,
DER BIS HEUTE GEHALTEN HAT.*

MIT DIESEM BRAND IN MEINEM HERZEN WÜNSCHE ICH MIR,
NOCH EINIGE SCHÖNE JAHRE AN DEINER SEITE UND MIT DIR.

ERINNERUNGEN

Meine Erinnerungen schwenken zurück an die Theateraufführungen des Gesangvereins Nordheim v/d Rhön, gegründet 1912. Groß waren die Ansage und das Stück wurde am ersten und zweiten Weihnachtsfeiertag aufgeführt. Zu jener Zeit war ich 10 Jahre alt. Meine Mutter stammte aus Oberstreu und die Tante kam mit ihrem Mann mit Pferdeschlitten- oder Kutsche, je nach Wetterlage. Für die Schulkinder fand die Hauptprobe am Nachmittag statt. Damals wurde das Stück „Dr. Faust-Hauskäppchen," oder „Die Herberge im Walde" gespielt. Ich durfte auch in den Fränkischen Hof, dort wurde die Aufführung gegeben.

Das Spiel fesselte mich. Auf einmal erschien ein Geist mit Blitz und Donnerschall auf der Bühne. Ich regte mich so auf, dass ich mich ohne Vorwarnung erbrach, und meinem Vordermann in das Genick kotzte. Mit wüsten Beschimpfungen wurde ich hochkantig aus dem Saal geworfen und hatte die Aufgabe meinen Dreck selbst aufzuwaschen. Es stank fürchterlich.

Den Geist spielte der unvergessene Engelbert Hippeli, ein Postbote und ein sogenanntes Urviech auf der Bühne. Zu seinem Zustellungsbereich zählte auch Heufurt. Er hatte die

Gewohnheit, während seiner Zustellungswege seine Theaterrollen zu erlernen. Eines Tages merkte er zu spät, dass ihn sein Weg nach Stetten geführt hatte. Voller Überraschung habe er gerufen: „Nu, ich wollte doch nach Heufurt und nun bin ich in Stetten."

Trotz meines Missgeschickes mit dem Erbrechen interessierte mich das Theaterspiel, Laienspiel, sehr. Schon im Kindergarten durfte ich hie und da nur ein Gedicht aufsagen. Manches Mal auch bei dem Krippenspiel zu Weihnachten eine Statistenrolle spielen. Zum Beispiel als Hirte vor dem Jesu-Kind hin knien und nichts zu sagen haben. Größere Rollen bekam ich zu meinem Ärger nicht, denn ich war der Schwester Oberin „nicht brav" genug.

Dafür landete ich mit Regelmäßigkeit in dem Kohlenkeller der Kinder-Bewahranstalt, dessen Lagerraum so dunkel war, dass man nicht einmal die Hand vor dem Gesicht sah. Denn die Kellerfenster waren mit Brettern zugenagelt. Mit Schrecken und Schauern über den Rücken habe ich diese Tortur überstanden. Leider muss ich sagen, dass ich heute noch damit zu tun habe. Denn da unten im Keller war kein Rufen und kein Schreien hörbar.

Die Schulzeit neigte sich dem Ende zu, im Jahr 1951 wurde ich aus der Volksschule entlassen. In der achten Schulklasse hatten wir den Lehrer Max Mölter, der aus Wegfurt stammte. Er hatte einen Wanderer-Sachs. Immer wenn er nach Schulschluss nach Wegfurt fahren wollte, schob er seinen Sachs zur Johannisbrücke hoch, ließ beim Herunterfahren die Kupplung schnalzen und der Motor sprang an. Von älteren Schülern hatten wir erfahren, dass der Sachsmotor nicht anspringt, wenn Zucker in den Tank kommt. Gesagt, getan. Die Schüler stellten sich auf. Ein Auflauf des Lehrers und ein Gelächter, der Sachs sprang nicht an. Fünf, sechs Mal probierte es Max Mölter. Er schwitze, als er den Sachs den steilen Anfahrtsweg zur Johannisbrücke hinaufschob. Der Vater von Günter Kerber kam herbei, schimpfte uns aus und reparierte den Sachsmotor.

Zur Schul-Entlassungsfeier wurde ich beauftragt, ein Gedicht vorzutragen und das Geschenk an Herrn Lehrer Max Mölter zu überreichen. Wohl fühlte ich mich dabei nicht, denn ich war die treibende Kraft, den voraus geschilderten Schabernack auch durchzuführen.

Die Entlassungsfeier war plötzlich da. Und ich erlebte dabei eine große Pleite. Was war geschehen? Als Geschenk hatte wir ein schön verziertes Schnapsfässchen aus Ton, mit sechs kleinen Ton Krügchen je drei rechts und drei links, gekauft. Sie waren bunt verziert und sehr schön.

Ich setzte zu meinem Gedicht an. Plötzlich überfiel mich eine Nervosität, ich versprach mich beim Zitieren und meine beiden Hände zitterten. Unter diesem Zwang begann ich: „Offen steht vor uns der Lebenspforte," pitsch, das erste Krügchen fiel herunter und zerbarst. „Hellen Blickes schauen wir hinaus," pitsch, das zweite Krügchen lag in tausend Scherben am Fußboden. Und weiter: „Doch nicht wollen ohne Abschiedsworte, scheiden wir von diesem"-

pitsch, das dritte Krügchen war dahin, - „hohen Haus", und das vierte Krügchen folgte denselben Weg. „Das war die Strafe Gottes" geiferten einige Mädchen und erinnerten mich an die Untat mit dem Zucker im Wanderer- Sachs unseres Lehrers.

DIE LEBENSKREISE SCHLIEßEN SICH

DER ERSTE KREIS SCHLIESST SICH

Zur Vorbereitung des Buches, „Heimat an der Streu-1200 Jahre Nordheim v/d Rhön 1989", war ich mehrmals in der Wohnung meines früheren Lehrer Max Mölter, der inzwischen mit seiner Familie nach Salz gezogen war und dort seinen Lebensabend verbrachte. Herr Mölter hatte den Auftrag von der Gemeinde angenommen, das Buch zu schreiben und ich lieferte als Bürgermeister von Zeit zu Zeit Informationsmaterial für dieses Buch an meinen früheren Lehrer. Einmal verweilte ich längere Zeit bei der Familie Mölter und durfte zum ersten Mal auch in das Arbeitszimmer. Groß, ja sehr groß war meine Überraschung. Gut sichtbar stand auf einem Bücherbrett das Tonfässchen mit noch zwei Tonkrügchen, eins rechts und das andere links, am Bauch des Fässchens hängend, im Zimmer. Noch einmal erinnerten wir uns an dieses Geschehen 1951, und wir lachten herzlich. Wir lachten aber auch ebenso herzlich über die Tatsache, dass man ein geübter Bodenturner sein musste, um über die Stöße von Materialsammlungen, die auf dem Fußboden ausgebreitet waren, zu turnen.

Mein vierzehntes Lebensjahr war noch nicht vorbei und es war Februar 1952. Die Kolpingfamilie in Nordheim war sehr rührig und veranstaltete jedes Jahr zum Faschingsausgang einen lustigen Abend.

Mir wurde angetragen, ein Gedicht aufzusagen. Darüber freute ich mich sehr. Es sei ein kurzes Gedicht und ich sollte mich als Schneiderlehrling verkleiden. Das Gedicht lautete:

> Es kaufte einen Spucknapf sich,
> der Schneidermeister Kecke, und stellt ihn, wie das so
> Brauch, zu Hause in die Ecke.
> Dann lies er sich von ungefähr,
> auch einen Zettel drucken, mit den fünf Worten inhaltsschwer, „nicht in die Stube spucken."
> Des Meisters Lehrling ein Filou,
> mit feuerrotem Käppchen, geht in Stube ab und zu,
> und spuckt auch mal ins Näpfchen.
> Und als dies nun der Meister sah, brüllte er,
> „Du frecher Bube, der Napf ist für die Kundschaft da, du,
> spucke in die Stube."

Das hat mit der entsprechenden Mimik, Deklaration und der lustigen Lehrlingsverkleidung, gesessen. Die Schmach von der Schulentlassungsfeier war verflogen, und fortan kam ich nicht mehr von der Bühne los.

Was man alles so erlebt.

Bereits 1953 spielte ich in der ersten Fußballmannschaft des TSV Nordheim v/d Rhön. Mein Vater stimmte nicht zu, also unterschrieb ich selbst. Auch das Geburtsdatum wurde verändert, so, dass ich spielberechtigt war.

Am Sonntag, dem 5. Dezember 1954 war das Punktespiel in Eussenhausen gegen Nordheim angesagt. Mit dem Omnibus wurde dorthin gefahren. Am Abend spielte der Gesangverein Theater im Fränkischen Hof, „Das Lies'l vom Schliersee." Ich hatte die Liebesrolle des Vester übernommen. In Eussenhausen angekommen regnete es in Strömen. Der Schiedsrichter wartete und wartete, aber das Spiel konnte nicht angepfiffen werden, so prasselte der Regen herunter. Längst waren Spieler und Zuschauer schon in der Gastwirtschaft. Ein Maß Bier löste das andere ab. Wiederholt drängte ich auf die Heimfahrt beim Fahrer des Busses und beim Spielführer, weil ich ja Theater spielen wollte. Um 19.00 Uhr mussten alle Aktiven zum Schminken hinter der Bühne sein. Niemand hörte mich an. Kurz nach 18.30 Uhr hatte ich mich von Eussenhausen auf den Weg nach Nordheim gemacht. Ich rannte querfeldein, über eine fürchterliche Nässe und Schmiere nach Stockheim. Von dort weiter im Dauerlauf, bereits schon völlig außer Atem, auf der B 285 nach Ostheim.

Um kurz nach 19.00 Uhr, am Stadtausgang von Ostheim hielt ein schwarzer VW. Es war der erste Vorsitzende des TSV Nordheim, Wolfgang Baier. Er fuhr mich nach Hause. Schnell musste ich mich waschen. Ans Essen war nicht zu denken. Ich rannte zum Fränkischen Hof, kam dort fünf vor 20.00 Uhr an, ein Geschrei ging los, was mir eingefallen sei, so spät zu kommen. Aber, beim zweiten Klingelzeichen saß ich noch am Schminktisch, und beim Dritten stand ich auf der Bühne.

Die Sitten hinter der Bühne waren streng. Kein Aktiver durfte während der Aufführung in den Saal, oder sich anderweitig sehen lassen. Eine Toilette gab es hinter der Bühne nicht. Es standen zwei Eimer auf der Bühne, ein Eimer für die Frauen, ein Eimer in gemäßem Abstand, für die Männer, um sich menschlicher Bedürfnisse zu entledigen.

Mit dem Theaterstück hatten wir großen Erfolg. Der Saal im Fränkischen Hof war bis auf den letzten Platz gefüllt. Wir feierten und mein Zuspätkommen war vergessen.

Am Montag danach, dem 6. Dezember 1954, legte ich in Mellrichstadt meine Gesellenprüfung ab. Ich hatte bestanden, obwohl ich in den 3 Jahren Lehrzeit nur Handlanger gewesen bin.

Seit meinem ersten Auftritt bei Kolping 1952 stand ich jährlich auf der Bühne. Manches Mal bis zu dreimal, beim Gesangverein, beim TSV und bei der Kolpingfamilie.

Eines Tages verwechselte ich meinen Rollentext. Der Souffleur, Fredi Fischer, kämpfte in seinem Kasten vor der Bühne, blätterte hin und her und flüsterte nach oben: „Doos stedd nedd en mei Büchle," (Was du sagst steht nicht in meinem Büchlein.) Gott sei Dank musste Lilli Hippeli, spätere verheiratete Karlein, auf die Bühne, sie spielte sich an mich heran und flüsterte, „du bist beim TSV seinem Theatertext," und nannte geflüstert meinen Text, für den ich auf der Bühne stand. Lilli war in der Lage, den ganzen Text eines Theaterstückes auswendig zu sagen. Sie war die textsicherste Spielerin, die ich je kennengelernt habe.

1968 wurde das Lies'l vom Schliersee vom Gesangverein zum letzten Mal aufgeführt. Diesmal hatte ich die Rolle des Klarinettenmuckels. Offenbar war ich so überzeugend, dass nach der Aufführung der Dirigent der Stadtkapelle Ostheim, Adolf Thiel, hinter die Bühne kam, und mich vom Fleck weg arrangieren wollte. Ich sagte ihm, hinter der Bühne habe Anton Hippeli die Klarinette gespielt, ich hätte nur imitiert.

Die Umstände für die Proben waren im Fränkischen Hof nicht sehr gut. Da meistens im Spätherbst und im Winter bis März gespielt wurde, war es im Saale und auf der Bühne sehr kalt. Ein Kanonenofen im Saal war unsere Wärmequelle. Die Schnapsflasche machte ihre Runde. Elfriede Schloth, später verheiratete Hohmann, eine Urenkelin von Ferdinand Schloth, brachte immer Schnaps zum Aufwärmen mit.

Eines Tages reichte sie uns eine Flasche mit einem gelblichen Zwetschgenschnaps. Der wurde nicht alt. Der war es schon. Auf die Qualität angesprochen antwortete sie: „Das ist noch Schnaps von 1945, den wir vor den Amerikanern versteckt haben," und weiter: „er war in dem Schlossgarten vergraben".

Im Laufe von Jahrzehnten, hatte das Bühnenmaterial sehr gelitten. Das Fernsehen hatte Einzug in die Familien gehalten und die Zuschauer blieben aus. Der Saal des Fränkischen Hofes war heruntergewirtschaftet, die Vereine stellten nach und nach ihre Tanzveranstaltungen ein. Das Vereinswesen in der Gemeinde drohte zu erlahmen.

Durch den plötzlichen Tod des unvergessenen Bürgermeisters und MdB Alex Hösl 1977 wurde ich Bürgermeister. Als Vereinsmensch wollte ich die Vereine wiederbeleben. Die Familie Weydringer, Brauerei Rother-Bräu, erklärte sich bereit, den Saal des fränkischen Hofes wieder zu sanieren.

Mit Hilfe von Landrat Dr. Fritz Steigerwald, konnte die Gemeinde die Kosten für die Sanierung des Fußbodens der Tanzfläche und Bühne in Höhe von 17.522,29 DM, übernehmen. Das gab zum Teil ganz billige Kritik in der Gemeinde.

Aber, die Vereine konnten ab 1979 den Saal des Fränkischen Hofes wieder nutzen. Als nächstes suchte ich nach Wegen, das Theaterspiel wieder aufleben zu lassen. Die Kastenbühne war kaputt.

Mit unserem Ortsschreiner Alfons Heurung fuhr ich nach Schönau. Dort hatten sie eine neue Bühne angeschafft. Diese war aber sehr teuer. Alfons Heurung erklärte sich bereit, auch die neue Bühne wieder im Baukastensystem zu fertigen. Die Kosten; 1.880,00 DM. Wieder gab es Kritik, weil ich zunächst die Kosten der Bühne aus dem Gemeindehaushalt bezahlt hatte, und angeblich keiner Theater spielen wolle. Inzwischen war das Jahr 1983 ins Land gegangen. Die allgemeine Versammlungsfaulheit hatte auch die katholische Kirchengemeinde zu spüren bekommen. So vereinbarte ich mit Egon Bauß, dem Vorsitzenden des Pfarrgemeinderates, einen Einakter im Fränkischen Hof bei der Jahresversammlung der Grobschen Stiftung, am Sebastian- Tag – dem gelobten Feiertag, aufzuführen.

Dies geschah dann auch am 22. Januar 1983. Der Einakter, einstudiert von Lina Hippeli, hieß, „Die Verlobungshose." Der Saal war gefüllt und der Erfolg sehr groß.

Die Mitwirkenden: Annemarie Stäblein als Pauline, ich selbst als erster Bürgermeister mit dem Namen Knille, meine Söhne Ehrenfried und Burkhard als Bollke und Dr. Bender, Gerhard Keller als Lispler, Bettina Hippeli als Herta. Regie und Souffleuse, Lina Hippeli. Bühnenbild: Alfred Hippeli und Alfons Stäblein.

Das Laienspiel war wieder zum Leben erwacht und die Presse war des Lobes voll.

Gerne hätte ich gehabt, dass der Gesang-und Musikverein die Theatertradition wieder übernahm. Der damalige Dirigent des gemischten Chores, Erhard Stäblein, hat wohl gedacht, dass der Chor darunter leiden würde. Deshalb hat auf meinen Vorschlag die Vereinsgemeinschaft, die ich 1974 gegründet hatte, diese Tradition übernommen. Der Vorsitzende war mein Taufpate Rudi Spiegel, der dann auch die Kosten für die Bühne übernommen hatte. Alle Kritik war umsonst.

DER WALDRUCH- DER ZWEITE KREIS SCHLIESST SICH

Bei meinem Rückblick und am Schluss dieser Niederschrift dachte ich an den Waldruch. Dieses Wort, ausgesprochen von meinem Vater bedeutete den Wald schänden. Ungerechtfertigt handeln.

Ein Kreis schließt sich damit: Mit meinem Vater habe ich Brennholz auch im Gemeindewald geholt. Ein schmaler Hohlweg im Waldteil Hasenkopf musste passiert werden. Am Rand des schmalen Weges stand eine kleine Buche, gegen die Fahrtrichtung unseres Gespannes gekrümmt. Genau an der Krümmung des nicht ganz armdicken Baumes, blieb unser Gespann hängen. Mein Vater schickte sich an, die Fuhre abzuladen, um an dem Bäumchen vorbeifahren zu können. Ich nahm die Axt, und mit zwei Hieben war das Hindernis ausgeräumt. Es tat einen Schub und die Kühe zogen den Wagen wieder an. Mein Vater aber brüllte mich an: „Was machst du da, du kommst in den Waldruch!"

Ich war erschrocken und dachte sehr lange darüber nach. Auch noch als ich Bürgermeister und verantwortlich für den Gemeindewald war. Das wollte ich wieder gut machen. In meiner 17einhalbjährigen Zeit als 1. Bürgermeister, habe ich keinen Sonderhieb veranlasst, um die Gemeindefinanzen in Ordnung zu bringen.

EIN DRITTER KREIS SCHLIESST SICH

Nachdem die Schwestern sich aus Nordheim am 30. Juni 1985, verabschiedet hatten besuchte ich wie vorher auch, am hl. Abend die Kranken meiner Gemeinde im Krankenhaus. Auch meine Betreuten die ich vertreten musste. Dann erweiterte sich die Fahrt um die Besuche in Heimbuchental im Spessart, bei den Schwestern in Heidenfeld und bei meinem Bruder in Werneck. Gegen 16.00 Uhr kam ich nach Hause. Bei jedem Wetter bin ich mit meinem PKW diese Runde am hl. Abend gefahren.

Beim ersten Besuch am hl. Abend 1985 in Heimbuchental im Spessart war ich nicht angemeldet, und es war gleich Mittagszeit. Beim Einparken sah ich Leute an dem Haus der Schwestern klingeln, „die etwas abgegeben haben." Ich sah eine Milchkanne von 3 Litern, und ein in Zeitungspapier eigewickeltes Etwas. Im gebührenden Abstand klingelte ich dann an der Haustüre der Schwestern. Die Freude und Überraschung von Schwester Lindina war sehr groß. Auch ihre zwei Mitschwestern zeigten diese Freude.

Die Schwestern entschuldigten sich, bei ihnen gäbe es am hl. Abend zu Mittag immer Kartoffelgemüse und was drinnen, so der Ausdruck.

Ich musste loslachen, und erklärte warum. Ich erzählte, dass ich als Junge immer von der Hausschlachtung, Wurstsuppe mit etwas drinnen an die Schwestern in Nordheim abgegeben hatte. Oft sei ich im Kindergarten über die Mittagszeit gewesen und wurde von den Schwestern verpflegt. Es gab immer Gemüsesuppe. Die war sehr dünn, und die Schwestern hätten vor und nach dem Essen lange gebetet. Ich hätte die Wurst gesucht, die ich abgeliefert habe. Und nicht gefunden. Ich war halt noch ein Kind, entschuldigte ich mich.

Schwester Lindina und die anderen lachten herzhaft mit. „Heute sei was drinnen in dem Kartoffelgemüse, eine Blutwurst, das machen wir immer so am hl. Abend. Aber essen tun wir erst nach 12.00 Uhr Mittag. Für mich schloss sich ein dritter Kreis. Während der Weiterfahrt nach Werneck dachte ich zurück, an meine Kindheit, und fand jetzt innere Ruhe. Die Zeit in der Kinderbewahranstalt war abgehakt.

Alles Negative war verdrängt. Nach dem Besuch bei meinem Bruder Hans folgte dann der Besuch bei Schwester Hilsindis in Heidenfeld. Da gab es Kaffee und Kuchen. Von da fuhr ich nach Hause. Jedes Mal hatte ich die richtige Einstimmung auf den hl. Abend und war dankbar.

DER 30. SEPTEMBER 1994 RÜCKTE UNAUFHALTSAM NÄHER

In den Jahren meiner verantwortlichen Tätigkeit für und in der Gemeinde hatte ich versucht, den hilfebedürftigen Bürgerinnen und Bürgern ein zuverlässiger Ansprechpartner zu sein. Meine Dienststunden waren immer gut besucht. In vielen Dingen des täglichen Lebens konnte ich helfen. Manches Mal auch nicht. In Renten-, Vormundschafts- und Betreuungsangelegenheiten war ich auf dem laufenden. Von 1978 bis 31.12. 1991 war ich Ortswaisenrat. Danach habe ich zahlreiche, gerichtlich verfügte- und privat, Betreuungen übernommen. In verschiedenen Gesprächen vertrauten mir Ehepaare ihre Probleme an. Es war rundum ein Vertrauensverhältnis vorhanden.

Für alle Ortsvereine war ich Fürsprecher im Gemeinderat, wenn es um Unterstützung gegangen ist. Das wurde anerkannt.

In vielen Fällen spendete ich aus meinen Verfügungsmitteln an die Vereine. Meinen Etat überzog ich deswegen nicht. Die Staatliche Rechnungsprüfungsstelle bescheinigte mir im Prüfbericht vom 28. März 1994 auf Seite 24.: „Im Vergleich zu Gemeinden gleicher Größenordnung ist der Betrag von 5.890,56 DM für 1992, unterdurchschnittlich."

Kinder und Erwachsene grüßten freundlich, wenn sich unsere Wege kreuzten. Alles Hässliche in der Gemeinde spielte da keine Rolle.

Noch im September 1994 habe ich das Archiv der Gemeinde auf den neuesten Stand bringen lassen.

Eine Abordnung Jugendlicher stand plötzlich vor mir.

Am Mittwoch, dem 28. September 1994 erlebte ich eine angenehme Überraschung. Katja Heinrich und Stefan

Kümmeth als Vertreter der Jugend insbesondere der Kirchweihjugend, besuchten mich in der Wohnung.

Sie übergaben mir einen Präsentkorb voller lukullischer Kostbarkeiten. Beide fanden herzliche Dankesworte. Für die Unterstützung der Jugend und meinem Verständnis in allen Belangen. Für die Wiederbelebung des alten Kirchweihbrauches 1975, damals noch als zweiter Bürgermeister.

Wir plauderten von der ersten Jugendbürgerversammlung im April 1979. Von den Orts- und Waldbegehungen zum besseren Verständnis der Zusammenhänge. Von den freiwilligen Arbeitsstunden der Jugendlichen, wenn es um die Säuberung der Flur, des Bachlaufes der Streu und der Bahra ging. Von der Bepflanzung des Schuttplatzes „Teufelsberg," und der Hilfe bei der Reparatur der Grillstation an der Grotte. Und von der immer wiederkehrenden Teilnahme am Gemeindesportfest seit 1978. Dann die absolute Zuverlässigkeit der Jungen und Mädchen bei der Organisation und Durchführung der 1200 Jahrfeier 1989.

Das Vertrauen der Jugendlichen in „ihren Bürgermeister," war unbegrenzt. Ging etwas im jugendlichen Übermut zu Bruch, wurde ein Beleuchtungsmast an- oder die Türe vom Feuerwehrhaus kaputtgefahren,- wie geschehen-, kamen die Jugendlichen bei jeder Tages-und Nachtzeit zu mir. Kleinmütig gestanden sie ihre „Ausrutscher" ein. Verstohlen lächelte ich dabei, und dachte an meine Streiche als Jugendlicher.

Es war ein schöner Abend. Die Anerkennung der jungen Leute gab mir ein wärmendes Gefühl. Das hatte die Enttäuschungen verdrängt.

, Am Donnerstag, 29. September holte mich um 11.30 Uhr meine Frau im Rathaus ab. Sie sagte nicht warum.

Auf unserem Hof in Pfingstgraben 3, standen die Kinder des Kindergartens und die Verantwortlichen. Sie sangen ein wunderschönes Ständchen, von kindlichen Liedern und kindlich gesungen. Geschlossen sagten sie ein Gedicht auf: „Weil heut nun Abschied ist, da haben wir gedacht, wir singen dir ein Lied, das dir Freude macht". Dann übergab mir jedes Kind einen kleinen Blumenstrauß und von manchen Eltern noch ein Paar dankbare Zeilen dazu. Auch selbstgemalte Bilder waren dabei.

Die Verantwortlichen bedankten sich dafür, dass ich oft ihren kleinen Sorgen Abhilfe schaffen konnte. Und dankten auch für die moralische Unterstützung. Sie schenkten mir 8 Eintrittskarten für das Meininger Theater.

Eingedeckt in einem Blumenmeer schämte ich mich meiner Tränen nicht. Ich dankte bewegt und sagte, „dass mir dieser Dank und die damit verbundene Freude unvergessliche bleiben wird.

An diesem Abend zog ich gedanklich Bilanz über meine Zeit als zweiter und erster Bürgermeister der Gemeinde Nordheim v/d Rhön. Es war spät geworden. Die strahlenden

Kinderaugen begleiteten mich in den Schlaf. Die Hand meiner Frau gab mir, wie so oft, Ruhe.

Mein letzter Arbeitstag, 30. 09.1994

Ausgeschlafen und gut gelaunt saß ich am Frühstückstisch. „Das soll es nun gewesen sein," sagte ich zu meiner Frau und mich hatte Wehmut überfallen. Ein knappes, „du hast es so gewollt," kam mir beim Zeitungslesen zu Ohren. Ich verabschiedete mich, denn es war noch viel zu tun an diesem Tag.

Auf dem Weg zum Rathaus bekam ich wohlgemeinte Zurufe von Frauen, die auf dem Weg zum Einkauf waren. „Danke für doos boste gmocht host," „danke für das was du gemacht hast, du hast recht, jetzt must du dich mit denen nicht mehr ärgern" und so weiter. Mit wem ich mich nun nicht mehr ärgern muss, sagten die Frauen nicht.

Zum letzten Mal brachte mir die treue Seele der Gemeinde, Harald Ewald, die Post. Er machte mich auf einen Zeitungsbericht der Mainpost aufmerksam, der mich als Fahrradfahrer im Freizeitlook präsentierte.

Für Sentimentalitäten hatte ich keine Zeit. Um 11.30 Uhr traf ich Verwaltungsamtmann Michael Schweiger, VG Fladungen und übergab das neu sortierte Gemeindearchiv. Darunter auch die von mir zusammengestellten und gebundenen Bände über das Festjahr 1200 Jahre 1989. Einen Band mit allen Zeitungsberichten über das Festjahr und über meine Rücktrittsabsicht. Und einen weiteren Band mit allen Sitzungen des Gemeinderates über das Fest, Fotos und Niederschriften über die einzelnen Programmpunkte im Laufe des Jahres.

Um 11.30 Uhr traf ich mich zum Mittagessen bei der Sofie, Gasthaus zur Eisenbahn, mit meinen Gemeindearbeitern zum Mittagessen. Herzlich war der Abschied, „zum Dank für das gute Arbeitsklima," so sagten sie, schenkten sie mir eine handgeschnitzte Madonna mit Jesuskind.

Mit Genehmigung des Landratsamtes durfte ich um 13.00 Uhr meine letzte Trauung vornehmen. Frank Insam, geboren in Nordheim v/d Rhön, und seine Braut Sandy, geb. Brönner, geboren in Schmalkalden / Thüringen, gaben sich das Jawort. Eine Stunde lang führten wir angenehme Gespräche, eine nette Unterhaltung, wie ich sie mit jungen Menschen gewohnt war. Die jungen Leute hatten es nicht eilig.

Das war es. Ich, Erwin Rudolf Dietz, gehörte als Bürgermeister der Vergangenheit an.

Im September 1994 hatte ich angefangen, für meine Niederschrift die Unterlagen zu sammeln.

Die Ruhe zu schreiben fand ich nicht so schnell. Erst 2013 konnte ich es wagen, Sätze und Kapitel zu formulieren. So ist nach und nach dieses Buch entstanden.

Mein Hirnstamminfarkt 2001 und 2002, hat mir das Schreiben erschwert. Ich musste kämpfen, um wieder Anschluss zu finden im Denken, Reden, und der Motorik meiner Hände und Füße.

So erlebe ich, dass ich Tage habe, wo gar nichts geht, aber dann wieder das Gefühl kommt, ich könnte Bäume ausreißen. Dann muss mich meine Frau bremsen. Sie sagt deutlich: „Du rennst wieder an, und fällst wieder zurück!" Das stimmt so. Terminliche Festlegungen kann ich nicht sicher erfüllen. Deshalb habe ich auch aufgehört, bei der Theatergruppe aktiv zu sein.

Und ich habe meine Betreuertätigkeit nach über 40 Jahren im November 2014 eingestellt.

2012 wurde mir eine beginnende Demenz in der Form einer Alzheimer Krankheit attestiert. Seit dieser Zeit kämpfe ich unverdrossen wider das Vergessen weiter. Ich danke Gott für diese Gnade. Und ich nehme die Gewissheit für mich in Anspruch, dass mein Leben nicht umsonst war. Mit einem Zitat meiner Frau möchte ich enden: „Mit dir ist mein Leben nie langweilig.

MEINE SCHRIFTEN

1972 und 2001: Aufarbeitung der Geschichte des Gesang- und Musikvereins Nordheim v. d. Rhön e.v.

1975: Materialsammlung für die Festschrift, 100 Jahre Freiwillige Feuerwehr Nordheim v. d. Rhön.

1986 bis 1989: Materialsammlung zum Heimatbuch, Verfasser Max Mölter.

1987 bis 1989: Ausstellung zum Festjahr, 1200 Jahre Nordheim v. d. Rhön, „Nordheim einst und jetzt", mit über 800 Bildmotiven in Eigenverantwortung zusammengestellt.

1989: Verfasser der Festschrift, 1200 Jahre Nordheim v.d.Rhön1989.

1993: Verfasser der Dokumentation über die Bemühungen der Gemeinde: Entsorgung Neustädtles.

1994 Dokumentation- Zusammenstellung der Unterlagen über das Festjahr 1989, für das Staatliche und für das gemeindliche Archiv..Zwei Bände.

1998; Verfasser der geschichtlichen Dokumentation zum 75-jährigen Bestehen des Kleintierzuchtvereins B 1208, Nordheim v. d. Rhön.

1999; Verfasser der Dokumentation über die 102-Jährige Geschichte der Grobschen Stiftung und der Ausstellung zum l00jährigen Bestehen des Kindergartens.

1999; Verfasser der geschichtlichen Dokumentation und Ausstellung über 25 Jahre Städtebauförderung in der Gemeinde, Festrede, auch zum 25jährigen Bestehen der Vereinsgemeinschaft im Rahmen des Festaktes zum Dorffest.

2001 Verfasser der Festschrift zum Kreismusikfest des Gesang-und Musikvereins Nordheim v/d Rhön und 25 Jahre Widergründung der Musikkapelle., vom 29.06. bis 02.07. 2001.

Am 01. August 2001 erlitt ich einen Hirnstamminfarkt mit zeitweisem Gedächtnisverlust. 11 Wochen, vom 01. August bis 16. Oktober, war ich in der Neurologischen Klinik in Bad Neustadt a. d. Saale. 2002, vom 04. Februar an, nochmals 6 Wochen.

In dieser Zeit habe ich viel nachgedacht. Auch darüber, warum mich niemand aus der politischen Gemeinde, der Pfarrgemeinde und den Vereinen, besucht hat. Renate Mültner/Eckert, besuchte mich, was mich sehr freute. Die Frage kam bei mir auf, ob sich die Mühen in all den Jahren, die zu Lasten meiner Familie und meiner eigenen Gesundheit gegangen sind, gelohnt haben.

15. September 2002; Verfasser des Einakters über die Geschichte der St.-Sebastian-Kapelle, insbesondere über die Pest, der uraufgeführt wurde. Selbst mitgespielt. (Originale Kostüme um 1618, vom Westdeutschen Kostümverleih Dortmund.).

Dezember 2002: Einakter, „Wildfütterung am Heiligen Abend" verfasst, mit Kindern einstudiert und uraufgeführt, anlässlich der Adventsveranstaltung des Theatervereins am 08. Dezember, die zur Nachwuchsförderung diente.

Dezember 2002: „Geschichten aus meinem Leben, eine Weihnachtsgeschichte", verfasst, die bei der vorher beschriebenen Veranstaltung vorgelesen wurden.

Dokumentation über das Laien-Theaterspiel in Nordheim v. d. Rhön. Das Buch wurde 2008 von mir veröffentlicht.
Am 18.03. 2003 wurde ich zum Ehrenbürger der Gemeinde Nordheim v.d. Rhön ernannt. Ich bekam das Goldene Verdienstabzeichen dazu. Auch den Titel „Altbürgermeister."

An diesem Abend schenkte ich meine Amtskette, die ich selbst bezahlt hatte, an meine Heimatgemeinde ab.

Mit einer Urkunde dokumentierte ich die Entstehung der Kette und drückte den Wunsch aus, dass meine Nachfolger dieses Schmuckstück aus Silber tragen mögen, zum Wohle der Gemeinde.

Dazu wünschte ich Gottes Segen.